羅 光 著

儒家哲學的體系

臺灣學生書局印行

自序

民國六十二年，我曾出版了中國哲學的展望，收集歷年我所寫關於哲學的專文四十三篇。最近我又將近五年裡所寫的哲學文章收集起來，編成兩部書，一部是直接討論哲學的文章，命名為「儒家哲學的體系」，一部是以哲學觀點討論生活各方面的問題，命名為「哲學與生活」。

這一部「儒家哲學的體系」，收集了二十五篇文章，第一篇「中國形上學的結構論」，第二篇「中國哲學貫通之道」，將儒家哲學的體系，很簡單地予以說明。形上學為哲學的基礎，儒家形上學的結構，即是整體儒家哲學的體系，這種體系由易經開端，漢代易學家加以擴充，宋朝周敦頤予以架構化而造太極圖，南宋朱熹和清初王夫之稍加修改；儒家形上學的體系就這樣決定了。

從形上學到倫理學，由倫理學到精神修養論，中間的聯繫和體系，則在

「中國哲學貫通之道」和「朱熹的形上結構論」兩文中扼要地講述。儒家形上學由『成』即變易方面討論宇宙萬有，宇宙是一個整體，由太極為起點，而有陰陽兩氣，兩氣運行不息，運行的目標在於化生萬物，易經說：「生生之謂易。」（繫辭上 第五章）每一個物體由陰陽兩氣相合而成，「一陰一陽之謂道，繼之者善也，成之者性也。」（同上）陰陽結合而成物，在物以內，繼續運行，每一物體都是動的，而且是內在的動，儒家稱為生物。

萬物生命的理雖是一樣，然而因每一物所受的氣有清有濁，氣濁之物所有生命之理不能顯明出來，沒有生命的表現，例如礦物。氣較清之物所有生命之理稍有表現，例如植物。氣濁的程度減少，氣清的程度加高，生命之理在人身上完全表現。人的生命有感覺生命有心靈生命，感覺生命在人和禽獸裡都是一樣，唯有心靈的生命為人所獨有，心靈生命為精神生命，代表人。

人的精神生命，儒家用一句話來代表，即是『仁』。『仁』，和『生』相配。天地的變易之目標是『生』，人生命之目標為『仁』；『仁』是愛自己和宇宙萬物的生命。儒家的倫理學以『仁』為基礎，也是孔子所講的「一貫之道」。

『仁』為精神生命，精神生命須要發揚，發揚之道在於『誠』。『誠』是「率性之謂道。」（中庸 第一章）人要按照人性而生活，漸次予以發揚，到了極點，乃能和天地合德，

「贊天地之化育。」（中庸　第二十二章）中庸所以稱讚聖人的大德爲，「肫肫其仁，淵淵其淵，浩浩其天。」（中庸　第三十二章）

儒家哲學的體系，便可以用三個字作代表：『生』，『仁』，『誠』。形上學的萬有爲『生』的『存有』，人的生是『仁』，『仁』的修養是『誠』。上下互相連貫，結成一個體系。

這部書的文章有一部份已在中國哲學思想史清代篇的附錄中發表過，現在收在這册書裡，爲使不買中國哲學思想史的人也能有閱讀的機會。全書的文章，雖不是專講儒家哲學體系的，但是每篇文章都在說明這種體系。若有人想要求證據，則可以參讀我所寫的七册中國哲學思想史。

民國七十一年十月廿三日

羅　光　序於天母牧廬

儒家哲學的體系

目錄

中國哲學的貫通之道

1.

哲學這個名詞，對於一般人來說，引起不了什麼反應。大家都認為哲學祇是一些奧妙的空談，不好懂，又和普通生活不發生關係。就連大學生除哲學系的學生外，也都以另種眼光去看哲學。原先在大學各系設有哲學概論一課，現在已經取消了，罪過說是在於講概論的老師講得不好，學生沒有興趣。

哲學這個名詞，本來有點奧妙，但是哲學的內容則不一定遠離人間。中庸是中國一冊老哲學書，先總統 蔣公，卻曾親自給將士們講中庸，蔣公說：

「今天我要將我國古代最精微正確的人生哲學即中庸之道講給大家，這是我們個人修己立身，成德立業之要道。我們將領要完成革命救國之要務，

不可不透澈明瞭這個哲學的理論。」（中庸之要旨與將領之基本學理 蔣總統言論彙編第十二卷）

中庸書裏也就說到哲學的理論可深可淺，淺的一面對鄉野間沒有受過教育的夫婦可以知道，可以實行，在深的一方面說，就連智慧過人的聖人也有所不知，有所不能。中庸說：

「君子之道，費而隱，夫婦之愚可以與知焉；及其至也，雖聖人亦有所不知焉。夫婦之不肖，可以能行焉；及其至也，雖聖人亦有所不能焉。」

（中庸 第十二章）

哲學所講的，雖然是關於宇宙萬物的最高理論，然而卻是由我們人去討論。我們人願意知道宇宙萬物的最高理論，因爲和我們人有關係；我們人也是宇宙萬物的一部份，宇宙萬物的最高理論，也就是我們人的最高理論。我們人是一個活的人，關於人的最高理論，便是我們人的生活的最高理論。誰能說哲學和我們的生活沒有關係呢？先總統 蔣公曾說：

「生活即是人生一切活動之總稱。」（新生活運動　蔣總統言論彙編　第二十一卷）

中庸說：

「子曰：道不遠人！人之爲道而遠人，不可以爲道。」（中庸　第十三章）

生活的道理，怎麼可以離人很遠呢？若祇是懸空的妙論，和人不相關，就不是生活的道理，也就不是哲學。形上學和宇宙論看來都是抽象的理論，但是中國講形上學和宇宙論的易經，則是人生之道。

從人一方面說，人也不可以遠離人生之道，否則生活沒有原則，沒有目標，生活就很亂，人便不能成德立業。

孔子曾說：

「君子無終食之間違仁，造次必於是，顚沛必於是。」（論語　里仁）

又說：

「朝聞道，夕死可矣。」（論語 里仁）

生活必定要有原則，要有目標，這就是人生之道，就是人生哲學。中國的人生哲學以天地之道作基礎，就是說以宇宙萬物的最高理論，作我們人生活的最高理論。易經便是講這種最高理論的書。易經以後的諸子百家也都是講這些理論。因此，中國的哲學乃是人生哲學。

2.

甲、仁的哲學

易經一書講什麼呢？講宇宙萬物的變化，宇宙萬物的變化是什麼變化？我們的老祖宗都是耕田的農夫，農夫怎樣看宇宙的變化？他們看到一年四季春夏秋冬的變化，他們看到中國南北土地和氣候不同，農作物有變化。四季代表時間，南北代表空間，在時間和空間裏，有宇宙萬物的變化。時間和空間裏的變化，有冷熱，有太陽和陰雲，有風和雨，有霜和雪。這

· 12 ·

一切的變化對於農作物都有密切的關係；五穀在四季裏成長，春生、夏長、秋收、冬藏。因此，可以說宇宙的變化是在使五穀能夠生長，同時天地間的萬物也都是在四季裏生活。易經乃說：

「生生之謂易。」（繫辭　上　第五章）

「天地之大德曰生。」（繫辭　下　第一章）

整個宇宙的變化，在於創造生命。易經以陰陽兩氣互相交結，繼續運行，不斷地化生萬物。

「一陰一陽之謂道，繼之者善也，成之者性也。」（繫辭　上　第五章）

凡是變化應當有根基，有了根基應當有兩個元素，根基是一，元素有二。沒有一，便沒有根基，變化不能發生；沒有二，變化不能成。宇宙萬物變化的根基是太極，宇宙萬物變化的原素是陰陽。　易經說：

「易有太極，是生兩儀，兩儀生四象，四象生八卦。」（繫辭上 第十一章）

易經的卦象代表宇宙萬物的變化，由一而二，由二而四，由四而八，代以五行，由一而二，由二而五，由五而有萬物。五行是金木水火土，代表陰陽的五種變化。這五種變化所成的五行，成為天地間一切事物的成素，無論什麼東西，什麼事件，都會有五行。中國人的看相算命，看地，看日子，都用五行去推算，連音樂和醫術也都是五行的動作。

陰陽五行在天地間，繼續變化，運行不已，但是我們人在這些變化裏可以看到幾種很有意義的現象。

第一，天地間的變化，常是互相調節，彼此和諧。冷熱在四季裏互相節制，風雨在四季裏互相調順。自然界的各種事物，常有自己的位置，常有自己的次序。在自然界裏，樹木花草的各種顏色，鳥獸溪澗的各種聲音，構成多彩多姿的美景和天籟，表現大自然的和諧。自然界的各種現象也都互相調協，土壤、水流、空氣互相連繫，使各種生物發育生命。現在科學的進步，人們造成許多污染的惡現象，破壞了大自然的和諧，使一切生物都受害。

第二，天地間的變化，常是循環不斷，從不衰殘。白天黑夜，春夏秋冬，繼續運行，一

絲不苟。易經乃說：

「天行健，君子以自強不息。」（乾卦　象曰）

農夫耕田，按照一年的二十四個節氣，插秧、拔草、灌水、下肥、收割。一年一年地繼續去做。花草年年長，年年凋謝。鳥獸和魚鼈年年生蛋懷胎，繼續繁殖。自然界沒有停止的一刻。

第三，天地間的萬物，互相連繫，互相依賴。沒有一樣物體，可以單獨存在。一切都是天所覆地所載，一切都需要太陽月亮，一切都需要雨露。動物需要植物，植物需要礦物，植物礦物又需要動物。在生命上萬物都是相連。達爾文說物競天擇，弱肉強食，並不代表萬物的互相鬥爭，而是代表萬物的互相連繫。連繫有連繫的自然規律，絕對沒有一種動物或植物，因着他種動物的需要而被消滅，祇是會被人所消滅。氣候的變遷，可以使不適合的生物死亡，然而新的適合環境的生物，逐漸又發育。宇宙間乃有一道生命的洪流，奔流不停。

中國哲學家研究宇宙間的變化，驚訝一切變化有條有序，萬物化育。孔子說：

生，繼續運行。人的生命的化生，即是仁。《易經》的「繫辭」說：

「天地之大德曰生，聖人之大寶曰位。何以守位？曰仁。」（繫辭 下 第一章）

天地的大德在於化生萬物，聖人乃是天地的代表，深深明瞭天地變化之道。聖人最重要的事，即是知道自己的地位。怎麼能够實現自己地位該有的行爲在於仁。孔子所以在論語裏特別講『仁』。

仁是什麼呢？仁從字面上說，是二人相處之道。從字的意義說是生，醫書說痲木不仁，就是沒有生命，所謂桃仁杏仁，就是桃子杏子生命的根基。由生命而進到生命的發育，由發育而轉到使生命發育的動作，稱爲愛。朱熹曾說天地以生物爲心，乃是仁。人得天地之心以爲心，人的心也是仁。孟子在孟子書裏都說：「仁者，人心也。」孔子在中庸裏也說：「仁者，人心也。」（中庸 第二十章、孟子 盡心 下）「人者，人心也。」（告子 上）人的心就是仁，即是『好生之德』。人的

孔子驚訝天地的變化，自行運行，無聲無色，萬物得以化生，人的生活也是生命的化

「天何言哉！四時行焉，百物生焉，天何言哉！」（論語 陽貨）

・16・

心和天地之心一樣，常想使萬物的生命能夠發育。孔子乃說：「己欲立而立人，己欲達而達人。能近取譬，可謂仁之方也已。」（論語 雍也）朱熹便以仁為愛之理；他說：「愛非仁，愛之理是仁。仁者，愛之理，愛者，仁之事。仁者，愛之體，愛者，仁之用。」（朱子語類 卷二十）「愛非仁，愛之理為仁，心非仁，心之德為仁。」（朱子語類 卷二十）孔子曾也就說過仁是愛人，「樊遲問仁，子曰：愛人。」（論語 顏淵）

『仁』，即是孔子的一貫之道。孔子的思想以仁為基礎，中國的哲學也以仁為中心，中華民族的文化，又以仁為特有的精神。然而仁則以生命為基礎，生命的發育為仁。中庸講至誠的人，盡自己的性又盡人性，再又盡物性，乃能贊天地之化育。中庸又揚聖人說：「大哉聖人之道，洋洋乎，發育萬物，峻極於天，優優大哉！」（中庸 第二十二章）中庸又說：（中庸 第二十七章）

宋元明清的理學家都指出仁為中國哲學的道統，到清朝末年譚嗣同還作了仁說。

人心有仁，愛惜萬物的生命，第一，當然是愛人，愛人是愛自己的父母兄弟子女，而後推己及人，愛別人的父母兄弟子女。儒家乃有大同的精神，以天下的人都是自己的兄弟，所以說：「四海之內，皆兄弟也。」禮記的「禮運」篇已經奠定大同的思想。

第二，愛物；孟子曾說仁民而愛物。因為人的生命和萬物的生命相連，王陽明講一體之仁。人和萬物在生命上，連結成一體，人愛自己的生命，便也要愛萬物的生命，這種大同的

精神，表現在張載的「西銘」為：「乾稱父，坤稱母，……民吾同胞，物吾與也。」

仁的哲學貫通了孔子的思想，也貫通了儒家的哲學思想。

乙、性的善惡

宇宙間的天道常有和諧，自然界的物體相連，孔子講論人生活之道，特別提出『中庸』。論語和中庸書裏都記載孔子的話說：「中庸其至矣乎！民鮮能久矣！」（中庸 第三章）五穀的生長發育，需要風調雨順，風雨不能過多過少；也需要春暖夏熱的陽光。人的生命便需要飲食有度，行動有節；在精神生命上，更需中庸，否則一切的道德都不能夠成立。

中庸書上說：「喜怒哀樂之未發謂之中，發而皆中節謂之和。致中和，天地位焉，萬物育焉。」（中庸 第一章）中和也就是中庸，人的感情在發動時要有節制，要能合理。宋明理學家常講保持未發之中，或是恢復未發之中，那就是保全人的本性，就是中庸書中所講的誠。易經稱天地萬物的生長化育，很自然地發展，祇看到外面的成果，看不到發育的動作。

萬物的發育為神妙莫測，稱為神：「唯神也，故不疾而速，不行而至。」（繫辭上 第十三章）這種化育動作，是物性的自然發展，按照宇宙變化的規律去進行，彼此和諧地互相連繫，乃

是物的『行』，也是物的『成』。

人有自己的人性，人性有自己的發育。孟子稱人性的發育，為人心善端的發揚。人心有惻隱、羞惡、辭讓、是非的善端，善端發揚成為仁、義、禮、智。中庸稱為率性，稱為誠，大學稱為明明德。孔子、孟子都主張人性是善的，孔子說：「人之生也直。」（論語 雍也）

天地萬物的物性既然都是善，人的性當然也是善。不過人有自由，又有慾情，人可以作惡，實際上有許多人作惡事；荀子便以人性為惡。然而惡必不來自人性，而是來自慾情。朱熹乃講氣質，人的氣質有善有惡，因為人所享受的氣有清有濁，氣清之人的氣質善，氣濁之人的氣質惡；於是主張變化人的氣質。

王陽明則認為人性之善就是良知，即是說人性就是良知，良知自然發揚而成為善的行為，良知的發揚就是人性的發揚。這種發揚稱為行。王陽明主張知行合一。先總統 蔣公把人性的自然發揚稱為『行的哲學』，說『行』是自然的，是善的，和動不相同。

人性的善惡問題，乃是中國歷代哲學上的一個中心問題。自從孟子提出性善的主張，告子則有性可善可惡的主張，荀子有性惡的主張，漢朝董仲舒、王充有性分三品的主張，清朝顏元有性善而習氣惡的主張，唐朝李翱有性分五品的主張，宋朝朱熹有本然之性善而氣質之性有善有惡的主張，清朝顏元有性善而習氣惡的主張。

不過歷代學者不論對於人性的主張怎樣，大家都承認人有慾情使人為

惡，因此便應該克制慾情。祇有王陽明的一些門生，大膽說人性是善，人凡是任性所行都是善，他們不注意任性時乃慾情在動，慾情動不能都是好，所以學者都罵他們疏狂。

3.

中國的哲學爲生命哲學。宇宙有陰陽兩氣，運行不息，化生萬物。周敦頤的「太極圖說」講宇宙由太極而無極，太極由動靜而生陽陰，陰陽生五行，五行生男女，男女生萬物。萬物各有物性，物性自然發育。

人得生命之理最成全，又得氣之秀，人乃有靈明的心，人性由人心而顯，道有仁義禮智。人能發揚自己的人性，便能發揚萬物之性，贊天地的化育，達到天人合一的境界。這種境界爲聖人『大德敦化』的境界。宇宙的生命，繼續不斷；陰陽兩氣時常運行，萬物陸續化生，若是這種化生的運行一旦斷了，宇宙便不是宇宙了。

人的生命也繼續不斷，人生命的繼續在於家族，在於民族。一個人的生命有完結的一天，但是這個人的生命，由他的子孫綿延下去。家族便是祖宗生命的綿延。這種生命的綿延，以祭祖的祭祀作爲象徵。一個人死後有人祭他，他的生命就沒有斷。中國的孝道爲『事死如事生』。孔子也說：「生事之以禮，死葬之以禮，祭之以禮。」（論語 爲政）

然而儒家最重人的心靈生命，即孟子所謂人的大體。小體爲耳目之官，大體爲心思之官。人的生命以心靈的精神生活爲主。中國儒家哲學常講修身之道；因此，有許多學人說中國哲學祇是倫理哲學。然而中國儒學有易經的形上學作基礎，有理學家的靈修學作精神生活的修養，孔子所講的五倫道德乃成爲一種有系統的哲學。

道家的哲學也是生命哲學，莊子專講養生，使人的氣和天地之氣相合，與『道』合成一體，成爲眞人。道敎乃講養氣煉丹，以求長生不死。

佛敎的思想又是另外一種生命哲學，既以人生爲痛苦，乃求解脫，看透世界一切萬物皆是空，連自我也是空，乃能看到自心內的眞心，眞心即是佛，人遂成佛入涅槃，常樂我淨。從生命去看宇宙萬物，從精神生活去看人，中國哲學自成一系統。這種系統從古到今沒有斷絕。民國以來有許多學人，尤其青年學生，認爲中國哲學祇是一些倫理道德的說明，目前社會已變，倫理道德也變了，中國哲學已失去價值。但是對中國哲學有深入研究的人，如方東美和唐君毅兩位先生，就知道中國哲學在現在仍舊保有自己的價值。

這一篇中國哲學大綱，雖然很淺，很簡單，大家就可以看到生命哲學在今天更有高深的價值：因爲大家在求生活的享受，大家都覺得生命的可貴。生活和生命究竟有什麼意義呢？

先總統　蔣公說：

「生活的目的，在增進人類全體之生活；生命的意義，在創造宇宙繼起的生命，可以說是我的革命人生觀。」（蔣總統言論彙編　第十卷，自述研究革命哲學經過的階段）

這就是中庸所說的贊天地的化育的哲學，也就是儒家的生命哲學。

（曾載於益世雜誌第五期　民國七十年二月）

中國哲學的形上結構論

這次到夏威夷大學參加「朱熹會議」，我算是參加會議第一個宣讀論文的人，所宣讀的論文為「朱熹的形上結構論」。宣讀的時間限為二十分鐘，不用翻譯，可以多有十五分鐘。我便沒有宣讀所寫的論文，祇講述論文的綱要。為使大家容易明瞭朱熹的形上架構，我簡單說明了中國哲學的形上結構論。我覺得這種說明很有意義，便乘會議上的暇時，加以發揮，寫成這篇文章。

1. 老子的形上結構

形上結構，是指着「存有」的本體次序。可以從兩方面去看：從「存有」的來源去看，或從「存有」的本體去看。從「存有」的來源去看，則是宇宙萬有的源起，老子和易經就有這種的形上結構；從「存有」的本體去看，則是本體的結構，朱熹的形上結構屬於這一類。

老子說：「道生一，一生二，二生三，三生萬物，萬物負陰而抱陽。」（道德經。四十二章）

道爲無，無形，無像，無限。在天地之先，爲萬物之母。

道變而化生『有』，有爲一，即是元氣。

氣變而化生陰陽，陰陽爲兩氣。

兩氣變而化生三，三或能爲天、地、人；或能爲氣、形、質。

三者變而化生萬物。

老子的形上結構「存有」的起源，也就是古代的宇宙論。老子以道爲最先之實體，由道而生萬物。萬物由道的體而成，所以萬物的本體相同，莊子因此講齊物論。然而道不是神，

不是上帝，老子的形上結構便不是泛神論。

道爲絕對實體，超乎一、二以上，不稱爲一。有一則有二，一爲相對的數字，道超於數

字以上。一和二或多的來源，必以絕對者爲根源，分享絕對者的「本體」，而成爲「有」。

因爲是分享，一和二或多則爲有限，由絕對而生有限，有限之有則爲無限之多。

道

一

二

三

萬物

2. 易經

第十一章

易經「繫辭傳」說：「是故易有太極，是生兩儀，兩儀生四象，四象生八卦。」（繫辭上

「繫辭」爲十翼的一部份，雖說爲孔子所作，成書必成於弟子之手，時間在老子道德經以後。易經的這種形上架構可能仿效老子的形上架構，但是內容則不相同。

易經講宇宙的變，以卦象作象徵。卦的變化，爲數的自然變化。變化所表現的爲光明和黑暗，爲冷和暖。變化的結果，是草木五穀的生滅。一切的變化現象，爲兩個相反的成素而成；相反的成素在變化時不是互相否決，而是互相完成。於是伏羲畫卦乃採用陽—陰--兩爻。

易經以取得一種標準，天地的變化爲一年的四季，爲一天的日夜。變化自然現象，伏羲畫卦，觀察自然界的現象以取得一種標準，天地的變化爲一年的四季，爲一天的日夜。一切的變化現象，爲兩個相反的成素而成；相反的成素在變化時不是互相否決，而是互相完成。於是伏羲畫卦乃採用陽—陰--兩爻。

但是在變化的歷程中兩必來自一，沒有一就沒有根基，因此繫辭說「是故易有太極」，太極卽是一。

每一卦象徵宇宙的變化，宇宙的代表爲天地人，每一卦便該有天地人，所以每一卦都有三爻，上爻爲天，下爻爲地，中爻爲人。六爻的卦爲重卦，卽是兩個三爻的卦相重而成。在變化的歷程中，爲達到三，先要經過一，後要經過二，然後繞到三。易經乃有太極、兩儀、

四象、八卦。

太極

兩儀

四象

八卦

太極為　⚊

兩儀為　⚊　⚋

四象為　⚌　⚍　⚎　⚏

八卦為　☰　☱　☲　☳　☴　☵　☶　☷

這種變化為數學的自然變化。由八卦變成六十四卦，則是以一卦六爻去變，自然而成。

周易本義卷首有一個六十四卦圖，就是根據這個數學變化而畫的。

從這個變化的圖去看，太極在實際上沒有意義，祇是一個哲理上的要求，卽二要起於

一。易經沒有解釋太極是什麼，後來漢代學者和宋、明理學家纔加以解釋，給太極一個實際

的意義。但所給的意義，各不相同。

3. 漢 易

漢朝周易學者採納了戰國時代的五行思想，又接受了漢初的道家精神，在解釋易經上以象數為主。對於易經的形上結構也有所改變。他們解釋太極為太一，太一為元氣，由太一的氣生陰陽生五行，由五行生萬物。

氣的觀念，在易經裏並不明顯，莊子則講『氣』，孟子也講浩然之氣。戰國時代，五行的思想已經開端。漢朝儒家如董仲舒、班固等人都講五行。五行便代替了四象，易經的形上架構為數學架構，漢朝易學者則以氣運講變化，氣運在時間內為一年四季，在空間為四方。

四季和四方互相配合，構成一架構；五行再相配合，便成了漢易的形上架構。

火南夏

中
土央
陽　　　陰

春東木　　秋西金

水北冬

4. 隋唐佛教・華嚴宗天台宗

佛教在中國經過南北朝的譯經和講經，到了隋唐已經進入建立佛教哲學時期，正式代表中國佛教思想的天臺宗、華嚴宗、禪宗，便在這時期建立了起來。禪宗專講生活，天臺和華嚴則講哲理。

佛教的中心問題，在於宇宙萬法的緣起和本體。佛祖教人認識萬法爲空，然而在實際上一切人都以宇宙萬法爲有，這一種究竟是什麼緣故呢？佛祖說這是因爲人的愚昧無明，這乃

是以一項心理上的答案去解釋形上本體問題，問題並沒有解決。佛教乃有各種宗派，企圖解決這個形上本體問題。

小乘以萬法為有，萬法的起源，為十二因緣，四阿含經和俱舍論都是這種主張，承認十二因緣的結果為我執和物執。

然而十二因緣歸根祇能解釋我的存在之起源，對於萬法的起源則沒有明白的說明。唯識論便進而加以說明，以萬法的起源乃在於「識」。識的來源為第八識阿賴耶識的種子。每人從萬古以來就有了認識的能力，能力稱為種子，藏在第八識阿賴耶識以內。種子受着感覺的刺激，便造成外面的感覺對象，結成感覺知識，感覺知識和意識相結，而造成行為。行為再產生同類的種子，留在第八識裏。這種來回的歷程，稱為薰習。按照唯識論的主張，萬法為空，祇是一些錯覺。

佛教再進而問第八識阿賴耶識究竟是什麼？牠怎麼能有種子？於是攝大乘論以阿賴耶識為染識，種子因愚昧無明所生。人應為一種淨識，使人能得智慧，掃除愚昧，所以設立第九識。

但是這樣仍舊沒有說明阿賴耶識，於是涅槃經以人人都有佛性，萬法乃是佛性的表現。

大乘起信論更進而說明佛性為真如，真如有兩門，即真如門和生滅門。真如門為真如的本

體，生滅門爲宇宙萬法。

這樣，佛教進入了本體論，天臺宗和華嚴宗講論眞如，眞如爲萬法的理，萬法爲眞如的事，理和事不相分，而且相融。不但理事相融，萬法也互相融。這就是理事圓融觀。眞如爲絕對實體，實體自己表現自己，成爲宇宙萬法。人的心爲靈，能夠有智慧，直接看到自己的本體爲眞如，再由眞如去看宇宙萬法，便看出宇宙萬法的本體也是眞如，萬法祇是眞如向外的表現，所以在本體上，互相圓融。禪宗則不以智慧去觀這項眞理，而由心去體驗，體驗自己和眞如，和萬法，同爲一。

天臺和華嚴的形上架構：

5. 周敦頤

儒家在漢朝被尊稱爲國家的正統思想，然而漢朝儒家在於考訂和註釋經書，造成經學，

對於思想則小有發展。魏晉南北朝爲道家和道教的世界，隋唐則成爲佛教思想的天下。到了宋朝，儒家擷取道佛的優點，和易經的思想相結合，創設了中國的理學。理學是講性理之學，即是形而上學，宋朝第一位理學家爲周敦頤，周敦頤曾作「太極圖」和太極圖說。「太極圖」乃是一種形上架構。

化，程明道和程伊川兩兄弟就學於周敦頤，但不接受他的太極圖說，而提倡「道，理」說。

男女爲五行所成，男象徵陽，女象徵陰。

周敦頤的形上本體論，以氣爲體。太極爲無形之氣，陰陽爲氣的兩類，五行爲陰陽的變化，男女生萬物。

宇宙的根源爲太極，太極稱爲無極，無極的名詞來自道教，源於老子，用爲解釋太極。太極動而生陽，靜而生陰。動極而靜，靜極而動，互爲根源。陰陽生五行，五行生男女，男女生萬物。

二程以宇宙萬物應先有萬物的道理，然後纔能成物，氣便不能是宇宙萬物的唯一根元。宇宙的理為一，宇宙萬物合成一體。二程沒有詳細說明這種主張，後來朱熹便加以說明。

6. 朱 熹

朱熹倡理氣二元論，理成物性，氣成物性。天由陽氣而成，地由陰氣而成。天地相合而生五行和萬物。

宇宙祇有一理，萬物各有一理，『理一而殊』。理之殊，來自氣，氣有清濁。清濁使理的表現不同，故各物之理不同。

理和氣有分別，但不分離。有理必有氣，有氣必有理，沒有先後的可言。在推理方面可以勉強說理先於氣。

太極為理之極至，宇宙有一太極，萬物各有一太極。宇宙為一整體，這個整體有自己的

理，理爲完全的理，否則如過或不及，宇宙便不是宇宙。萬物的每一物體，也有自己的完全之理，這物就是這物，那物便是那物。有的學者說朱熹主張太極在宇宙萬物之先，由太極而後有陰陽。這種主張和朱熹的思想不相合。

理一而殊，這種理爲存在之理，中國形上學所講的存在爲動的內在，卽是陰陽兩氣的動。宇宙因陰陽的繼續的動乃生化萬物，沒有停息，故朱熹曰「天地以生物爲心」。陰陽成物以後，在物內仍舊動，因此每一物都有內在的動，因着這種動，萬物都視爲有生命。所以存在的便是生命。

生命在存在的裏的表現靜常不同，因爲氣的清濁靜常不同。人則禀有最清的氣，人的生命乃最高。最清氣的生命爲心靈的生命，心靈的生命爲精神生命，精神生命的規則就是倫理規則。倫理規則的最高者爲仁。仁爲生生。宇宙的變化爲生化萬物，稱爲生生，易經說「天地之大德曰生」。人的變化爲心靈生命，心靈生命爲仁。所以在天地爲生，在人爲仁。朱熹說「人得天地之心爲心」，天地的心爲生，人的心爲仁。倫理規律建立在形而上的本體上。

7. 王夫之

朱熹的理氣說在明朝受到王陽明唯理派的攻擊，在淸朝又受到唯氣派的攻擊。明末淸

初的王夫之（船山）便代表唯氣派。然而王夫之的思想和顏元、李塨、戴震一派的思想又不相同。

王夫之採納張載的唯氣思想，然又接受張載的太虛之氣。王夫之以陰陽爲宇宙萬物的根源。太極或太虛，不是不分陰陽之氣，而是陰陽未顯的初期狀況。陰陽顯明後生五行，五行生萬物。

王夫之主張『乾坤並健』，在開始時卽有陰陽，沒有在陰陽以先的太虛或太極，因爲易經的卦由乾坤爲根元。

陰陽繼續動，在宇宙以內常動，在物體以內也常動！所以他主張「性日生而命日降」。

陰陽結合而成物性，物性不是在性時便一成不動，因爲陰陽繼續在物以內還動，動則成物

・34・

性，物性便常在生。常在生的物性，在一物內常同是一樣，那是因爲有同一的天命，「天命之謂性」。天命應認爲上天之命。

陰陽卽是太極，五行卽是陰陽，萬物卽是五行。所以是就物的存在而講物的形上元素。

8. 結 語

中國哲學的形上結構有兩個常有的觀念：『氣』和『陰陽』。在宇宙萬有的源起，在萬有的本體，都有『氣』和『陰陽』。中國哲學在形上學上把這形上的兩方面結合在一起。

易經說：「一陰一陽之謂道，繼之者善也，成之者性也。」（繫辭上第五章）宇宙整體常在變易，變易由陰陽兩氣的動靜而成。變易的結果是成物之性，卽化生萬物。物性既成，仍舊變易，這種變易也是陰陽的動靜。性的變易是求『盡性』的傾向。盡性是使性所有的特性更得完全。孟子說人心有仁義禮智的四端，四端祇是種子，須要培養去發育。這種盡性便是中庸所說至誠的人，盡了自己的個性就盡了人性，盡了人性就盡了物性，盡了物性就贊天地的化育。

天地以生物爲心，人心和天地之心相合，人就和天地合一，發揚了仁道。

中國的形上學，沒有宗教的信仰。西洋的形上學，講論萬有和萬物的本體；但講萬物的起源時，便說明由天主所造。因爲物的本體要求絕對的至上實體作爲第一原因。西洋的哲學

和宗教信仰相連繫，中國形上學不講宗教信仰；然而並不反對宗教信仰，而且對宗教信仰有明顯的要求。中國哲學講太極，從來沒有說太極為上帝，也沒有說太極是自有。太極便要有根源。現在有些人把中庸的『誠』解釋為自成。「道者，自道也」；誠者，自誠也。」但是中庸的『誠』不是一個實體，而是一種原則，再者朱熹講天地之心，天地者是自然，不能說有心。天地之心，乃是代表上天之心。

氣不能解釋為物質，否則中國哲學都成了唯物論。氣為具體存在的元素，理祇是道理，是抽象的理，要和氣相連，纔是一具體的存在。這次朱熹會議中討論理是否動靜。動靜為一具體的形態，應有抽象之理。因此，理是動靜之理，動靜則由氣而成。因此說理無動靜，氣有動靜。然而動靜為一具體的存有之動靜，具體的存有為理和氣的結合，所以動靜又應該說是理氣的動靜。

宇宙的一切都在動，都在變。變須要有兩種相反的元素。兩種相反的元素不互相否決，而是互相成全，乃化生新的『存有』。若是兩種相反的元素互相否定，則或者互相摧毀，或者回到原有地位。正反合的辯證法，不能創造新的『存有』。變祇是量的變化，為質的變化，馬克思主義造出一種突破的變化。然而突破並不是否定前者，而是由前者化生一種新的『存有』或現象。

的宇宙。不僅是社會的文明進化了，就是物理方面的宇宙，也進化了。這就是宇宙的生命。

生命也是新的，生命常是向前。今天的宇宙已經不是石器時代的宇宙，也不是銅器時代

（中華民國七十一年七月十一日，星期日，朱熹學會休會，會員搭乘飛機往遊外島，

我留在旅次未出，乃作此文。）

朱熹的形上結構論

‧一九八二年夏威夷大學國際朱熹學會議論文‧

㈠ 緒 論

在中國的哲學史上，沒有「形上學」的名詞，祇有「形上」的名詞。歷代學者對於「形上」的解釋，各有不同。

形上和形下的名詞，來自易經。易經繫辭說：

「形而上者謂之道，形而下者謂之器。」（易經 繫辭上，第十二章）

易經對於形上和形下沒有解釋和說明。兩漢經學家對於這兩句話，也沒有多加注意。

韓康伯注易繫辭上第十一章「見乃謂之象，形乃謂之器」說：「成形曰器」（註一），他以形上和形下為未成形和成形。荀爽注易，對於周易繫辭上第十一章「見乃謂之器」注說：「謂日月星辰光見在天而成象也，萬物生長在地成形，可以為器者也。」（註二）荀氏的意見、為韓康伯的先導。然而兩人對於易繫辭上第十二章的形而上和形而下，都沒有註解。

宋朝理學研究理和氣，遂注意形上和形下的問題。

張載作易說，以形上和形下為無形體和有形體，他說：

「形而上，是無形體者也，故形以上謂之道，形而下，是有形體者，故形以下者謂之器。無形跡者，即道也，如大德敦化是也；有形跡者，即器也，見於事實，如禮儀是也。凡不形以上者，皆謂之道。惟是有無相接，與形不形處，知之為難，須知氣從此首。蓋為氣能一有無，無則氣自然生，是道也，是易也。」（張子全書　易說下）

二程的主張和張載的主張不同：

「子厚以清虛一大名天道，是以器言，非形而上者。」（濂洛關閩書　天地第十一）

氣：

按照張載的思想，無形爲形而上，太虛之氣即爲形而上。因爲他主張太虛之氣爲無形之

「氣本之虛，則湛本無形。感而生，則聚而有象。」（正蒙，太和篇）

二程不讚成以氣爲形而上；而且無形之道和有形之器不能同在一物體內。所以有形和無

形，不能解釋形下和形上，氣即使是太虛之氣，也是形而下。

朱熹追隨二程的主張，以形上爲形以上，形下爲形以下，形上形下可同在一物內。

「形而上者，指理而言，形而下者，指事物而言。」（朱子語類　卷七十五）

「問形而上下，如何以形言？曰：此言最當。設若以有形無形言之，便是物與

理相間斷了，所以謂截得分明者只是上下之間分別得一簡界止分明。器亦道，

道亦器，有分別而不相離也。」（朱子語類　卷七十五）

他和張載不同之點，在於張載以太虛之氣爲無形，他則以凡是氣都是形而下。

「天地之間，有理有氣。理也者，形而上之道也，生物之本也。氣也者，形而下之氣也，生物之具也。是以人物之生，必禀此理，然後有性；必禀此氣，然後有形。」（朱文公文集　卷五十八，答黃道夫書）

「形而上形而下，只就形處離合分別，此正是界至處。若只說在上在下，便成兩截矣。」（朱子語類　卷九十四）

清初王夫之對於形上形下，有自己的主張，他以形上形下為隱和顯。

「道之隱者，非無在也。如何遙空索去？形而上者隱也，形而下者顯也。緫說簡形而上，早已有一形字為可按之跡，可指求之主名。」（讀四書大全說　卷二，中庸第十一章　頁二十二）

「無形，則人不得而見之幽也。無形非無形也，人之目力窮於微，遂見為微也。心量窮於大，耳目之力窮於小也。」（張子正蒙注　卷一，太和　頁八）

王夫之以太極爲太和之氣，太和之氣已有陰陽，祇未顯明，因爲本來沒有陰陽以上之氣，有氣就有陰陽，太和之氣乃陰陽未顯明之氣，人目不得見陰陽，故稱爲無形。陰陽兩氣顯明時，乃稱爲有形。

清朝戴震又有另一主張，他認爲有形和無形，應該是成形以前和成形以後。

「形謂已成形質。形而上，猶曰形以前；形而下，猶曰形以後。陰陽之未成形質，是謂形而上者，非形而下明矣。」（孟子字義疏證　天道）

理學家對於形上和形下的解釋，所謂有形，成形，顯形，都就氣而說。氣若是宇宙萬物的唯一元素，形上形下都就氣而分，則是成形或未成形，成形是陰陽，爲形而下；未成陰陽之氣，稱爲形而上。王夫之以氣本體就分陰陽，沒有不分陰陽之氣，他便從顯與不顯而分形下和形上。朱熹主張理氣二元論，他以理爲形而上，氣爲形而下。看來，朱熹的解釋更合於易經繫辭所說的形而上形而下。繫辭以道爲形而上，器爲形而下。道可以說等於理，但不能說等於太虛之氣。理爲形而上，就是「形而上者謂之道」。〈易經繫辭所說的形而上〉。

中國哲學界，以形而上學翻譯亞里斯多德的第一哲學，則不能以形上作爲第一哲學所研

究的對象。亞里斯多德的第一哲學，研究萬物的最高理由或最後理由；萬物的最高理由，也就是萬物的第一理由。因此，西洋形上學研究「有」，「有」爲萬物的本體，形上學便是論本體。

(二) 論 本 體 (Substance)

西洋本體論講「有」，就「有」的觀念而論「有」。「有」爲一個最簡單的觀念，內涵最少，不能解說，不能分析。祇就「有」的特性和關係，予以說明。眞、美、善爲「有」的特性；同一律、矛盾律、因果律爲「有」的本體關係。

中國《易經》的本體論，就「有」的化生而論「有」，卽是就具體的「存有」而論「有」。具體的存有爲「成」或「行」(actus)。「成」或「行」是「化」，「化」在易經稱爲「易」，「易」爲變易，變易卽是「生化」或「生生」，由化生而成之物，卽是「成」或「行」，也就是「存有」。易經的「生生」，由太極而生陰陽，由陰陽而生四象，或由陰陽而生五行，由四象或五行而生物，物卽是「存有」。《易經》的本體論，乃是動的本體論，講「行」(actus)，爲「行的哲學」。

朱熹的本體論雖也講生化，然更注意物的結構，就「物」而論「物」。他把物加以分析，主張物含有理氣二元。西洋哲學論物，在於宇宙論。亞里斯多德和聖多瑪斯主張物含有形（Forma）和元質（Materia）二元。本體論的「有」，當然是形而上，「物」則是形而下，含有物質。西洋哲學的本體論講「有」，確實是形而上之學，西洋的宇宙論講「物」，確實是形而下之學。但是朱熹的本體論，和易經的本體論既有「氣」，則不免為形而下。然就物之本體而論，則屬於形上學；易經和朱熹的本體論，則應視為形上學。

宋明清理學者便在佛學的影響下，體用兩字，在宋以前雖已有用於哲學思想，然不普遍，在佛教的經和論多講體用以後，普遍採用。

朱熹論體用之處很多，論物之本體則很少。他論體用多就事物而論。

「人只是合當做底是體，人做處便是用。譬如此扇子，有骨，有柄，用紙糊，此則體也。人搖之，則用也。如尺與秤相似，上有分寸星銖，則體也。將去秤量物事，則用也。」（朱子語類　卷六）

這處所說體用，體是主體，用是用處。主體包含成素頗多，有的屬於本體，有的屬於附

加體。

「只就那骨處便是體。如水之或流或止，或激成波浪，是用。卽就水骨，可流可止，可激成波浪處便是體。如這身是體，目視耳聽手足運動處便是用。如這手是體，指之運動提掇處便是用。」（朱子語類 卷六）

這個體字，就是「主體」（Subjectum），主體的附屬物，便是用，然而朱熹在講物的本體時，則以「道」或「理」爲體。他說：

「體是這箇道理，用是他用處。如耳聽目視，自然如此，是理也。開眼看物，着耳聽聲，便是用。」（朱子語類 卷六）

「問：體用皆異。曰：如這片板，只是一箇道理。這一路子恁地去，那一路子恁地去。如一所屋，只是一箇道理，有廳有堂。……如這衆人，只是一個道理，有張三，有李四，李四不可爲張三，張三不可爲李四。如陰陽，西銘言理一分殊，亦是如此。又曰：分得愈見不同，愈見得理大。」（朱子語類 卷六）

朱熹以理為體，因為有這理，纔有這用，用是合於理的。然而在本體方面，不是體和用的關係，而是「理」和「在」的關係。這件物的存在，是以什麼為本體呢？物存在的本體問題和物存在的理由問題不相同。物存在的理由，必定在於牠的性。這件物所以是這件物，是因為牠的物性。一件物存在，應該有自己的本體，因為存在，是物本體的存在，本體是存在的主體，當然存在的主體除本體外，還可以包括許多附屬體。朱熹討論本體說：

「性之本體，便只是仁義禮智之實。……不是本體中原來有此，如何用處發得此物出來。但本體無著摸處，故只可於用處看，便省力耳。」

（朱文公文集　卷六十一，答林德久）

在此處，朱熹以仁義禮智為性的本體，這處的本體和心未發時之本體，意義相同。

「問：未發之前心性之別？曰：心有體用。未發之前是心之體，已發之際是心之用。」（朱子語類　卷五）

的本體也是仁義禮智的理。

朱熹主張心兼性和情，性的本體，便是心的本體。性的本體爲仁義禮智的理；同樣，心的本體也是仁義禮智的理。

「以心之德而專言之，則未發是體，已發是用。以愛之理而偏言之，則仁便是體，惻隱是用。」（朱子語類　卷二十）

以理或道爲本體，祇是對用而言，並不是對存在而言。一物之所以存在，按朱熹所說，有理有氣；物的本體便是由理和氣而結成。這個本體乃是物的根本，其他一切的體用，都附屬於這個根本的本體。

朱熹以理氣爲物的本體，這個物相當於西洋宇宙論的「物」，不是本體論的「有」。但是，由中國哲學去看，朱熹的理氣之物，即是易經所講的「成」或「行」。易經的「成」或「行」，指着宇宙的萬有，宇宙的萬有，由變易而成。宇宙萬有的「成」或「行」，不是絕對的「行」。絕對的「行」沒有變，沒有化生的元素。宇宙萬有的行則是由元素相合所化生而成。易經以宇宙萬有由陰陽之氣而成，氣中自有結合之理。朱熹則以理不包藏在氣內，而是

和氣相對待為二，萬有的化生，有化生之理，有化生之氣。有這理，乃有這氣，理氣相合而成萬有。易經以氣為物的本體，氣中有理；朱熹以理和氣為物的本體，理與氣為二，然不相離。

因此，朱熹的形上學，不從形上形下去講，而從本體去講。氣雖為形下，然乃物之本體的一元，便屬於形上學的本體論。西洋宇宙論的物，具有二元：元形、元質，元質屬於物質，故屬於宇宙。中國哲學的氣並不代表物質，故可屬於形上學。

(二) 理與氣

朱熹研究萬有的本體，追隨程頤（伊川）的思想，主張萬有都由理氣所成。理成物性，氣成物形。

> 「問：性者生之質？曰：不然，性者生之理；氣者生之質，已有形狀。」（朱子語類 卷一三七）

· 49 ·

宇宙的萬有，稱爲萬物，然而「物」並不一定都是物質，物代表實際存在者。每一物有所以成此物之「理」，又有所以成此物之「在」，「在」是具體之物，即實體之物。理則是抽象的，抽象之理而成實體，必應有「質」，質爲具體的，必有形，質由氣而成，故每一物都有理有氣。

形字原爲型字，即模型的意思。中國古代製造泥磚，調了泥，把泥舖平拿木製的模型，壓在泥上，將泥隔成方方的一塊，太陽曬乾後，方方的泥就成一塊泥磚。然若用這種型字去說明物的本體，這個形，相當於西洋士林哲學的元形（Forma），元形則相當於朱熹的理，而不相當於氣。所以「氣成物形」的形字，不是模型的意思，而是形狀的意思。形狀要附在物質上，因此說「氣成物形」，形是氣的特性。理則沒有形，也不能有形，故朱熹以理爲形而上，氣爲形而下。

氣爲質，相當於士林哲學的元質（Materia）。這是從功用方面說，氣在物的本體裏有元質的功用；而不是從本性方面說，因爲元質在本性上常是物質性，氣則不全是物質性。

物有自己成物之理，理卽是物性。物有自己成一物之質，質卽是氣。

「有是理，便有是氣。」（朱子語類　卷一）

一物所以成為這物，是因為有這理；有了這理，便有這氣。例如這個人所以成為這個人，是因為有這個人的理，然後有這個人的氣。這個人的「這」，即是這個人的特性，是這個人的理。有這樣的理，便有這個人的這樣的氣。朱熹常說理和氣不分先後，然而他說在理論方面，則理先於氣。

「或問理在先，氣在後？曰：理與氣本無先後之可言。但推上去時，却如理在先，氣在後相似。」（朱子語類　卷一）

這是說理限制氣，理決定氣。有些像士林哲學的元形決定元質。元質為渺茫不定的質，加了元形，元質繞成為這物的質。但是朱熹所講的理和氣之關係，則不是這樣。他主張理一而殊，理本是一個，因着氣而有分殊，這樣說來乃是氣決定理了。先有一個同一的理，然後因着氣的差異，而構成物的差異。物的不同，不是來自理，而是來自氣。

「理一而殊」的思想，來自程頤，然張載已經有這種思想。朱熹很堅決地提出這種主張。

「問理與氣？曰：伊川說得好，理一而殊。合天地萬物而言，只是一箇理。及在人，則又各自有一個理。」（朱子語類 卷一）

「西銘一篇，始末皆是理一而殊。」（朱子語類 卷九八）

朱熹以太極爲理之極至，但不是宇宙最高之理，也不是宇宙之源，太極乃是每一件事物的最恰當之理。朱熹便以宇宙祇有一太極，事事物物又各有一太極，這就是「理一而殊」。

「曰：太極只是天地萬物之理。在天地言，則天地中有太極；在萬物言，則萬物中各有太極。」（朱子語類 卷一）

「太極只是箇極好至善之理，人人有一太極，事事有一太極。」（朱子語類 卷九十四）

這種主張究竟怎樣解釋呢？馮友蘭說：「由此而言，則一切事物中，除其自己之所以然之理外，且具有太極，即一切之全理。」（註三）我說「這種解釋不對。朱熹不是把太極和理分成兩種理，理只是一個，太極代表『理之極至』，即是『理之全』。一物不能具有兩個

理，否則不成一物，而成了兩物。一物之理，即是天理之全理，祇是所表現的程度不同。

朱熹講一個比喻：天上有一個月亮，地上的江湖河川中，每處都反映一個月亮。月亮只是一個·江湖河川所反映天上的月亮，反映的情形則不同。

但是問題就在這裏，理成物性，為物之所以成形之理，理同則性同，性同則物同。假若宇宙萬物祇有同一的理，便祇有同一的性；有同一的性，便是同一的物。則朱熹主張的結果會和莊子「齊物論」的結果相同，即是萬物都是同一的，只有外面的差別，所有本體都相同。好比人的性相同，凡是人都是人，祇是在量和質方面不相同。然而這又不是朱熹所要的結論，他乃提出「理一而殊」的主張。但，理既是同一的，又怎樣能夠是「殊」而不同一呢？

要想解釋，該在理的內容上加以說明。

儒家的傳統思想，以宇宙為生命的洪流，萬物都有生命，生命即是物的「存在」。從存在方面說，萬物都是「存在」，好比說萬物都是「有」。萬物的存在，由陰陽二氣在運行時，結合而成。陰陽兩氣的運行沒有停止，常是繼續，常不停結合而化生萬物。這種運行稱為「生生」。易經說：「生生之謂易」。（繫辭上　第五章）

每一個存在都是「生命」，因為每一個存在都由陰陽的運行而結成。易經說：「一陰一陽之謂道，繼之者善也，成之者性也。」（繫辭上　第五章）陰陽在宇宙間運行不息，在每一物體

· 53 ·

內仍運行不息。每一物體的存在不是靜止的存在，而是「健行」的存在，因此稱爲生命。

整個宇宙來說，每一陰一陽的運行，陰陽有陰陽運行的理，這個理就是「生生之理」，也卽是天地所有的太極。朱熹以天地有一太極。每一物體也有陰陽運行的理：這個理也是生生之理，也卽是每一物所有的太極。每一物的生生之理和天地的生生之理，同是一個生生之理；然而每一物的生生之理，又各不同。朱熹乃說「理一而殊」。

每一物的生生之理，本同是一個生生之理，爲什麼又各不相同呢？那是因爲每物所稟受的氣不同。氣分清濁，清濁的程度又千變萬異。清濁的效果，在於蒙蔽或顯明「生生之理」。清濁的程度不同，蒙蔽或顯明「生生之理」。清氣顯明「生生之理」。濁氣蒙蔽「生生之理」，最濁的氣整個蒙蔽「生生之理」，使這物體不顯一點生氣，例如礦石金屬。濁的程度較低的氣，蒙蔽「生生之理」的程度也較低，生氣稍能顯出，例如低級植物。濁的程度再較爲低，蒙蔽「生生之理」的程度也就更低，「生生之理」更較爲能夠顯出，例如動物。人的氣清，人所有「生生之理」乃能顯明。朱熹說物得理之偏，人得理之全。就是這個意思。

「問：或問氣之正且通者爲人，氣之偏且塞者爲物，如何？曰：物之生，必

因氣之聚而有形。得其清者為人，得其濁者為物。……又問：氣則有清濁，而理則一同，如何？曰：固如此。理者，如一寶珠，在聖賢則如置在清水中，其輝光自然發見。在愚不肖者，如置在濁水中，須是澄去泥沙，則光方可見。」

（朱子語類　卷十七）

人的氣清，然仍有高低的程度；所以朱熹主張氣質之性，氣的清濁使人性有善惡。但人和物之比，則物之氣為濁，所得之理是偏是塞；人之氣為清，所得之理為正為通。理和氣結合成物的本體，本體有性有形。在聖多瑪斯的本體論，以元形（Forma）和元質（Materia）結成物之性，性和「存在」（Existentia）結合而成一「實有」，即具體之物。兩者的本體結構相似却又不相同。

朱熹的本體論

```
理 —— 性
         \
氣 —— 形 —— 物
```

聖多瑪斯的本體論

```
元形 —— 性
           \
元質 —— 物
存在
```

聖多瑪斯的本體論所講的存在，帶來「量」和「質」的個性，因爲具體的物，除公共的物性外，尚具有個性。朱熹的本體論的氣，帶來物的個性，個性由金、木、水、火、土「五行」而結成。五行，朱熹稱爲質，質由氣而成。

「陽變陰合，而生水火木金土。陰陽氣也，生此五行之質。天地生物，五行獨先。」（朱子語類　卷九十四）

周敦頤作太極圖說，主張無極而太極，太極生陰陽，陰陽生五行，五行生男女，男女生萬物。朱熹雖爲周敦頤的太極圖說作辯護，但並不採用。他不主張太極生陰陽，而主張太極爲理，陰陽爲氣，理氣相合而生物；理氣相合時生五行，五行即物之質。

「或問太極圖之說？曰：以人身言之，呼吸之氣便是陰陽，軀體血肉便是五行，其性便是理。」（朱子語類　卷九十四）

朱熹的本體論便是：

理 —— 性

氣 —— 五行（形） ＼物

上形下。

從形上形下去看，氣既是形下。五行當然是形下，理則是形上。因此物的本體，包有形

這是因為朱熹主張形上形下可以有分別，而不可以分離。

「問形而上下，如何以形言？曰：此言最的當。設若以有形無形言之，便是物與理相間斷了，所以截得分明者，只是上下之間，分別得一個界止分明。器亦道，道亦器，有分別而不相離也。」（朱子語類 卷七十五）

朱熹的形上本體結構在形上形下之間，形上形下互相連繫。

(四) 生生之理

天地一理，每物一理，「理一而殊」。這個「理」是生生之理，究竟有什麼內容呢？

朱熹所講的「生生之理」，雖為「生命」的理；然而和普通西洋哲學所講生命之理不相同。

西洋哲學所講的生命，雖有多種解釋，最共同的解釋則是能夠「自動」，生命乃是自己成長。朱熹所講的生命，為儒家一貫的傳統，即是心靈的生命。孟子曾說人有小體有大體，小體為耳目之官，大體為心思之官。(註五) 人和禽獸的分別在於大體，孟子曰：「君子之所以異於人者，以其存心也。」(孟子 離婁下)

人心虛靈，能知能思，能主宰，兼統性和情。因此，心具有全部生生之理。

「心之全體，湛然虛明，萬理具足。」（朱子語類 卷五）

「心是萬理，能存心而後可以窮理。」（朱子語類 卷九）

「性便是心之所有之理，心便是理之所會之地。」（朱子語類 卷五）

朱熹以心統性情。性是心的本體，情是心的用。性的理是仁義禮智，心的用則是惻隱、羞惡、是非、辭讓之情。

「或問心性情？曰：孟子說惻隱之心，仁之端也，一段分曉。惻隱羞惡是非辭讓是情，仁義禮智是性之體。性中祇有仁義禮智，發之為惻隱辭讓是非，乃性之情也。」（朱子語類　卷五）

這一段說得清楚，人心所有的理，即是性，性即是仁義禮智。朱熹的「生生之理」，便是仁義禮智。仁義禮智歸納起來，就是「仁」。孟子乃說：「仁，人心也。」（孟子・告子上）人心為仁，朱熹說因人得天地之心以為心。天地以「生物」為心，人心乃是仁，仁是生。

又說：「仁也者，人也，合而言之，道也。」（孟子・盡心下）

「發明心字曰：一言以蔽之，曰生而已。天地之大德曰生，人受天地之氣而生，故此心必仁，仁則生矣。」（朱子語類　卷五）

「天地以生物為心者也，而人物之生，又各得夫天地之心以為心者也。故語心

之德，雖其總攝貫通，無所不備，然一言以蔽之，則曰仁而已矣。」（朱文公文集　卷六十七，仁說）

天地所有之理（天地的太極），為化生萬物之理，稱為天地之心，即天地的「生生之理」稱為「仁」。萬物都得有天地的「生生之理」；人稟天地的陰陽之氣，也就稟天地的「生生之理」，因此人的「生生之理」稱為「仁」。

「天之生物之心，無停無息。……乾道變化，各正性命，是那一草一木各得其理。」（朱子語類　卷二十七）

但是萬物沒有心思之官，不得認識「生生之理」，也不能體驗，更不能顯揚。人有心思之官，有情，知道愛自己的生命，也愛人和物的生命。朱熹以仁為愛之理：

「愛非仁，愛之理為仁。心非仁，心之德為仁。」（朱子語類　卷二十）

仁為愛之理，這種愛不是物慾的愛，乃是德。人心為行仁愛之德，乃有惻隱、羞惡、是非、辭讓的情。朱熹以情發自性，即發自心之理。惻隱、羞惡、是非、辭讓為情，乃心之動，就是德的起端。孟子稱「惻隱之心，仁之端也」；羞惡之心，義之端也；辭讓之心，禮之端也；是非之心，智之端也。人之有四端，猶有四體也。」（孟子・公孫丑上）人的本體所有的性，為仁義禮智之理，所有的氣為惻隱羞惡是非辭讓之情。人的本體便是倫理道德的善，人按本

體為倫理之人。「生生之理」也即是仁義禮智之理，所謂生生乃是精神生命，為心靈的活動。

天地和一切萬物都具有這種理，祇是所結合的氣，清濁不同，精神生命之理顯明的程度各異。人的氣為清氣，精神生命乃能顯明，故說人所得之理為全為通。然而在人中所禀的氣又有清的程度，清的程度淺的氣，又稱為濁氣，禀這種氣的人便是惡。唯有聖人，所禀的氣為最清的氣。精神生活在聖人則全部顯明。

易經繫辭說：「天地之大德曰生，聖人之大寶曰位。何以守位，曰仁。」（繫辭下・第十章）聖人的仁德和天地的生德相配。易經因此說：「夫大人者，與天地合其德，與日月合其明，與四時合其序，與鬼神合其吉凶。」（乾卦・文言）朱熹也說：

「天只是一氣流行，萬物自生自長自形自色，豈是逐一粧點得如此？聖人只是一個大本本原裏流出，視自然明，聽自然聰，色自然溫，貌自然恭。在父子則仁，在君臣則義。從大本中流出，便成許多道理，只是這個一便貫將去。」

（朱子語類 卷四十五）

(五) 道德的形上基礎

聖人代表「生生之理」的全部意義。又是「生生之理」的全部表現。聖人和天地相和，天地以「生」，聖人以「仁」；「生」和「仁」相合。

道德為精神生活的表現。朱熹講論道德常講仁義禮智信「五常」。五常即是人的精神生活。在本體論中，朱熹的形上結構為理與氣，理成性，氣成形。氣的形，先有陰陽，次有五行，後有物的個性。在天地間陰陽成五行，五行為元亨利貞。在人，陰陽成五行，五行為仁義禮智信。

「元亨利貞，性也；生長收藏，情也。以元生，以亨長，以利收，以貞藏者，心也。仁義禮智信，性也，惻隱、羞惡、辭讓、是非情也。以仁愛，以義惡，以禮讓，以智知者心也。性者，心之理；情者，心之用也。」（朱文公文集　卷六

十七，元亨利貞說）

仁，義、禮、智、信相配木、火、金、水、土，土為木火金水的基地；五行配五方時，土配中央；五行配四季時，土為一年的中點。五行配五常，土配信，信為仁義禮智的共同條件，即誠於性。因此，五常之用，祇仁義禮智四德，四德便配元亨利貞。

「天地之大德曰生」，天地化生萬物，經過一個歷程，生、長、收、藏。元為生，亨為長，利為收，貞為藏。元、亨、利、貞在外形，即是春、夏、秋、冬四季，故說春生，夏長，秋收，冬藏。人的精神生活也有自己的歷程，即是仁、義、禮、智。

倫理的道德，不僅是倫理的行，和善行的習慣。西洋倫理學以善德為善的習慣，由善行而養成。和本體論沒有關係。人的善惡，不影響人的本性。行善的人於本體沒有增加，行惡的人於本體沒有虧損。善人是人，惡人也是人。在中國哲學裏，就如在朱熹哲學裏，道德不僅是善行，而是人本體的表現，在《中庸》裏稱為盡性。盡性是發揮自己的人性，《中庸》說：「唯

天下至誠，爲能盡其性；能盡其性，則能盡人之性；能盡人之性，則能盡物之性。」（中庸·

〔第二十二章〕　朱熹注說：

「天下至誠，謂聖人之德之實，天下莫能加也。盡其性者，德無不實；故無人欲之私，而天命之在我者，察之由之，巨細精粗，無毫髮之不盡也。人物之性，亦我之性，但以所賦形氣不同而有異耳。能盡之者，謂知之無不明，而處之無不當也。」（四書集注　中庸，第二十二章）

人之性爲仁，盡性則發揚仁愛，愛自己的生命，愛別人的生命，又愛萬物的生命，中庸說：「能盡物之性，則可以贊天地之化育。可以贊天地之化育，則可以與天地參矣。」（第二十二章）發揚仁愛，便贊助天地化生萬物，人便和天地並列而爲三。就是易經所說：「夫大人者，與天地合其德。」（乾卦·文言）

倫理方面的道德和形上本體相連，倫理道德以本體爲基礎。西洋倫理學，以道德原於人性，因人性有道德律。朱熹和儒家的倫理學，則以道德原於人的本體；道德爲人之生命的發

展。因爲仁義禮智之理，即是「生生之理」，「生生之理」即人之本體的理。」天地萬物都有

人物之理相同；「人物之性，亦我之性，但以所賦形氣不同而有異耳。」

「仁之理」，祇因氣濁乃不能顯。人之氣清，乃能顯明「仁之理」，所以能够「知之無不

明，而處之無不當也。」

(六) 結　語

朱熹的形上結構論，講論物的本體。物的本體，由理和氣而結成，理成物性，氣成物

形。物性是這物所以爲這物之理，形是這物所以成爲這物之質。物質由氣而成，氣先成五

行，五行而成物質。

物之理，都是一理，朱熹主張理一而殊。物之理，即實際「存在」之理。物的存在，由

陰陽兩氣相合而成。陰陽兩氣的結合，乃陰陽繼續運行的「成」。陰陽運行不停，爲化生萬

物；陰陽相合之理，即是生生之理。

宇宙萬物的生生之理，在萬物裏同是一理；然因氣所禀之氣不同，萬物所顯之理便各有

殊。氣有清濁，濁氣蒙蔽生生之理，清氣顯明生生之理。物的氣濁，人的氣清。

人所顯明的生生之理，為心靈生活的仁義禮智；仁義禮智總綜來說為「仁」，人的生生之理便是「仁」。

天地的理為「生生」，人的理為「仁」，因生即仁，在天地萬物為生，在人為仁。天地生生經過四項歷程，即元亨利貞；人的心靈生活也有四項歷程，即仁義禮智。仁義禮智屬於人的本體，為本體的特性。因此倫理道德的善德和本體的特性相連。朱熹的「形上結構論」，結合了本體和道德，聯繫了倫理學和本體論。因此，中國儒家哲學看來祇有倫理學，實則倫理學乃是本體論的延續，倫理和本體互相聯繫。

註

註一：周易韓王註 卷七，中華版（四部備要）。

註二：簡奧。

註三：馮友蘭 中國哲學史，頁九〇二（下冊）。

註四：羅光 中國哲學思想史（宋代篇）頁四九九。

註五：孟子，告子上。

附　錄

當代研究中國哲學而有成就的學者應推熊十力，唐君毅，方東美三人，這三位學者都以生命觀念，為中國哲學的特性。

熊十力說：

「夫攝用歸體夐然無對，心物兩不可名，原體顯用。用則一翕一闢，以其相反，而成變化。故翕闢恒恒俱轉，無有一先一後之次第也。翕即凝歛而成物。故於翕，直名為物。闢恒開發，而不失其本體之健，故於闢，直名以心。……心物同體，無先後可分。理實如是，何用狐疑？子以為宇宙本際，唯有物而無心，此膚見也。如本無心，而後忽發現心靈，是無中生有，斷無是理。世俗共計，宇宙泰初，洪濛一氣，漸分凝而成諸天或器界。經過歲時悠遠，而後地球漸有生物。其以前確無心靈現象可徵也。世俗所見衹及此。殊不知，地球當未有生物時，動物知覺，與人類高等精神作用雖未曾出現，而宇宙之大心，所謂闢勢，要自週流六虛，無定在而無所不在。但其時物質宇宙之發展，尚未形成生機體。或

．67．

生機體才見端緒，而其組織太笨，是時關之勢用，雖潛運於物界，畢竟不得彰顯發露，而疑於無心。

物界演進，約分二層。一、質礙層，自洪濛勢啓，無量諸天體，乃至一切塵，都是質礙相。質礙相者，生活機能未發現故。昔人說物有重濁或沉墜者以此。即由如是相故，通名質礙層。二、生機體層。此依質礙層而創進，即由其組織殊特，而形成為有生活機能之各個體，故名生機體層。此層復分爲四：曰植物機體層，曰低等動物機體層，曰高等動物機體層，曰人類機體層。凡復後層皆依據前層，而後層究是突創，與前層異類，此其大較也。……本體流行，元是陽明，剛健，開發無息之闢勢。其翕而成物者，蓋以闢不可無集中其力用之工具，前已言之矣。翕爲物始，必漸趨凝固，此質礙層所由成。闢者，宇宙大心，亦名宇宙大生命。其潛驅默運乎質礙層，固至健無息也。」（熊十力 體用篇，頁十九─二十五。學生書局，民六十五年）

「易大傳曰：顯諸仁，藏諸用。一言而發體用不二之縕，深遠極矣。顯仁者仁？生不息，謂之仁。此太極之功用也。藏用者何？用，即上文所言生生不息的仁。藏者，明太極非離其功用而獨在。此義眞是難說。」（熊十力 體用篇，頁二一六）

「王船山詩有二句，善形容此理。其詩曰：『拔地春雷驚笋夢，彌天兩色養花神。』

按上句，拔地雷聲，形容生命力之升進，其勢猛烈，笋稟之以有生。既生，不知其所生。驚，猶震也。笋之初出土，生長極速。直由生命力之震發而不自覺，故曰夢。下句彌天兩色，以喻生命是全體性，圓滿無虧，若彌天兩色之充盈也。萬物同夢生命以有生，而物各自養，益擴充其所始愛，則以生生之盛，贊之曰神。

……

有問：公釋船山詩意，殆主張有宇宙大生命，爲萬物所稟之以有生乎？答曰：萬物各有生命，即是宇宙大生命。宇宙大生命，即是萬物各有的生命。不是萬物以外，別有大生命也。勿誤會。……」（熊十力　明心篇，頁七。學生書局，民六十五年）

「〈易〉云大明，是乃最高智慧與道德之源泉也。如上諸德用，皆是生命，心靈所法爾本有，而不可詰其所由然者。惟人獨能努力實現生命心靈之一切德用，此人道所以尊也。然人與萬物本爲一體，人乃萬物發展之最高級。則人之成功，即萬物之成功已。總之生命，心靈本來不二，而有兩名，特舉其生生不已之德能而言，則曰生

命；特舉其焰明無闇之德而言，則曰心靈。……

有問：如公所言，生命不是物質性，誠如此，則無機物，何可謂眞有生命乎？答

曰：汝之所見，未達理根。物雖萬殊，其實體則一而已。實體的性質不是單純的，

而是具有生命，物質種種性。無機物有實體，何曾是死物？長山綿延，雄峯峻峙，

智人登覽，惟覺生氣蓬勃，此覺豈是純從立觀幻視乎？」（熊十力 明心篇，頁一〇）

方東美說：

「中國人之時間觀念，莫或違乎易，繫辭傳曰：『易與天地準，故能彌綸天下之

道』。曷謂天地之道？曰：生。所謂『天地絪縕，萬物化生』是也。易曰：『夫

乾其靜也專，其動也直，是以大生焉。夫坤，其靜也翕，其動也闢，是以廣生焉』，

又曰：『乾坤其易之縕耶？乾坤成列，而易立乎其中矣，乾坤毀則無以見易，易不

可見，則乾坤或幾乎息矣』。綜此以言，天地之大德悉備於生生不已之易。舉易以

言天之經，地之義，人之紀，則智慧之門可得而入矣。易之卦爻，存時以示變，易

之精義，趣時以應變者也。故言天地演化之道，生命創進之理，必取象於易。……

生命之創進，其營育成化，前後交奏，其進退得喪，更迭相酬，其動靜闢翕，展轉比合，其蒞瘁盛衰，錯綜互變，皆有週期，協然中律，正若循環，窮則返本。」

（方東美 生生之德，生命情調與美感，頁一三二。黎明文化公司，民六十八年）

「真正的哲學，是要學易者所以通其理。通其理的這個『理』字長得很了。這個理就是中國的古代從宗教的文化展開來成為一個倫理的理性光明文化，再展開成為哲明文化。……

但是儒家的孔子卻是從洪範篇啟示的宗教上面的永恒領域，當作精神上面的秘密世界，一切精神的潛能都儲藏在那一個永恒世界，作為一個本體的寶庫，含藏了一切創造的力量；現在透過人類，把創造的力量發洩出來，馬上把永恒世界，投到時間之流。在時間之流的裏面，人把握過去，發揮現在的能力，然後創造未來。所以在周易有所謂『天地之大德曰生』；生不是一度，而是『生生之謂易』，那是創造↓創造↓創造不已。……

這個人『受天地之中以生』，上本天的創造能力，下本地面上生養萬物的能力，與天地參，把整個天上面的神奇創造力量與地面上生養萬物的力量吸收到人類來，以人為中心，從事人類的創造。……」

（方東美先生演講集。儒家的哲學──孔子，頁一八二）

唐君毅說：

「而由信天命以求得其安身立命之地，而樂且不憂者，即約有三形態。其一種形態，為自覺有上天之使命或神力在身，而謂世間一切事務，皆不足阻礙我之行其志，遂其願欲。……其第二種形態，即為人于當前所遭遇之環境，覺非己力之所能轉移時，即信此為一必然而不可轉移之命運，……在人之安於此命運處，皆須取同一的將其意志欲望，加以壓服，更加超化之態度，然後人能安於此命而無怨。……其第三形態，則為由觀照，或玄思，或體證，而於萬物之變化流行中，見得天神或天道之表現於其中，而於此萬物之變化流行中，萬物之依此天道以生者之不已，見此天道之如命萬物生而不已，而直下加以契會，遂由此以樂天命之流行於萬物，而更自得其樂。此乃西方之泛神論者如古之斯多噶派，近世之斯賓諾薩，及易傳之觀天之神道，之見于四時之不忒，窮天地萬物變化之理以至於命，與中國之宋明儒者之由觀自然之變化流行，而於其中見天道天命者，皆在大體上相類之思想。至於謂孔子之天命即見於天地萬物之變化流行中之天道，此亦似可於孔子『天

何言哉！四時行焉，百物生焉，天何言哉」之語爲證，以說孔子之言天命卽屬上述之第三形態。蓋天旣不言，則其命不必由言以傳，而天之命卽可不同於西方宗敎之上帝之言語啟示，表示其所命於人者。而吾人欲見天命，則當於天之行事以見。

故孟子亦嘗謂『天不言，以行事示之而已矣』。而四時行，百物生，亦卽天之行事，則吾人固可由此以見天命也。按禮記哀公問篇載哀公問孔子曰：『君子何貴乎天道也』？孔子對曰『貴其不已也，如日月東西相從而不已，是天道也；不閉其久，是天道也』。又曰『天有四時，春夏秋冬，風雨霜露，無非敎也，地載神氣，神氣風霆，風霆流生，庶物露生，無非敎也』。易傳亦引孔子曰『天下何思何慮？日往則月來，月往則日來，日月相推而明生焉，寒往暑來，暑往寒來，寒暑相推而歲成焉。往者，屈也，來者，信也。屈信相感而利生焉』。此或孔子一時語之詳記，或後人增益孔子言所成，今皆不必深論。然要可作論語天何言哉一段之註解。因可於此見一天道之流行，與天之『命四時成，百物生』之命之流行也。」（唐君毅 中國哲學原論，原道篇一

第二章 孔子之仁道（下），頁二一〇～二一三。新亞研究所印行，民六十二年）

「由上所說，則生命之存在，自當有其超越的形上根源，亦依此根原之有而有。但由其破空無無，所更成之有，則爲其自身所有之有。此破空無無，能使有更成爲有，乃一理，一道。唯依此理，此道，一生命存在，乃得由其根原而創生，以自有其所成之有，亦自有其生命之理之道，以爲其性。而此理此道之意義，即更重要於此根原在爲形上存在，及生命存在之爲存在。一切生命存在，即當說直接依此理此道而生。 此形上根原在中國儒家名之爲天，卽此理爲天理，此道爲天道。吾人之生命存在之具此理此道爲性，爲天性，亦人性。 其倫常典常，爲臯陶謨之『天敍有典』；其禮樂，爲『天敍有禮。』」 （唐君毅 生命存在與心靈境界 下册，頁八七○。學生書局 民六十六年）

中國哲學中生命的意義

1. 形上學的研究對象

西洋的形上學，從亞里斯多德以來所研究的對象為『有』，對於『有』的研究為靜態的研究，為分析的研究，研究『有』的意義，『有』的成素，『有』的原理定律。從『有』而到『存在』，對於『存在』的研究也是靜態的研究，把『存在』和『性』分開。直到當代的存在論，纔從動態去研究『有』，乃有所謂『存有』。然而存地論的『存有』，仍舊脫離不了西洋哲學的傳統靜態，海德格祇能以『無』去陪襯『存有』。

中國哲學的研究法為動態研究法，不用分析，而用體驗，中國形上學的研究對象，不是靜態的『有』，而是動態的『在』。

一個『有』便是一個『在』，理想之有也是理想之在，中國哲學不談理想之有，而談實際之有，實際之有為一實際之在，實際之在，不是靜止的在，而是繼續動的在。中國哲學的

形上學便研究這個實際常動的在，這種動的在，就是具體的有，也就是實際的『存有』。中

國哲學稱這種動的『存有』為『生命』。

講這種生命的文獻，為易經，為宋明理學家的著作。

西洋哲學從笛卡爾（Descartes）以後，也漸漸轉向動態的『有』，笛卡爾的「我思則

我在」，由動作去體驗存在。斯賓諾匝（Spinoza）的泛神論，黑格爾（Hegel）的絕對精神

辯證論，馬克思（Karl Marx）的唯物辯證論，柏格森（Bergson）和懷德黑（Whitehead）

的繼續變動論，都是由動態去講萬有。胡賽爾（Husserl）的現象論和海德格（Heidegger）

的存在論，也是就實際的活動具體去研究『有』。所以動的有可以成為形上學的研究對象，

但是一個動的有，很難以靜的分析法去講解，因為我們的觀念，都是一個一個互相分離的，

為表示動，需要將有關的觀念連繫起來，我們沒有一個繼續動的整體觀念，可以表示一個整

體的動。

『有』和『在』是一體的兩面，從抽象方面去看，稱之為有，從具體方面去看，稱之為

在。中國形上學的對象和西洋形上學的對象，同是一個客體，祇是研究的觀點不同。

2. 生命的意義

甲、變

馬克思的唯物論，以萬有都是物質，物質都是動，物理學上以一切物質都是力，力就是物質，物質就是力。

易經以宇宙一切萬有都是動，有就是動，動就是有，動為『易』，『易』為生命。

「易之為書也不可遠，為道也屢遷，變動不居，周流六虛，上下無常，剛柔相易，不可為典要，唯變所適。」（繫辭下　第八章）

變是變易，變有什麼意義呢？

宇宙不是一個靜止的塊然大物，而是一個變動不居、剛柔相易的整體。無時不變，無物不變。

「化而裁之謂之變，推而行之謂之通。」（繫辭上 第十二章）

朱熹注說：「因其自然之化而裁制之，變之義也。」這個變字和通字連用，指的是聖人在治國時，知道按着天地之道而有變通，以治理國家。

「是故闔戶謂之坤，闢戶謂之乾，一闔一闢謂之變，往來不窮謂之通。」（繫辭上 第十一章）

朱熹注說：「闔闢，動靜之機也。先言坤者，由靜而動也，乾坤變通者，化育之功也。」

闔闢爲動靜，動靜爲乾坤，乾坤爲剛柔。

「剛柔相推而生變化。」（繫辭上 第二章）

「剛柔相推，變在其中矣。繫辭焉而命之，動在其中矣。」（繫辭上 第一章）

變易由於剛柔相推，動靜相繼。剛柔代表動靜，動靜代表乾坤，乾坤代表天地，天地代

表陽陰。變易乃是陽陰的結合，易經很少講陰陽，却常講剛柔和天地。

變又是化，變化兩字的意義何在？

乙、化

「變化者，進退之象也。」（繫辭上 第二章）

化字，指着動靜的變，產生新的體。

進退代表動靜，變化由動靜而成，而變化代表動靜的現象。但是化字在易經上有另外的意義。

「易與天地準之……，範圍天地之化而不過，曲成萬物而不遺。」（繫辭上 第四章）

「窮神知化，德之盛也。」（繫辭上 第五章）

宇宙的變化最神妙，變所有的化更是神奇莫測，易經乃稱宇宙的變化爲神。能够知道宇

宙的變化，必定是一位德盛的聖人。

「易無思也，無為也，寂然不動，感而遂通天下之故，非天下之至神，其執能與於此？」（繫辭上　第十章）

「知變化之道者，其知神之所為乎！」（繫辭上　第九章）

天地變化，看來似乎不動。一顆小花由發芽到生葉，然後開花，外面看不出來有什麼動作，似乎『寂然不動』，然而結果則非常神妙，葉子和花，都是新的產物。祇有聖人纔能知道天地變化的神秘，「夫易，聖人之所以極深而研幾也。唯深也，故能通天下之志，唯幾也，故能成天下之務，唯神也，故不疾而速，不行而至。」（繫辭上　第十三章）天地的變化既深遠，又微妙，聖人能夠『極深研幾』。

丙、生

天地的變化都有目的，目的在於『生生』；因為這種變是化，化則是化生而產生新的實體。

「生生之謂易。」（繫辭上 第五章）

天地變易之道，乃是生生，生生爲化生一個新的『存在』，即是產生一個新的『有』。

「天地之大德日生。」（繫辭下 第一章）

『生』的觀念充滿易經，乾坤天地爲變易的元素，乾坤天地所起的變易，在於『生生』。

「天地絪縕，萬物化醇，男女媾精，萬物化生。」（繫辭下 第五章）

朱熹注說：「絪縕，交密之狀，醇謂原而凝也，言氣化者也，化生，形化者也。」天地即陰陽之氣，互相交接，化生萬物。

「彖曰：小往大來，吉亨。則是天地交而萬物通也。」（泰卦）

表陽陰，陽陰相結合則物化生。

者，莫不如此。大抵，陽先陰後，陽施陰受，陽之輕清未形，而陰之重濁有迹也。」乾坤代

朱熹注說：「乾主始物，而坤作成之。承上文男女而言乾坤之理。蓋凡物之屬乎陰陽

「乾道成男，坤道成女，乾知大始，坤作成物」（繫辭上第一章）

乾坤，稱爲萬物生存的源始；因爲一切萬物都由乾坤相合而生。易傳說：

「象曰：至哉坤元，萬物資生，乃順承天。」（坤卦）

「象曰：大哉乾元，萬物資始，乃統天」（乾卦）

卦辭以天地相交，則萬物通亨而興發。天地相交卽是『易』，就是變化，有變易，乃生

萬物。

「象曰：歸妹，天地之大義也。天地不交而萬物不興。」（歸妹卦）

「一陰一陽之謂道，繼之者善也，成之者性也。」（繫辭上 第五章）

宋明理學家對於易傳的這一段話非常重視，所作的注解很多，原文的意義，在於說明生生的變化：宇宙之道就是陰陽變化之道，這種變化繼續不停，表示天地好生的善德，這種變化的成果，是物的性。物因性而成，性由陰陽相結合而生。這種陰陽的變化，不僅是不停地繼續成物，而且在所成的物體內還是繼續變化，這就是說每一物的本體是動的，而不是靜呆的。

王船山乃主張『性日生而命日降』。一個物體的性時刻在成就，並不是一成就停止了，常是這個性，那是在一個物體內，牠的性雖是繼續在成就，性的理却是一樣，性常是陰陽繼續在變易，但是在一個物體內，牠的性雖是繼續在成就，性的理却是一樣，性因為陰陽繼續在變易，那是因為『命日降』。命為『天命之謂性』的天命，這個性，乃是因為天命如此，陰陽的變易，按著天命而變。繼續的變易，需要繼續的天命，因此『性日生而命日降』。

每一個物體的本體常體，這是就實際的存在而言；這個繼續動的存在，稱為生命。繼續不停的變易，稱為化育。

化育的思想為儒家傳統的思想，天地化育萬物，聖人也發育萬物。天地的變化使萬物發

生，又繼續培育。聖人法天去治理國家，使人民能夠生，能養育。

「至誠者……贊天地之化育，可以與天地參矣。」（中庸 第二十二章）

「大哉聖人之道，洋洋乎發育萬物，峻極於天。」（中庸 第二十七章）

中華民族自古爲農業民族，農民看天地的變化，是看一天的日和一年的四季。日夜所帶來的變化是太陽月亮，四季所帶來的變化是寒暑和雨露。這些變化對於農民的生活很有關係，因爲農民的生活在於使五穀生長。日月、寒暑、雨露則直接影響五穀的生長。風調雨順，寒暑得宜便成爲農民的希望。上天有好生之德，使四季的變化能發育五穀。孔子乃說：

「天何言哉！四時行焉，百物生焉，天何言哉！」（論語 陽貨）

宇宙的變化爲化育，化育爲生生，生的物體乃是生命。

丁、生 命

易經和中庸所說的生，是不是普通所說的生命？一切萬物稱爲生，是否都是生物？

生命和生物，在哲學上和科學上都有一定的意義，生命爲內在的自動力，生物爲具有自動力的物體，生物又分爲植物、動物和人。普通在科學上和哲學上，宇宙物體分爲生物和無生物，無生物稱爲礦物。易經和中庸是否以一切萬物都是生物？

易經和中庸，以及後代儒家，都承認物體中分爲生物和無生物，也把人和物分得很清楚。然而儒家的朱熹對於生命和生物，所講的說明，則是凡是物都有生命之理，就是生命之理的表現有高低的程度。在無生物裏，生命之理祇有一點表現，就是存在。在植物裏，生命之理有一部份的表現。在動物裏，生命的表現加高。在人，生命之理則全部表現。朱熹說物得理之偏，人得理之全。

朱熹以萬物同一理，但「理一而殊」。萬物之理相同，如同天地間祇有一太極，太極爲『理之極至』。萬物之氣則不同，因爲氣有清濁。物的氣濁，因此，所有之理不能顯明。人得理之清，所有之理乃完全顯出。

「西銘要句句具理一而殊。

西銘一篇，始末皆是理一而殊。以乾爲父坤爲母，便是理一而分殊。予茲藐焉混然中處，便是殊分而理一。天地之塞吾體，天地之帥吾性，分殊而理一，民吾同胞，物吾與也，理一而殊。逐句推之，莫不該然。」（朱子語類 卷九十六）

朱熹這一段話，講張載的「西銘」。「西銘篇」以人和天地萬物合爲一體，朱熹說這是因爲理一而殊。

「問理與氣？曰：伊川說得好，曰理一而殊。合天地萬物言，只是一箇理。及在人，則又各有一個理。」（朱子語類 卷一）

人和人，都是人，但每個人的個性又不相同。朱熹乃說氣質之性有善有惡，人因氣質之性，卽理和氣結合之性，而有善惡智愚的分別。

「問：或問氣之正且通者爲人，氣之偏且塞者爲物，如何？曰：物之生，必因氣之聚而成形。得其清者爲人，得其濁者爲物。……又問：氣則有清濁，而理則一同，如何？曰：固如此。理者，如一寶珠，在聖賢則如置在清水中，其輝光自然可見；在惡不肖者，如置在濁水中，須是澄去泥沙，則光方可見。」（朱子語類　卷十七）

朱熹說得很明顯。萬物之理，同是生命之理，祇是因所得之氣有清濁不同，生命的表現乃不同，所以各種物體的生命也就不同。礦物沒有生命，但也有生命之理。生物當然有生命之理，祇是生命的程度不同。

最高的生命爲人的生命，因生命之理在人以內完全表現出來，而人的生命又有高低不同，如同孟子所說人有小體有大體，小體爲感覺之官，和禽獸相同，大體爲心思之官，則是人之所以爲人的生命。心思之官的生命的仁義道德的生命，而不祇是智慧的生命。孟子以人心生來有仁義禮智之端，人的生命乃是道德的精神生命。

「人之所以爲人，其理則天地之理，其氣則天地之氣，理無迹不可見，故

・87・

於氣觀之。要識仁之意思，是一箇渾然溫和之氣，其氣則天地陽春之氣，其理則天地生物之心。」（朱子語類 卷五）

仁義道德的生命，在天地萬物中都存在，祇是不能顯出，然而在天地間也顯露出。天地不是化生萬物嗎？這就是天地生物的仁心。人得天地之心爲心，人心也就是仁。〈中庸〉說：「仁者，人也。」

生命的意義，爲仁義的精神生命。這種生命之理在萬物中都有。因此物都可稱爲生物，物的化成也稱爲生。祇是生命之理的表現，則有高低的程度。

這一點，可以相幫我們解釋天主教的進化論。

3. 生命的發展

中國的形上學不分析生命的意義，而從動的方面講生命的發展。生命的發展分成兩大部份：第一、物的化生程序；第二、人的修養。

物的發生程序，在易傳裏有所說明：

「是故易有太極，是生兩儀，兩儀生四象，四象生八卦。」（繫辭上　第十一章）

這種程序為八卦和六十四卦的發生程序，先有單數的一，由一而有兩爻，兩爻相疊而成四象，三爻相疊而成八卦，八卦相疊而有六十四卦，六十四卦代表天地萬物，萬物產生的程序便也是卦的程序。在卦的發生程序中是兩儀的陽陰，因著陽陰兩儀的變化，遂有四象、八卦和六十四卦。因此萬物的元素都是陽陰。

漢朝學者接受了戰國末年的陰陽五行思想，改變了易傳的程序，以五行代表四象。漢朝學者的程序在宋朝理學家而得完成。因濂溪作太極圖和太極圖說：

「無極而太極，太極動而生陽，動極而靜，靜而生陰，靜極復動。一動一靜，互為其根，分陰分陽，兩儀立焉。陽變陰合，而生水火木金土。五氣順布，四時行焉。……五行之生也，各一其性。二五之精，妙合而凝，乾道成男，坤道成女，二氣交感化生萬物。萬物生生，而變化無窮焉。惟人也，得其秀而最靈。……聖人定之以中正仁義，立人極焉。故聖人與天地

89

合其德，日月合其明，四時合其序，鬼神合其吉凶。」

（太極圖說）

太極圖說是一篇中國哲學的生命發展論。生命由太極而來，由陰陽五行而成，由乾坤而生，人爲最秀。而聖人乃是人中之極。宇宙間也有生命的流行，卽是日月四時，表示上天好生之德，聖人能夠貫通宇宙的生命，和萬物相通。聖人和宇宙生命的相通在於仁，王陽明在「大學問」中講天地萬物的『一體之仁』。

人爲發展自己的生命，用修養的方法。〈中庸〉說明儒家修養的原則。

「唯天下至誠，而能盡其性。能盡其性，則能盡人之性。能盡人之性，則能盡物之性，能盡物之性，則可以贊天地之化育。可以贊天地之化育，則可以與天地參矣。」

（中庸 第二十二章）

性爲理，在這裏所說的性，爲生命之理，因爲生命之理相同，故人發展自己的生命，便能發展別人的生命，也能發展物的生命。我要保全而發展我的存在，便要保全也發展人和物的存在。

我的存在是生命，在生命上我和別的人物相聯繫。王陽明講一體之仁卽一體的生

90

命，人的生命需要吃肉、吃菜、吃藥，這就表示我和萬物的生命連接在一體之內。

一體之仁，為一體之生命相接，也就是一體之仁的相愛。孟子說仁民而愛物，張載西銘

說「民吾同胞，物吾與也。」這也是孔子所說仁者立己立人，達己達人。乃是精神生活的最

高峯。

儒家的哲學就包括在這個範圍內，也用這種系統去連繫。由太極而陰陽，由陰陽而五

行，由五行而生物。物中最秀而生命之理表現最完全者為人。人之心為仁，由仁而和萬物相

連，因相連而相愛。人乃仁民愛物以參天地的化育，如大學所說「大學之道，在明明德，在

親民，在止於至善。」（第一章）

（曾載於 靜宜文理學院學報 第二期 民六十八年六月）

儒家生命哲學的形上和精神意義

在科技為國家發展最需要的時代，在工商業發達所帶動的西化社會裏，提倡儒家的哲學思想，對於今天的中國人究竟可以有什麼意義？是不是僅僅因為政府在恢復中華文化，便把古代的老古董拿出來以作招牌呢？或者是因為大家在被國際外交孤獨我們的時候，我們要肯定我們中國人是中國人（Identity），便把儒家的傳統托出來做幌子呢？或是因為我們堅決反共，為表示中華民國本性上就和共產主義不相容，便把儒家用為反共的工具呢？若是祇因上面的這種來自時勢的要求，而提倡儒家哲學，都不是儒家思想本身的意義，也更不是儒家思想的內在價值。一般人都認為儒家思想是農業社會和封建社會的產物，已是陳舊的落後思想，不適合於現代的中國社會。

一種哲學思想的興起和傳授，當然和社會環境有關係；然而思想究竟是人心靈的產物，思想的產生一定是產生於一位思想家的天才。儒家思想的成為一家思想，乃是孔子的才學和修養；但是孔子也是繼承先代的思想，而且是生在中國春秋的時代。

中國古代的哲學思想和希臘古代的哲學思想，表現出兩種不同的途徑。希臘古代哲學探索宇宙萬物的本質，在變易的宇宙中尋求不變的常體，柏拉圖乃創觀念世界，亞里斯多德以理則學的推論法，推到永久常存的最高實體（Supreme Being）。變者沒有價值，永久不變者繞是完全的實有（Perfect Being）。中國古代哲學在易經和書經裏，以『人』為中心；人代表萬有，連結天和地。人的價值在於心靈的生活；這種心靈的生活，綜結天地萬物的意義和價值。希臘古代哲學，研究宇宙萬物的本體，以靜為研究的觀點。中國古代哲學，講論人生，以動為研究的觀點。由靜的觀點去研究，所用方法為邏輯的分析法；由動的觀點去研究，所走的途徑為實際的體驗和言行合一的實踐。

體以內。

1. 儒家生命哲學的形上意義

生命的意義，為內在的活動。儒家認為宇宙萬物都常在變易，而且這種變易是在每一物

「一陰一陽之謂道，繼之者善也，成之者性也。」（繫辭上 第五章）

宇宙間的變化，由兩種元素而成，一種稱爲陽，一種稱爲陰。陽陰兩元素來自太極，太極爲最高之一。太極具有變易的能力，由變易而有動靜，有進退，動進爲陽，靜退爲陰。陽陰兩元素因變易而互相結合，互相分離；結合時則生化物體，分離時則銷毀物體。陽陰的變易，繼續不斷，「繼之者善也，成之者性也。」每一次陽陰的結合，成一物性（Essence），卽是生化一個物體。因此，易經說：「天地之大德曰生。」（繫辭下 第一章）又說明天地變易的目標爲生化萬物，所以說「生生之謂易。」（繫辭上 第五章）

因着太極的變易而有陽陰，因着陽陰的變易而生化萬物，每一物由陽陰相結合而成。陽陰兩元素結成了一個物體，在這物體內陽陰兩元素仍舊繼續變易，這種變易是在物體以內的變易，由物體以內而顯於物體以外。宇宙內沒有一個物體不變易的；物體的變易在物體外面可以被認識，在物體以內則不爲人所知。這種內外的變易稱爲生命。

易經所說的生命，卽是物體內外的變易，這種變易爲向上的發展。宋朝理學家朱熹發揮易經的思想，創理氣論（Theory of Li and Chi）。『理』爲一物所成這物的理由（Reason），『氣』爲一物所成這物的形狀（Figure）。一物之理卽是物性，一物之形卽是物體。易經曾說：「一陰一陽之謂道。」道卽是理，陰陽的每一次結合，必有結合之理；朱熹稱這結合之理爲『理』。陽陰結合而成物，物卽有具體之形，朱熹稱這種形爲『氣』。

朱熹以宇宙萬物之理爲一理，理的表現程度在萬物內不同，因着理表現的程度，萬物乃有高低的等級。普通說萬物分爲礦物、植物、動物三等，在每一等中，又分更多的等級，人則是萬物中最高等級的。朱熹以人得理之全，別的物都祇得理之偏；即是理在人，全部表現出來，理在物則祇表現一部份。

這種『理』，即生命之理。生命之理爲變易之理，能夠自己變易，而且自己發育，自己知覺，自己主宰。最低的生命，乃是礦物，在礦物內，陽陰兩元素，繼續變易。再高一級的生命，則能自己發育，乃是植物。再高一級的生命，則能自己感覺，乃是動物。最高級的生命，能夠自己有意識，自己作主宰，則是人。孟子曾說人有大體，有小體，小體爲感覺之官（Organ），大體爲心思之官。心爲人的特有器官，能思想，能有意識，能主宰。心的本質便不是物質物，而是精神體，理學家都稱心爲神（Spirit）。

生命之理爲什麼有表現不同的差別呢？是因爲氣有清濁，清濁的程度有千千萬的不同。氣濁，則蒙蔽了理，使理不能表現，或祇能表現一部份；氣清，則可以使理全部表現出來。生命之理的最高表現，在於一個人的心能夠和宇宙萬物相通。這種相通稱爲『仁』，是生命的互相聯繫，互相協調，互相成全。而這種聯繫，協調和成全，該當是有意識的，是由自心而發的。孟子乃說：「仁，人心也。」（告子上）。「仁也者，人也。」（盡心下）。《中庸第

二十章也說「仁者，人也」。生命的最高表現，便是心的生命，而心的生命，為精神的生

命，卽是倫理道德的生命。孟子乃有性善的學說，以人心有仁義理智之端（Seed）。這樣，

儒家把倫理學和形上學相連，形上學為倫理學的基礎。(2)

儒家的形上學，研究的對象為動的『存有』（Being）。每一個物體都常在變易，變易

由陰陽相結合，陰陽按理而結成一物的性和形，在結合成物後，在物內仍繼續變易，變易卽

是生命。宇宙為一變易的綜合，形成一道生命的洪流。

方東美先生曾說：「因此，我將向諸位闡述一種極其不同的哲學風格——那就是典型的中

國哲學，數千年以來我們中國人對生命問題一直是以廣大和諧之道來旁通統貫，它彷彿是一

種充實和諧的交響樂，在天空中，在地面上，在空氣間，在水流裏，到處洋溢着歡愉豐滿的

生命樂章，上蒙玄天，下包靈地，無所不在，真是酣暢飽滿，猗歟盛哉！」(3)

儒家的哲學就在發展成全的生命，而成一個成全的人。成全的生命為最高的精神生命，

這種生命不僅是有倫理的意義和價值，而是具有形上的（Metaphysical）意義和價值；因為

最高的精神生命，乃是生命本體的完成（Essential perfection），生命由最低的礦物變易，

升高到自養的植物生命，再升到感覺的動物生命，最後升到人的心思生命，心思生命的完

成，便是最高的精神生命，有最高精神生命的人，不僅是在倫理上是完全的人，並且在人的

本性上正是完全的人。

2. 儒家生命哲學的精神意義

甲、生命的相連

人的生命在本體上，和宇宙萬物的生命相連。生命是陽陰的變易，陽陰的變易是整個宇宙的變易。人的生命，不能單獨存在，必要和宇宙萬物的存在（Existence）互相聯繫。王陽明在「大學問」裏主張『一體之仁』，『仁』卽是生命，生命聯繫成一體。人為維持自己的生命，要吃肉，吃蔬菜，吃水菓，人的生命便是和動物植物的生命相連貫，要靠動植物的生命來協助。人為生存要喝水，在病時要吃藥；這就是表現礦物的生存和人的生存，也互有關係。生命既是互相聯繫，人的生存而且依賴動物植物和礦物的生存，人便要愛一切物的生存。王陽明的『一體之仁』，也表示愛。人心的愛應涵蓋宇宙的萬物。孟子曾經說過：「仁民而愛物」（盡心上）。張載的「西銘」，倡言『民吾同胞，物吾與也。』儒家的大同思想，就政治的理想說，有禮記的禮運篇所講的天下為公，萬民同樂；就倫理的愛心說，有孟子的推己及人，「老吾老，以及人之老，幼吾幼，以及人之幼。」（梁惠王上）就生命的互相聯

・98・

繁說，有宋明理學家的萬物一體。在實際的生活上，儒家以「聖人」爲最高的目標，聖人的特點就在於法天地好生之德，以兼善天下爲自己的志向。聖人不是一位專圖自己修養德性的人，聖人乃是一位能使天下人都得他的恩澤的人。中國古代所尊稱的聖人：堯舜禹湯文武周公，都是在王位的人，周公也曾攝王政，他們都曾以仁政加惠天下人民。孔子是最後的一位聖人，孔子雖不曾在朝廷居王位或相位，但是他的教化，澤及萬代。因此也稱爲『素王』。

這種聖人，稱爲大人，與天地合德，與大道同行，具有治理萬物的人格。

宇宙萬物都流行着生命，中國的繪畫就充滿這種生氣。一幅風景畫，一幅花卉畫，中國畫家都要求畫內要隱藏一股活動的生命。中國畫的最高境地，爲神韻；神韻不能言說，然究其實卽是畫內的圓融生活的氣象。

歐美人所稱爲「呆板自然」的水菓畫，中國畫家要求畫內要隱藏一股活動的生命。

方東美先生曾論中國藝術的特點說：「由此可見，中國的藝術精神貴在勾深致遠，氣韻生動，尤貴透過神奇創意，而表現出一個光輝燦爛的雄偉新世界。這個世界絕不是一個乾枯的世界，而是一切萬物含生，浩蕩不竭，全體神光煥發，耀露不已，形成交光相網，流衍互潤的一個『大生機』世界。」⑷

・99・

乙、生命的調協

宇宙萬物在生命上互相聯繫，而且互相調協，互有次序，構成一曲天然的樂章。中國古人常說自然界含有『天籟』，聲調非常美妙。又以自然為一幅高雅的圖畫，顏色調和恰當。一年四季的春夏秋冬，寒暑溫涼互相節制，各有時節，五穀百菓乃能生長。而且還要風調雨順，麥稻纔可以豐收。人心也可以和天地的自然調協相通，在幽靜的山間，聽着清風和鳥語，看着古木和明月，人心似乎和周圍的萬物共鳴，脈博跳動成了音樂，忘記了自己身體的界限，自己和天地同化。詩人和騷客發為詩歌，作為文章，引動世世代代的讀者的同感。

這種自然的調協，在人的生命中，表現為中庸。中者，得其中；庸者，得其時。孔子提倡中庸之道，教導弟子們不要走偏差，『過與不及』都不合於道德。中，雖為中道，然不是呆板的規律，隨時隨地應做得恰當，即是『各得其宜』。易經最講究中正，陽和陰各在自己的位置；易經又最看重『時』，屢次說『時之義，大矣哉。』孔子主張『正名』，名和事相合，有事便有名，有名便有事。各人在自己的名位上盡名位的責任，不超越自己的名位。「致中和，天地位焉，萬物育焉。」（中庸　第一章）。人的中庸，跟天地的自然規律相合，萬物也因着而得發育。

人生活的調協規律，稱爲禮樂。禮爲人動作的規律，使人和人之間，事和事之間，都有次序，互相調協。樂則爲人情感的規律，使喜怒哀惡合符節度，互相融洽。禮記上說：「樂者，天地之合也；禮者，天地之序也。和，故百物皆化；序，故羣物皆別。……天高地下，萬物散殊，而禮制行矣。流而不見，合同而化，而樂興焉。春作夏長，仁也，秋斂冬藏，義也；仁近於樂，義近於禮。」（禮記　樂記）在自然界有高下的次序，有繼續流行的生命，萬物互相調協。自然界生命的調協，發爲人事的中庸。儒家中庸之道，養成了中華民族重人情，貴名份，愛和平，不走偏激的邪路。中國的繪畫不用過於強烈的顏色，中國的音樂不慣於高吭的呼聲，中國的人情不喜歡鋌而走險和好新立異的偏激人。孔子的人格『溫而厲，威而不猛，恭而安。』（論語　述而）乃是中國人的標準人格。

然而調協不是懦弱，不是委屈求全。自然界生命的調協是萬物恰得其當，各有節制。所以俗語說：『暴風不終朝』。儒家爲求中庸，強調守禮，禮是義的表現。孔孟都主張「殺身成仁，捨生取義。」每個人抱着守義而節制自己，不妨害他人；他人妨害正義時，則據死力爭。這種精神是剛毅的精神，然也是中庸的精神。沒有剛毅，就不能有中庸的調協。應當柔弱的時候，就柔弱，應當剛強的時候，就剛強。中庸說：「仲尼曰：君子之中庸也，君子而時中。」（中庸　第二章）

孟子曰：「孔子，聖之時者也。孔子之謂集大成。」（萬章下）

丙、生命的互助

一體的生命，不僅是互相調協，而且互相協助。宇宙的萬物不能孤立，「孤立無援」則必不免滅亡。陽光雨露，當然是萬物所需要；小草小花，在萬物中也是有貢獻：造物主沒有造一種無用的東西。生在一座山上的草木，從土壤、砂石、水質、蘚苔、樹根、枝葉、空氣，都互相協助，以維持各自的存在；在各自的存在中，又有協助的次序。整個宇宙的萬物，依着生命表現的程度，列成上下的次序。在生命的需要上，上列生命需要下列生命的供養，下列生命因而有被犧牲者。人的生命最高最貴，因而一切的萬物都供人的使用。然而同時人便要愛惜萬物的生存而予以照顧。儒家稱讚「天地有好生之德」，倡言「天地以生物為心」，「人得天地之心而為心，人心故仁」。

達爾文發明進化論，主張『弱肉強食』，『物競天擇』，造成了以鬥爭而生存的原則，共產黨遂演化為階級鬥爭。中山先生根據中國儒家思想，駁斥達爾文的學說，以互助為人類生活的規律。

易經的乾卦象曰：「雲行雨施，品物流行。……首出庶物，萬國咸寧。」雲雨使萬物繼續生長，聖人施恩使萬國得福。孔子說：「夫仁者，己欲立而立人，己欲達而達人。」（雍也）

人不是以自私而能發揚自己的人格，而是在協助他人纔能發揚自己。

儒家的發展哲學，以這個『協助』爲基礎。人能發揚自己的本性，必能協助別人也發揚本性；協助了別人發揚本性，便能協助萬物發揚本性；協助了萬物發揚本性，乃能贊襄天地化育萬物。中庸說明這端大道，「唯天下至誠，爲能盡其性。能盡其性，則能盡人之性；能盡人之性，則能盡物之性；能盡物之性，則可以贊天地之化育；可以贊天地之化育，則可以與天地參矣。」（中庸 第二十二章）

儒家的理想人格，爲仁人和聖人，聖人的人格在中庸上說：「大哉聖人之道，洋洋乎發育萬物，峻極于天。」（中庸 第二十七章）。易經乾卦文言說：「夫大人者，與天地合其德，與日月合其明，與四時合其序。」

張載說：「大其心，則能體天下之物。物有未體，則心有外。世人之心，止於見聞之狹。聖人盡性，不以聞見梏其心。其視天下，無一物非我。孟子謂盡心則知性知天以此。」

（正蒙 大心篇）。

聖人的心與天地之心相合，達到儒家精神生命的最高峯，而能天人合一。這種合一不僅在倫理道德上，人心能愛萬物；不僅在心理上，人心能涵蓋宇宙；而也是在形上的本體，生生的理表現到最完全點。

3. 儒家哲學的現代意義

我在羅瑪住了三十年，又信仰天主教，我明瞭西方文化的精神。西方的文化以基督信仰為基礎，這種信仰滲透西方人生活的各方面，不僅是衣食住行有基督的信仰，藝術和哲學更是充滿基督的信仰。雖然近兩世紀，西方因科學的發達，物質享受很高，唯物的思想和科學的經驗，瀰漫社會，使人心歸向『自我』，而不願歸屬於超越宇宙的上帝天主，宗教的信仰因而衰微。然而在家庭的傳統裏，在西方人的血液裏，仍舊流着祖傳的信仰。我因研究天主教神學，也習慣了西方人的生活，我知道西方的文化和西方的哲學不是以物質為主，而不看重精神，更不是輕看自然界的萬物，而祇虛慕身後的天堂。我不敢，也不贊成高呼以東方的哲學和文化去救西方，以儒家的孔孟人生哲學以救西方走向末路的唯物人生觀。我願和吳經熊先生一樣謙虛地說：「就一般而論，中國自古以來的學人所特別注意的，是偏於倫理和藝術方面。而近代西方學人所特別注意的，是偏於科學方面。因為各有偏向，各有各的主要園地，所以兩種文化可以分道揚鑣，各有千秋。但我相信在不久的將來，各民族的特殊貢獻可以會合起來，成功一個文化的交響樂。」(5)

東西方的哲學各有各的優點，各有各的缺點。我們固不能蔑視西方哲學為唯理性的哲

學，責斥西方文明為唯物的文明；我們也不能接受人家批評中國哲學祇是一些倫理的規例，沒有形上思想，更不能接受許多人的責難，以為中華民族的文明是保守退化的文明。西方哲學雖然注重理性的分析，然也和天主教的靈修學相聯繫，講究精神生活的發育，指引人成聖，如聖·奧斯定、聖·多瑪斯、聖·文篤，都是超凡的聖人。中國的哲學雖是注重體驗，力求言行合一，發揚人性，以達天人合一的境界；然也有形上的理論作基礎。東西方的哲學各有特點，對於東西方的文化都有特殊的貢獻。

因此，我們肯定儒家的哲學不是陳舊的古董，在哲學和科技興盛的時代，仍舊具有引導現代中國人生活的價值。

哲學的任務，在於研究事物的最高原由。研究事物的最高理由，是人用自己的理智去研究，理智所以在哲學上佔重要的位置。理智的運用，須有方法。西方哲學從亞里斯多德以後，常運用邏輯，在這一方面較比中國哲學佔優勝。但是人運用理智去研究事理，是人的生活的一種表現：人的生活是整個人的生活，在整個生活中，情感意志為最廣最深的一部份，而情感意志須受理智的指導，因為人號稱理智的動物。因此人研究事理所得智識，應當是為人的情感意志生活。因此哲學不能僅是推理的抽象智識，而是對於人的生活具有同化的作用。西方哲學和宗教信仰相連結而又相分離，哲學專重理性的研究，生活的指導則歸於宗教

信仰。西方的精神生活，在培育和發揚上，都由宗教信仰的靈修學去引導。而且宗教信仰規範一個人的整體生活，宗教信仰也就規範哲學的研究。現代西方人的宗教信仰日形薄弱，生活和信仰脫節，哲學再不受宗教信仰的規範。因而整個社會受哲學的引導而趨向物質生活。

中國的哲學以人生為中心，由人的生命上溯到化生的來源，進入形上的領域，發見整個宇宙為一個生命的大海，而又是一道生命的洪流。一切萬物都繼續變易，這種內在的變易就是生命。內在的變易由最低的存在，到最高的精神生命，層次互列，而天地同德，而又互相調協。人便是最高的精神生命，在這種生命裏，人能在精神上涵蓋宇宙，和天地同德，協助萬物的發育。

這種精神生命的哲學，包括西方哲學的理性部份和宗教信仰的情感意志部份，把整個人的生命，融合在研究和實踐的精神生活中。在這個生命的體驗上，中國哲學較比西方哲學佔優勝。

西方的社會既是淡薄了宗教信仰，所以有許多先覺之士感到西方哲學無助於生活，乃轉向東方的哲學，從印度和中國的哲學裏，探求生命的玄妙。中國現在的社會正在傾慕西方文化，企圖以科學和科技來發展物質生活，因而忘記了自己本有的生命哲學，甚且予以鄙視，而使中國的社會將陷於與西方社會對於生命的苦惱和墮落。儒家的生命哲學正足以阻止中國人陷入這種危機裏。不僅是儒家的生命哲學，道家的『安於自然』，『冥合於道』的生命哲

學，禪宗的『無心無念』直接體驗本體眞如的生命哲學，也都能使沉於科技的人，提高自己

的心神，超越物質，享受安祥的生活。

方東美先生曾分析東西對於哲學有三種途徑：「一是由宗敎啓示去研究哲學，一是由科

學智識去研究哲學，一是由人文透過生命創進去研究哲學。」(6)前兩者爲西方哲學，後者爲

中國哲學。然而這三種途徑的分別，也祇是研究的途徑，而研究最後的目標，則都在指導人

的生活。所以三者不能成爲獨有的途徑，也不能視爲唯一的眞理。三種途徑應互相調協，所

有結論也應互相融會，就如吳經熊先生所說：「各民族的特殊貢獻可以會合起來，成功一個

文化的交響樂。」

註：

(1) 羅光 易經的生生思想 見於中國哲學的展望，頁九三—一〇六。台北學生書局，民六六年。

(2) 羅光 生生之理 見於中國哲學的展望，頁一〇七—一二六。

(3) 方東美 中國哲學的智慧 中國文化月刊，民六十八年十一月，頁七十四。東海大學出版。
原文見 The Chinese View of life. C. I., 聯經出版公司。

⑷　方東美　中國藝術的理想　中國文化月刊，民六十九年一月號，頁四十一。原文見 The Chinese View of Life. C. VI，聯經出版公司。

⑸　吳經熊　中西文化的比較　哲學與文化，頁五一○。三民書局。

⑹　方東美　中國哲學的智慧　同⑶，頁六十五。

儒家的生命哲學

中國歷代的思想家，沒有一位寫過一本系統的書，他們留得傳下來的著作，都是一些語錄和文集。我們現在研究他們的思想，要從他們的語錄和文章中，去找尋他們思想的重點，然後再加分析，重新又結合起來，以便成為一個系統。簡單的思想有簡單的系統，複雜的思想有複雜的系統。為能證明我們的研究不是憑空推測，便要多引原著。

儒家的思想，乃是一種複雜的思想，內容既複雜，來源也複雜。因此，若要講儒家思想的系統，便是一件很難的學術工作；而且還會離客觀事實大遠，不成為一種學術工作。

1. 形上的系統

甲、法　天

普通一般學者，都說儒家是一種倫理哲學，沒有形上的思想，但是中庸說：「故君子之

道，本諸身，徵諸庶民，者諸三王而不繆，建諸天地而不悖，質諸鬼神而無疑，百世以俟聖人而不惑。」（第廿九章）這種久而不變的倫理，若沒有形上的根據，決定不能成立。

儒家倫理的基本原則，在於法天。

「天生神物，聖人則之，天地變化，聖人效之。」

「巍巍乎！唯天爲大，唯堯則之。」（論語　泰伯）

在書經和詩經裏以天命天意爲法天的對象，皇帝和人民，謹遵上天的命，便是法天。易經則以天道地道代表天的意旨，人的生活以天地之道爲法。

「易之爲書也，廣大悉備，有天道焉，有人道焉，有地道焉，兼三才而兩之，故六。六者，非他，三才之道也。」（繫辭　下　第十章）

中庸則以天道在人自己以內，人性卽代表天道，人按照人性生活，就是法天。

「天命之謂性，率性之謂道，修道之謂教。」（中庸　第一章）

王陽明以人性的天道，乃是良知，良知是不學而知，自然而然把每椿事的善惡昭示給人，人能致良知使知行合一，就是法天。

法天的思想雖有這種演變的歷程，但是儒家倫理的基本則常是宇宙間的天道。

乙、宇宙變化

中國哲學的第一册形上思想書是易經，易經講宇宙變易之道。

宇宙為一個整體，這個整體的宇宙常在變易，每一個物體也變易不停。

宇宙變化的原素為陰陽兩元素：陽為動，陰為靜，陽為剛，陰為柔；陽為積極，陰為消極。

陰陽兩元素為氣的分類，氣為宇宙的構成素。

「一陰一陽之謂道，繼之者善也，成之者性也。」（易經　繫辭上　第五章）

一陰一陽的變化，使宇宙不停地在變易，因著陰陽不停的變化，萬物乃能生成。陰陽的

每一次變化，結成每一物的性；這一物乃能存在。

陰陽的變化成一圓周形，常循環不已。變化的形成，常在時間和空間以內，漢朝的易學家，把陰陽的變化安置在時空之中；時間爲一年四季，空間爲東西南北四方，四季和四方，都是陰陽的結合，春季配東方，陽漸盛，夏季配南方，陽最盛；秋季配西方，陽漸衰，陰漸盛；冬季配北方，陰最盛，陽最衰。再加上四方的中央和一年四季之中旬，便成了金木水火土的五行。一年四季常循環不斷，宇宙的陰陽也變化不停。

丙、時 中

一年四季的陰陽雖有盛衰，然而盛衰都在適當的時候，因而造成宇宙變化的和諧，這種和諧在中國古人的心目中，以「風調雨順」作爲象徵。

在《易經》的卦裏，每一卦的第二爻和第五爻爲中，這兩爻爲每一卦的重要位置，每一卦由陰陽兩種爻而構成，陰爻陽爻各有各自適當的位置，陰爻陽爻居在自己的位置，便稱得其正；陰爻陽爻又各在適當的中央位置，便稱得其中正。中正代表在空間和時間，都在適當的位置，也就代表宇宙的和諧。

每一事物有自己該有的和諧，陰陽兩元素適得其中正。若一個事物不和諧，對於宇宙的

和諧必有不好的影響。例如：古代男女的婚姻，要先看男女兩方，生辰（八字），生辰是由陰陽兩結合而成，由這種結合的形態而有五行中的一行，五行有生剋的次序；那麼！把男女的八字互相排列，就知道是相生或相剋，也就決定婚姻可不可成。

和諧的觀念，為宇宙變化的一大原則，若一不和諧，使造成天災。

丁、生　生

宇宙的變化具有一個很崇高的目的，就是化生萬物。宇宙變化的成素：上面有天的成素，即日月風霜雨露等天然現象。下面有地的成素，即山河水土等自然現象。這些天地的現象，都得和諧，便使萬物化生。在古代中國人的農民生活裏，一切的自然現象都和五穀的產生有關。一年的節氣，和農業有關係；一年的風雨，和農業的關係更深。

「生生之謂易。」（繫辭　上　第五章）

宇宙的變易，在於使萬物化生；所以生生乃是宇宙的變易，即是宇宙變易的目標。

·113·

「天地之大德曰生」（繫辭　下　第一章）

「天地感而萬物化生」（咸卦　象）

「天何言哉！四時行焉，百物生焉。」（論語　陽貨）

「天地別無勾當，是以生物爲心。一元之氣。運轉流通，略無停間，只是生出許多萬物而已。」（朱子語類　卷一）

儒家思想一系列地都以天地變化爲化生萬物，而天地的化生萬物是有心的，所以稱爲德。老子則以天地不仁，萬物的化生，祇是盲目的自然運行。儒家以天地是有心，因爲追到根底，儒家相信有上天或上帝，天地祇是上天行動的外在表現。

宇宙爲一整體，整體爲一生命的洪流，生命之理具在一切物體之中，祇是表現的程度有差別。在礦物裏，生命只是一個隱而不顯的無生物，在各級生物裏，生命分級地顯露出來，在人裏，生命整個地顯露出來，朱熹說天地間『理一而殊』，萬物有同一的生命之理，但是生命之理的表現則有不同。人的生命爲最完滿的生命，而人的生命以心靈的生命爲最高。

在生命上，人和天地萬物互相關連，合成三體，王陽明講『一體之仁』。人爲維持生命，須吃動物、吃植物，吃礦物的藥。在生命上，人不能獨立。

宇宙萬物都有生命，中國的詩畫都表現這種思想。在詩歌裏，日月花木都有感情了，在畫裏，山水和草木都要有生氣，生氣在一幅畫裏還要和諧。

2. 倫理的系統

人是宇宙的一部份，人的生命和萬物的生命相連，人的生活之道，便是宇宙變化之道，人應語法天，以天地之道爲人道。

不是一切的人都能懂得天地之道，然而有聖人可以懂得。儒家以聖人有天生的，有修成的。天生的聖人，心靈清潔，沒有慾情，能和天地相通，知道天地變化之理，於是按照天地變化之理，制禮、教學、治理人民。易經的卦，雖爲迷信，然而在古代，卦有倫理思想，用爲治人。卦爲聖人所造，辭爲聖人所作。

「是故夫象，聖人有心見天下之賾，而擬諸其形容，象其物宜，是故謂之象。聖人有以見天下之動，而觀其會通以行其典禮，繫辭焉以斷其吉凶，是故謂之爻。極天下之賾者存乎卦，鼓天下之動者存乎辭，化而裁之存乎變，推而行之存乎通，神而明之存乎其人，默而成之，不言而信，存乎德行。」（繫辭上 第十二章）

聖人觀察宇宙的變化，看到變化之道，以卦象和爻辭表達出來，作爲治理人民的原則。

易經以聖人和天地的德相合，和四時的次序相通，『先天而天弗違，後天而奉天時。』（乾

卦 文言）

甲、人 性

雖有聖人按天理作卦設辭，以治人民，然而人民在自然心裏，從生來就具有天地之道，稱爲天理。天理在人心，人心的天理稱爲性。人爲按照天地之道去生活，便是按照自性天理而生活，中庸以「天命之謂性，率性之謂道，修道之謂教。」（第 一章）人性乃是人生活的規範，人性即是天理。

孟子指出人性的天理即是仁義禮智，人生來就具有仁義禮智的四端；因爲人生來就有惻隱、辭讓、羞惡、是非之心，人的生活在於發揚這四種善心。這就是孟子的性善論。

荀子反而主張性惡，以人生來就有爭奪之心，就有自私之心，人須按聖人的教訓，勉力改正這些惡心，以能修德行善，所以善爲人爲之僞。

漢唐儒家分人性爲三品或五品，有生來的聖人或惡人或中等的人（可善可惡）。然而孟、荀和漢唐儒者都沒有指出性的善惡所有根由。

朱熹乃用他的哲學思想，解釋這個問題。人性

· 116 ·

本來是天理，沒有善惡，卽所謂天地之性無善惡。每一個人的性乃是個性，個性由理和氣而

成。理是天理，常是一樣，氣則有清濁。氣清的個性爲善，氣濁的個性爲惡。不過，朱熹以

形上本體論思想解釋性在倫理上的善惡，使本體和倫理相混，問題並沒有解決。清朝儒者顏

元、李塨都予以反駁。

但無論怎樣看，性善性惡的問題，儒家都以性爲倫理規範，大學標『明明德』，中庸建

立至誠的人格，王陽明乃主張致良知，良知在人作事時，把天理昭示給人，使人知道這事的

善惡，決定行止。良知便是行事的規範。

乙、中 庸

在宇宙的變化中，一切都在自己的適當位置，變化乃能和諧，人的行動也皆有適當的位

置，這種適當的位置，稱爲『中庸』。

「喜怒哀樂之未發，謂之中；發而皆中節，謂之和。……致中和，天地位

焉，萬物育焉。」（中庸 第一章）

中節稱爲中和，爲天地的和諧，使萬物可以化育。這種中節，要適合時與位，所以稱爲庸，庸是日常之道。中節，要和每日的生活相適合。例如孝道，一個富人和一個窮人該盡的孝道，所有的中節便不相同。富人事奉父母要豐富，窮人事奉父母便簡便了。

爲能中節，孔子主張「守禮」，他告誡顏淵說：「非禮勿視，非禮勿聽，非禮勿言，非禮勿動。」（論語　顏淵）禮爲聖王按照天理所定。

「是故聖人作則，必以天地爲本。」（禮記　禮運）

禮既本於天理，不是聖人便不敢作禮。中庸說：

「雖有其位，苟無其德，不敢作禮樂焉。雖有其德，苟無其位，亦不敢作禮樂焉。」（第廿八章）

禮爲行動的規範，使人的活動有次序。在祭祀和婚喪各種典禮中，參禮的人都按照禮規各就自己的位，然後各種行動也按照禮節有先後的次序。所以禮是爲分別，是有次序。樂則

是使各種聲音合成一曲和諧的樂曲，所以也說「異口同聲」，樂便是使人心合一。儒家看重禮樂，一爲分，一爲合，使人的行動合乎中庸。

「子曰：中庸其至矣乎，民鮮能久矣！」（中庸 第三章）

中華民族的民族性，從堯舜時代起，就開始固守『中庸』。厭惡走極端，因而也喜愛和平。

丙、孝

宇宙爲生命的一大洪流，生命達到人類已得圓滿的表現，人的生命最重貴。

人的生命由男女結合而傳生，男女結合以婚姻爲基礎，婚姻便是人間的大事。

「象曰：歸妹，天地之大義也；天地不交而萬物不興。歸妹人之終始也。」（歸妹卦篇 象曰）

「天地不合，萬物不生；大婚，萬世之嗣也。」（禮記 哀公問）

由婚姻成家庭，家庭爲中國社會的基礎，家庭則以生命爲基礎。男女成婚爲連續自己和

祖先的生命，生命的連續，以祭祖爲象徵。祭祖由嗣子主祭，嗣子爲家中的長男，祭祖的祭

祀象徵祖先的生命連續不斷。若一個人沒有兒子，因而絕嗣，便是他的生命絕了，而祖先傳

到他的生命也絕了。孟子所以說：「不孝有三，無後爲大。」（離婁上）

儒家的孝道，以生爲基礎。因著生命的連續，父子便是一體，兒子的身體，乃是父母的

遺體，在縱的方面，兒子一生要孝養父母；在橫的生命，兒子一生的事都歸於孝，凡是不道

德的行爲，都是不孝。

「曾子曰：孝有三，大孝尊親，其次弗辱，其下能養。」（禮記　祭義）

這三種孝道，包括兒子一生的行動，一個尊爲天子的皇帝，也要履行孝道；而且皇帝的

孝道最高，因爲他能够在祭天時，以父母配天。在私人家裏，常供有「天地君親師」的牌

位，天地爲生命的根源，皇帝代表天，保護人民的生命，親則是生命的來源，師教人善用生

命。家庭中的道德，都根據生命的意義。孝道也就成了『德之本也，教之所由生也。』（孝

丁、仁

孔子雖重孝，更重仁，中庸說：

「仁者，人也。」（第二十章）

仁字有什麼意思？朱熹說：

「愛非仁，愛之理爲仁。心非仁，心之德爲仁。」（朱子語類　卷二十）

仁是愛之理，是什麼要愛呢？因爲有自己的生命，便愛自己的生命。愛自己的生命，也就愛人和物的生命。朱熹以仁爲生。

「生底意思是仁。」（朱子語類　卷六）

說：

在天地間生命稱爲『生』，從天地愛生之德來說便是『仁』。有仁，便有生命。在醫藥上，若說手足痳木不仁，卽是說手足痳木沒有生命。桃仁杏仁，表示桃杏生命的根基。天地以生物爲心，人爲萬物的最靈部份，得天地之心爲心，人心乃仁。 朱熹

「天地以生物爲心者也，而人物之生，又各得天地之心以爲心者也。故語心之德，雖其總攝貫通，無所不備，然一言以蔽之，則曰仁而已矣。」

（仁說 朱文公文集 卷六十七）

人心自然而仁，孟子所以說：『仁，人心也』（告子上）中庸說『仁者，人也。』人自然愛自己的生命，自然愛生命的根由，自然愛父母。又自然愛和自己生命相關連的人。愛自己的生命，便發揚自己的生命。人的生命以心靈的精神生命爲主，孟子以人心爲仁，便要發揚人性之仁。孔子說：『己欲立而立人，己欲達而達人。』（論語 雍也）立己立人，達己達人的仁者，和中庸所說的至誠者相同。中庸說：

「唯天下至誠，爲能盡其性。能盡其性，則能盡人之性；能盡人之性，則能盡物之性；能盡物之性，則可以贊天地之化育。」（第二十二章）

贊天地之化育，爲儒家人生觀的最高目標。中庸讚美孔子，「辟如天地之無不持載，無不覆幬，辟如四時之錯行，如日月之代明。萬物並育而不相害，道並行而不相悖，小德川流，大德敦化，此天地之所以爲大也。」（第三十章）天地爲大，聖人也爲大，因聖人能贊天地之化育。

儒家因此乃有大同的思想，以天下的人都是手足兄弟，推愛自己和愛親人的心而愛別人和別人的親人。這是所謂「泛愛眾」。

因爲人在生命上，宇宙萬物的生命相連；人的愛，便推廣到萬物，張載在「西銘」篇主張「民吾同胞，物吾與也。」王陽明在「大學問」篇裏主張『一體之仁』，人和物在生命上相連爲一體，人應當愛萬物。孟子也曾說：『仁民而愛物。』」

有了這種大同的精神，人心充滿快樂。孟子說：

「孟子曰：萬物皆備於我矣，反身而誠，樂莫大焉。強恕而行，求仁莫近

人愛萬物，心內包括宇宙萬物，人心便和天心相接，達到天人合一的境界。人人所想

「焉。」（盡心 上）

的，不是一己的自我，而是宇宙的整體，范仲淹說：「先天下之憂而憂，後天下之樂而

樂。」心中沒有自己的憂患，常有積極愛人的精神。先總統 蔣公說：「以天下興亡為己

任，置個人死生於度外。」天地萬物都在我心中，我和天地萬物同生死。耶穌基督犧牲一己

以救拔人類，和被救的人永生不死，也表現儒家仁愛大同的精神。

儒家的哲學為一個有系統的生命哲學。歐美的廿世紀哲學，大都集中到生命上。演化

論，行為論，生命論，實用論，存在論，都研究生命的問題，儒家的哲學並不祇是研究生命

問題，而是有系統地講解人的生命，給人一個發展生活的整體觀念。

（民國六十八年七月十六日為孔孟學會演講稿）

儒家的人論

『人』爲人生一切活動的中心，人生的一切活動由人而發動，也爲人而發動。物質的活動是這樣，精神的活動也是這樣。科學的研究和發明，可以和人生沒有關係；但是科學的研究和發明是以有利於人生爲目的。在冥冥的天空和在地層深淵的物體，科學加以研究，是爲增加人的智識，對於宇宙認識更清楚，使人生更有意義。同樣，哲學所研究的對象，雖然是宇宙萬物的本體，可以和人沒有關係，然而究其實，哲學的哲理都在於使人更了解自己。宗教雖以神爲主，宗教的目的還是在於人，宗教以對於神的信仰，說明人生的途徑，指引人向這途徑而生活。

因此，我們研究中國的傳統思想，就不能不研究中國傳統思想中的人論。

儒家的思想，在現代中國學者的眼中，稱爲人文主義。孔子的全部學理，總括於一個仁字，仁就是人之所以爲人之道；而且孔子把人的生命，範圍在現生的宇宙以內，不談身後的

來生，孔子的人文主義便以人的現生爲對象，使人盡量發揮現生的意義。

1. 萬物之靈

在宇宙的實體裏人爲最高，而且人包括萬物的特性，孟子說：「萬物皆備於我」。（盡心上）

禮記說：「故人者，其天地之德，陰陽之交，鬼神之會，五行之秀氣也。」（禮記 禮運）

甲、心 靈

儒家的宇宙論，以太極爲元氣，爲氣之本體。太極元氣無形無像，稱爲太虛之氣。由太虛之氣，變化成形而有陰陽之氣，由陰陽相交而有五行，由五行相結合而有萬物。人得秀氣而生，有神明之心。

氣分淸濁，淸者爲秀，爲神明；濁者爲重，爲物質。人得秀氣而生，有神明之心。

周濂溪說：

「二氣交感，化生萬物。萬物生生，而變化無窮焉。惟人也得其秀而最靈。形旣生矣，神發知矣，五性感動而善惡分，萬事出矣。」（太極圖說）

「人爲萬物之靈，這是儒家一貫的主張。易經以人和天地，稱爲三才。」

人和天地並列。人之所以高於萬物的，卽是在於有靈：『識彼理，有智識。』邵康節以

人靈於萬物，在於五官之識。朱子則說：『知覺運動，人物若不異。』人物所不同的，在於

能全於仁義禮智信。按朱子的主張，萬物也有仁義禮智信之理。王陽明也曾主張萬物都有

『仁』之理；但是萬物不能明通仁義禮智信之理，人則能夠明通。「爲什麼人能明理，物不

能明理呢？朱子說因爲人之氣正，物之氣偏。然而正偏兩個字，並沒有什麼意義，實際則是

人之氣清，物之氣濁。氣淸則明，氣濁則塞。氣淸，『故是理通而無塞』。氣濁，『故是理

塞而無知』。理學家說人之靈，在於識理，並不是指的各種事理之智識，乃是指的識仁義禮

智信。所謂識，又在於實行。朱子所以說全於仁義禮智信，王陽明說致良知，全和致，都是

說能夠實行仁義禮智信。」（註一）

易經八卦以三爻而成卦，三爻代表天地人。八卦爲宇宙重要變異的象和數，宇宙變化的

象數，由天地人的變化而包括；天地人便代表宇宙萬物。人居天地之中，又爲天地萬物的代

表，孟子分人的本體爲大體和小體：大體爲心思之官，小體爲耳目之官。

「公都子問曰：鈞是人也，或為大人，或為小人，何也？孟子曰：從其大體為大人，從其小體為小人。曰：鈞是人也，或從其大體，或從其小體，何也？曰：耳目之官，不思而蔽於物，物交物，則引之而已矣。心之官則思，思則得之，不思則不得也。此天之所與我者。先立乎其大者，則其小者弗能奪也，此為大人而已矣。」（孟子·告子 上）

乙、魂 魄

人有心有體：體是身體，具有五官四肢，有感覺的生活；孟子稱為小體，和禽獸相同。

心是神明的中樞，具有思維的官能，為人身的主宰；孟子稱為大體，為人所獨有高於禽獸。

心由秀氣而成，秀氣為清氣，氣清則明，明便沒有雜物為礙，因此心乃虛，虛便不是物質，乃是精神體。

心因虛靈，能够有認識和思維，孟子稱為思，荀子稱為徵知。徵知的特點，在於綜合各種感覺而成概念，在於徵集概念而作思維的評判，又在於能够徵召以往所有的知識而能回憶。儒家所重於心的功能，在於能知天理。

人有大體和小體，然而最重要的，則在於有生活。大體生活的根本爲魂，小體生活的根本爲魄；或者更清楚一點說：人的心理生活之根本爲魂，人的生理生活之根本爲魄。

「按照理學家的思想，心理和生理的作用，一概是氣的運動。因此魂魄，也只是氣的兩種狀態。」（註二）

「單在天地爲鬼神，在人爲魂魄否？曰：死則謂之魂，生則謂之精氣。

天地公共謂之鬼神。是恁地模樣。」（朱子語類　卷六三）

氣分清濁，分陰陽；在人以內，有清氣也有濁氣，有陽氣也有陰氣。魂爲清爲陽，魄爲濁爲陰。

朱子以爲『死則謂之魂魄』，儒家便有死後的魂魄問題。禮記說：

「宰我曰：吾聞之鬼神之名，不知其所謂？子曰：氣也者，神之盛也；魄也者，鬼之盛也。合鬼與神，敎之至也。衆生必死，死，必歸土，此之謂鬼。骨肉斃於下，陰爲野土。其氣發揚於上，爲昭明，焄蒿悽愴，此百物

想。

之精也，神之著也。」（禮記・祭義）

這一段話，不像孔子的話，乃是戰國時候或漢初陰陽家的話；但是代表漢以後儒家的思

「人有魂魄，魂爲氣之精。人死，魄歸於地，稱爲骨，跟着骨肉爛化。魂氣則上升，稱爲昭明。中國哲學上的氣，有物質性，也有精神性，我曾說過。凡古人所說氣之清者、氣之盛、氣之精，大約都指的精神性之氣。那麼人魂是精神體，所以在死後，上升於天，而能昭明。」（註三）

魂雖上升於天，魂是否永久存在？在儒家思想裏是個沒有答案的問題。朱子認爲魂上升於天，漸漸消散，歸於天地之氣中。但是歷代祭祖的典禮，似乎肯定祖宗的魂，死後常在。因此，儒家不談人身後的問題。

2. 人　性

中庸說：「天命之謂性，率性之謂道，修道之謂教。」（第一章）

人有心思之官，高於禽獸。可是人要怎樣纔能表示自己高於禽獸；就是在心思時，按着什麼途徑去思想，去主宰人的動作呢？中庸給人指示一條穩當的途徑，在於按照人性去行動。

甲、性的意義

告子曾說『生之謂性』。這種主張可以有兩種解釋：一、人所天生而有的，稱為性；二、人求生的傾向，就是性。

天生的，或者說生來而有的，都是很籠統的說法。孟子乃加以反對。「然則犬之性，猶牛之性；牛之性，猶人之性歟！」（孟子 告子上）

中庸以『天命之謂性』，天命在儒家的思想裏，指着上天給人的生活規範。詩經說：「天生蒸民，有物有則」。（大雅 蒸民）上天給人定了生活規範，這種規範在人的心裏。人心裏的生活規範，乃稱為性。按照人性去生活便是人生之道。修養人生之道，便是教育。

孟子更具體地解說人心的生活規範，為人心的自然傾向，孟子說：「天下之言性者，則故而已矣。故者，以利為本。」（離婁下）朱子註說：「故也，其已然之跡，若所謂天下之故

131

者也」，利，猶順也，語其自然之勢也。」孟子稱為良知良能；人的良知良能傾於善；

「孩提之童，無不知愛其親也。及其長也，無不知敬其兄也。親親，仁

也；敬長，義也。」（孟子 盡心 上）

「惻隱之心，仁之端也；羞惡之心，義之端也；辭讓之心，禮之端也；是

非之心，智之端也；人之有是四端，猶其有四體也。」（孟子 公孫丑 上）

孟子以人心天然傾向於善，乃主張性善。「這是孟子由『心善』以言性善的實際內容。

換言之，孟子在生活體驗中發現了心獨立而自主的活動，乃是人的道德主體之所在，這才能

作為建立性善說的根據。僅從人所受以生的性上言性善，實際只是一種推論。孟子由心善以

言性善，這才是經過了自己生活中深刻地體認而提供了人性論以確實的根據。」（註四）

孟子也由人生的經驗中去講人性，卻認為人的自然傾向，在於向惡，乃主張性惡論。然

而荀子所說的性，卻是沒有經過心思之官的傾向，可以說是下意識的傾向，人的心既然能夠

『知』天理，便能統制人的自然傾向，而使之向善。這種向善，稱為人為之善；荀子稱之為

『偽』。

「生之所以然者謂之性。生之和所生，精合感應，不事而自然，謂之性。性之好惡喜怒哀樂，謂之情。情然，而心為之擇，謂之慮。心慮而能為之動，謂之偽。」（荀子 正名）

「故曰：性者，本始材朴也。偽者，文理隆盛也。無性，則偽之無所加；無偽，則性不能自美。」（荀子 禮論）

荀子以性為一種材質，由這種材質可以做成一個善的人格。但這要由於人去努力；人不努力，則常傾向於惡而成惡人。

「荀子對性的內容的規定如前所說，有官能的欲望，與官能的能力兩方面；而他的性惡的主張，只是從官能欲望這一方面立論，並未涉及官能的能力那一方面。官能欲望的本身不可謂之惡，不過惡是從欲望這裏引出來的；所以荀子說：『生而有好利焉，順是故爭奪生而辭讓已焉』。問題全出在『順是』兩個字上；這與孟子『物交物，則引之而已矣。』的說法，實沒有多大出入。孟子根本不曾從人的官能欲望這一方面去主張性善。並且孟子主張寡欲，

・133・

而荀子主張節欲，對欲的態度更是一致。不過孟子不把由耳目所發生的欲望當作性；而荀子則正是以欲爲性。兩人所說的性的內容並不相同。則荀子以孟子爲對手來爭論性的善惡，不僅沒有結果，並且也沒有意義。」（註五）

荀子有時把性和情相互混用，有時則加以分別，但並不是以欲爲性，只以欲爲性的動向，人天生的欲望向惡，就表示人性爲惡。

宋朝理學家從形上本體論研究人性，張載以物的本體爲性、

「有無虛實，通爲一物者，性也。……感者，性之神；性者，感之體，惟屈伸動靜，終始之能也。故所以妙萬物者謂之神，體萬物而謂之性。」

（正蒙 乾坤篇）

「由太虛有天之名，由氣化有道之名，合虛與氣有性之名，名性與知覺有心之名。」（正蒙 太和篇）

朱熹則以性爲理，情爲氣；性爲形而上，氣爲形而下。理成人之性，氣成人之形。

「性，即理也。在心喚作性，在事喚作理。」（朱子語類　卷五）

但是理和氣不能分，在一物內理氣相合，在人以內也是一樣。朱子乃有『天地之性』和『氣質之性』的分別。『天地之性』為『本然之性』，即是抽象的性，即是理。『氣質之性』，乃是具體的人性，是理和氣相結合的性。

「問命者，天之所以賦予乎人物也。性者，人物之所以稟受乎天也。然性命各有二。自其理而言之，則天以是理命乎人物，謂之命；而人物受是理於天，謂之性。自其氣而言之，則天以是氣命乎人物，亦謂之命；而人物受是氣於天，亦謂之性。曰：氣不可謂之性命，但性命因之而立耳。故論天地之性，則專指理言；論氣質之性，則以理與氣雜而言之，非以氣為性命也。」（朱子大全　卷五十六　答鄭子上）

朱子以『天地之性』，無善惡之可言，而實質是善，『氣質之性』則有善有惡，得氣之清者為善，得氣之濁者為惡。人之氣，本來較比萬物都更清，但清中又有濁。氣濁則情重，得氣之

情重則惡。

丙、性卽天理

性的善惡，在儒家裏爲一爭論不決的問題。朱子自以爲用理氣二元論解決了性的善惡；然而清代儒家則反對他的主張。但是無論對性的善惡有什麼主張，儒家都主張性有天理。

書經中有『人心』和『道心』的分別。儒家以道心爲人心的天理，人心爲人慾；人慾能蔽塞天理，人心能掩蔽道心。「人心惟危，道心惟微，惟精惟一，允執厥中。」（大禹謨）

中庸以『天命之謂性』，天命卽是天所命的生活規範，卽是人心的天理，也就是人性。

大學說：『大學之道，在明明德。』所謂明德，卽是人性天理。人生的大道，在於了解和顯明人心的天理。

中庸講『誠』，誠在於誠於人性天理，內外一致，按照天理去行動。這種行動稱爲『和』，中庸說：『喜怒哀樂未發之謂中，發而皆中節之謂和』。『和』是和於天理。

張載分別人的知識，有『見聞之知』和『德性之知』。見聞之知爲感覺的知識，德性之知，則是心對天理的知識。這種主張和荀子相同。荀子主張心能知『道』。

「故治之要在於知道。人何以知道？曰：心。心何以知？曰：虛壹而靜。」

（荀子 解蔽）

「見聞之知，非德性之知。德性所知，不萌於見聞。」（正蒙 大心）

朱子以性爲天理，以心包性情；陸象山和王陽明則以性對心，以心爲天理，進而主張『心外無理』。

因此儒家乃有兩種最重要的主張，致知和格物。大學以致知格物爲修身的根本，進而也是齊家治國平天下的根本。致知是什麼？是知道天理，格物是什麼？是怎樣知道天理。

孔子曾說『下學而上達。』（論語 憲問）上達爲往上而達到天理；下學則爲在日常事上，追求知識。

儒家最注重知道天理；天理爲人生的規範，人不知道天理將不知道行善，必流爲惡。知天理，則是有人生之道。

「志道，則進據者不止矣。」（正蒙 中正）

「不尊德性，則學問從而不道。不致重大，則精微無所立。其誠不極高

・137・

明，則擇乎中庸，失時措之宜矣。」（正蒙 中正）

大學的致知和格物，在於指導人認識人性的天理，但是在步驟方面，便有朱熹和王陽明的兩種不同的解釋。朱熹和王陽明都主張人性是天理，而人性的天理和宇宙萬物的天理相同。因為人道出自天道。然在認識天理的步驟上，兩人的步驟不同：朱熹主張研究外面的事物之理，然後纔可以知道人心的天理，因此他解釋『格物』為研究外面的事物，王陽明則以為人心具有天理，而且人心的天理為完全的天理，『心外無理』；他便主張返觀自己的心，就可以知道人性的天理了，他解釋『格物』為格除人心的物慾，以明明德。『明明德』本是大學的思想，人心有明德，明德卽是天理。天理在人心自然昭明，但是人心的情慾可以掩蔽天理。人為使天理昭明，便要格除人心的物慾。物慾被格除了，天理卽昭明，成為明明德。王陽明以昭明天理的心，為良知，明明德便是致良知。

3. 人是倫理人

西洋哲學論人，以人為理性動物，注意點在於理性，以理性為人的特點，儒家論人，則以人為倫理人，倫理為人的特點。

物：

易經建立天地萬物的氣，氣分陰陽，運行不息，陰陽兩氣運行時，互相結合，乃成一

「一陰一陽之謂道，繼之者善也，成之者性也。」（繫辭上 第五章）

陰陽成物，繼續不息，化生萬物，宇宙成為生命的洪流，長流不斷，宇宙間的萬物都含

有生命之理，朱熹曾說天地間之理為一，然在萬物卻又各不相同，所以說：『理一而殊』，

即萬物都具有生命之理，生命之理的表現則各不相同。礦物不表現任何的動，植物表現生理

之動，動物表現感覺之動，人表現心靈之動，心靈之動為生命中最高的、最貴的。朱熹常說

人得理之全，物得理之偏，物表現生命之理的全部表現，萬物各表現生命之理的一部份。

生命之理的全部表現，在於仁義的生命，仁義的生命就是人性天理的表現。

孟子說人心生來有仁義禮智四端，即是惻隱之心、羞惡之心、辭讓之心、是非之心。沒

有惻隱之心，不是人；沒有羞惡之心，不是人；沒有辭讓之心，不是人；沒有是非之心，不

是人。可見人性天理便是仁義禮智之理，人性便是倫理之人心，中庸說『仁，人也』。孟子

也說：『仁，人心也。』人，就是仁，仁是愛之理，人生來就有愛之理，不仁，便不是人

人的生命，雖以心思生命爲貴；然心思生活，不在於知理，而在於行仁義，大學說：「大學之道，在明明德，在親民，在止於至善。」，大學本爲求學，然大學求學之道，是爲明明德，親民，止於至善，就是爲修德。

儒家的人是一個倫理人，倫理人是人性天理爲倫理之理，人心的天生傾向，是傾於倫理之善，人的生活爲倫理生活，沒有倫理便不是人。

儒家的哲學思想，以倫理人爲對象，討論倫理人的生活，因此儒家哲學爲倫理學，人既是倫理人，孔子的政治哲學也是倫理政治。

政治爲仁政，倫理政治以教民爲善爲本，孔子主張用禮不用刑，用禮教民，民心傾於善；用刑，則民免於作惡而無恥。大學講齊家治國平天下，都以修身爲本。

倫理人的基本點是人性本善，倫理人的生活是發揚人性之善，爲發揚人性，先要知天理，大學乃說致知格物，儒家求學不是求知識，而是爲行善，「尊德性而道問學」，朱子以求學，旨在爲成君子，最後爲成聖人。

倫理人的生活以倫理爲主，孔子所以說：「君子謀道不謀食。」（衞靈公）「朝聞道，夕死可也。」（里仁）「道也者，不可須臾離也，可離非道也。」（中庸 第一章）「殺身成仁，捨生取義。」（衞靈公）

4. 人性的發展

人心的天理，既是人性，和宇宙萬物的天理相同；人若率性而行，不僅於使自己的生活合於理，並且能够和宇宙萬物相通，使人心的境界擴充到整個宇宙。這種生活，便是儒家所提倡的發展人性，或說『盡性』。

甲、盡　性

中庸說：

「唯天下至誠，爲能盡其性；能盡其性，則能盡人之性；能盡人之性，則能盡物之性，能盡物之性，則可以贊天地之化育，可以贊天地之化育，則可以與天地參矣。」（第二十二章）

中庸以天地萬物之理相同而且相通；至誠的人，完全按照自己心中的天理而行動，他的行動便不會和別人相衝突，也不會和宇宙萬物相衝突，並且還會和別人以及和宇宙萬物相融

會，共同參加宇宙的變化。

在儒家的思想裏，宇宙萬物爲一整體，人爲宇宙萬物的最高部份。宇宙萬物的構成，由一氣而成，人之氣爲氣的最秀者，宇宙萬物的構成有自己的理，宇宙萬物之理也相同。

「儒家的整體宇宙觀，雖然是由易經的形上宇宙變化而來，建立在同一氣同一理上，但並不是物質的整體宇宙論。……因爲儒家承認有精神，人的心就是精神體，儒家又不講進化，只講宇宙的變化。變化乃是陰陽兩氣的結合，由陰陽兩氣的結合而成物，物則沒有進化。」（註六）

雖說宇宙萬物有同一理和同一氣，在實際上則物各不相同，因爲氣有清濁，理在清濁不同之氣中，表現的程度就不相同。

所謂宇宙萬物相同之理，究竟是什麼理呢？天地變易之理和人生活動之理，包括的規律相當複雜；易經以天地變易之理爲簡易，易經六十四卦的變易則仍然複雜。在這些複雜的變易之中，有沒有一項可以被認爲基本之理，而爲萬物相同之理呢？易經答應說有，就是『生生之謂易』（繫辭上 第五章），即是生生之理。

生生之理，有兩種意義，第一，每個物體都有求生之心。求生即是求存在，求生之心即是保持存在的天然傾向。宇宙之間的每個物體，都有這種保持自己存在的傾向；不單是生物

有求生的傾向，就是無生物的礦石，也有保持存在的天然傾向，石頭和金屬也不自動分化，

只有遇到外面強力的侵蝕時，才分化消散。（註七）

保持自己的存在，在生物裏是求生，使生物存在，易經乃說生生之

理。易經以生生之理代表存在之理，因為在『存在』裏以生命為高，孔子因此說：「天何言

哉，四時行焉，百物生焉。」（論語·陽貨）

在宇宙的變化裏，普通能為人所觀察到的，為春夏秋冬的變易，這種變易的目的，在於

使五穀發生。五穀的成長也最易被人觀察，也表現得最有意義。

儒家的盡性，在於發展自己的生命；發展了自己的生命，也就發展別人的生命；發展了

人的生命，也就發展了萬物的生命，發展了萬物的生命，就是參加天地的發育。

乙、仁

每個人要發展自己的生命，同時也發展別人的生命和萬物的生命；這種發展不能是求發

展自己的生命而摧毀別人的生命，而是和天地相通以助別人的生命和萬物的生命一同發展；

這種發展，儒家稱為『仁』。

係。

仁，是人為人之道，為人之道，在於兩個人的關係，兩個人的關係，是我與非我的關

這種關係，在於彼此相愛相助。

孟子主張『仁』是人心生來就有的，為人心的良知良能，為人心的善端，也就稱為性。

「無惻隱之心非人也，無羞惡之心非人也，無辭讓之心非人也，無是非之心非人也。惻隱之心，仁之端也；羞惡之心，義之端也；辭讓之心，禮之端也；；是非之心，智之端也。人之有是四端也，猶其有四體也。」（孟子 公孫丑上）

「仁義禮智，非由外鑠也，我固有之也；；弗思耳。」（孟子 告子上）

仁義禮智都指着我與非我的關係，都可以包括在仁字裏；孔子便用『仁』總攝一切倫理道德，以仁人為最高的人格。

理學家常以『仁』代表『生』，把天地生生之理解為仁。 朱子說：

「天地以生物爲心者也。而人物之生，又各得夫天地之心以爲心者也。故

語心之德，雖其總攝貫通，無所不備，然一言以蔽之，則曰仁而已矣。」

（朱文公文集　卷六十七　仁總）

「仁，是箇生理，若是不仁便死了。人未嘗不仁，只爲私欲所昏，克己復

禮，仁依舊在。」（朱子語類）

盡性，便是發展仁道，發展我和非我的關係，發展的原則在於愛。

「儒家的發展哲學，在發展人性，人性發展便是擴充自我。擴充的圓周，第一個圓周是

『四海之內，皆兄弟也』，卽是大學的親民；第二個圓周是『大同』；第三個圓周是『萬物

一體』；第四個圓周是『天人合一』。」（註八）

王陽明說：

「故見孺子之入井，而必有怵惕惻隱之心焉，是其仁之與孺子而爲一體

也。孺子猶同類者也，見鳥獸之哀鳴觳觫而必有不忍之心焉，是其仁之與

鳥獸而爲一體也。鳥獸猶有知覺者，見草木之摧折而必有憫恤之心焉，是

· 145 ·

其仁之與草木而為一體也。草木猶有生意者也，見瓦石之毀壞，而必有顧惜之心焉，是其仁之與瓦石而為一體也。是其一體之仁，雖小人之心亦必有之，是乃根據於天命之性，而自然靈昭不昧者也﹔是故謂之明德。」

（大學問）

5. 人的最高生活

明明德，在親民，在止於至善。」

性；不僅完成了中庸第二十二章講盡性的話，而且也完成大學第一章所說：「大學之道，在愛惜『存在』上，和宇宙萬物相通，發展這種『生生』和『仁』的精神，人便盡了自己的以愛萬物生存之心，人心可以和萬物相通。人在『存在』上，和宇宙萬物相同，人心在

活，『止於至善』為達到最高生活的境界；這種境界在於天人合一。『至善』是什麼意義呢？人『止於至善』，表示什麼境界呢？『至善』為人生最高的生

人，從其小體為小人。」感覺之官因外面物體的刺激，傾向物體，「物交物，則引之而已孟子分人的成份為小體和大體，小體為感覺之官，大體為心思之官，「從其大體為大

・146・

矣」，物引物而有物慾，物慾能掩蔽心的明德天理，孟子乃主張克慾。

甲、克　慾

克慾爲儒家一致的主張，孟子、荀子、和中庸、大學說的很明白：

「養心莫善於寡欲。其爲人也寡欲，雖有不存焉者寡矣。其爲人也多慾，雖有存焉者寡矣。」（孟子·盡心下）

情慾過着外物，不能不動，情慾一動則心也動，心動則可以正不正，情慾過強，心動則偏，情慾清淡，心動則正。心正，合於天理，心不正，則違背天理。中庸說：

「喜怒哀樂之未發謂之中，發而皆中節謂之和。中也者，天下之大本也；和也者，天下之達道也，致中和，天地位焉，萬物育焉。」（中庸·第一章）

人在自己日常生活裏，不能不有情慾之動，都能中節，孔子主張用禮。儒家乃以禮爲人

生的規律。孔子說：

「非禮勿視，非禮勿聽，非禮勿言，非禮勿動。」（論語・顏淵）

守禮在外面的表示，造成兩種善德：一是敬，一是義。敬，使人在外面的舉止，常按着禮義，而有端敬的威儀。孔子自己常是「席不正不坐」，「割不正不食。」（論語・鄉黨）「食不語，寢不言。」「升車，必正立，執綏，車中，不內顧，不疾言，不親指。」（鄉黨）外面容貌舉止的敬，可以使心也敬，心敬則不亂；因為心敬，則專於一。宋明理學家很注重持敬。程明道說：

「學者不必遠求，近取諸身，只明天理，敬而已矣。」（二程遺書 卷二）

程伊川也說：

「涵養須用敬，進學在致知。」（二程遺書 卷十八）

義，和利相對。人在行動時，常求自己的利益，假使沒有規律以限制求利之情，人便祇

知道自利而防害人了。孔子和孟子最重義利之分，好義者為君子，好利者為小人。

「子曰：君子以義為尚。」（論語　陽貨）

「君子以義為尚。」

「子曰：君子喻於義，小人喻於利。」（論語　里仁）

對於爵位，對於金錢，合於義則取，不合於義則不取。孟子說：「仁，人心也；義，人

路也。」（告子上）人的生活，循着『義』而行。

「子曰：富而可求也，雖執鞭之士，吾亦為之。如不可求，從吾所好。」

（述而）

「子曰：飯疏食，飲水，曲肱而枕之，樂亦在其中矣。不義而富且貴，於

我如浮雲。」（述而）

「孟子曰：生，亦我所欲也；義，亦我所欲也，二者不可得兼，捨生而取

義者也。」（孟子·告子上）

· 149 ·

『殺身成仁，捨生取義。』這是儒家的傳統精神。這種精神，以物質爲輕，以精神爲重；人的精神生活藉以發揚。

乙、中　庸

中庸說：

「君子尊德性而道學問，致廣大而盡精微，極高明而道中庸。」（第二十七章）

『中庸』，在中庸一書裏，繼續尚書『允執厥中』的思想。朱熹在中庸注解的序裏說得很清楚。

「夫堯舜禹，天下之大聖也，以天下相傳，天下之大事也。以天下之大

『中庸』在儒家的思想裏，佔着很重要的地位，不僅是一項原則，也不僅是一種美德，而是中華民族生活的一種精神。

聖，行天下之大事，而其授受之際，丁寧告戒，不過如此；則天下之理，

豈有以加於此哉。自是以來，聖聖相承，若成湯文武之爲君，皋陶伊傅周

召之爲臣，既皆以此而接夫道統之傳。若吾夫子，則雖不得其位，而所以

繼往聖，開來學，其功反有賢於堯舜者，然當是時，見而知之者，惟顏氏

曾氏之傳得其宗，及曾氏之再傳，而復得夫子之孫子思，則去聖遠而異端

起矣。子思懼夫愈久而愈失其眞也，於是推本舜堯以來相傳之意，質以平

日所聞父師之言，更互演繹，作爲此書，以詔後之學者。」

「子程子曰：不偏之謂中，不易之謂庸。中者，天下之正道；庸者，天

下之定理。此篇乃孔門傳授心法。子思恐其久而差也，故筆之於書，以授

孟子。」（中庸章句釋題）

天下的正道和天下之定理，在於遵行人性的天理。人性的天理和宇宙間的天理相同。宇宙間

的天理，孔子認爲在四時運行裏可以看見。四時的運行，在於調節冷熱，使萬物發生。過於

熱，萬物不能生；過於冷，萬物也不能生。萬物的生長，要有冷熱的中道。人的生活，也就

要以中道爲原則，過與不及都不好。

尚書「舜典」說：

「帝曰：夔，命汝典樂，敎冑子，直而溫，寬而栗，剛而無虐，簡而無傲。」

尚書「皋陶謨」說：

「皋陶曰：都！亦行有九德，亦言其人有德，乃言曰：載采采。禹曰：何？皋陶曰：寬而栗，柔而立，愿而恭，亂而敬，擾而毅，直而溫，簡而廉，剛而塞，彊而義，彰顯有常，言哉！」

尚書在兩篇裏所講的善德，都在於遵守中道，以兩種相對的德行互相調節，以表現『允執厥中』的精神。

孔子自己很着重『中庸』，他說：「中庸之爲德也，其至矣乎！民鮮能久矣。」（論語·雍也）

孔子自己外貌雖然很莊重，但是他的品格，則是「溫而厲，威而不猛，恭而安。」（論

語・述而）

不僅是在修德方面，在生活方面，儒家也表現中庸的精神。儒家不贊成墨子的犧牲一己為人服務的精神，也不完全接受道家棄絕物質享受的人生觀，更不同意佛教以萬法皆空的學說，就連法家嚴刑峻法也不以為好。儒家追求現世的享受，但卻不以物質享受為生活，而能看重精神上的享受。孔子讚嘆曾點的人生觀：「莫春者，春服既成，冠者五六人，童子六七人，浴乎沂，風乎舞雩，詠而歸。」（論語・先進）

歷代名人、學者，詩人，都享受這種人生的樂趣。古文古詩中的山水記、遊記、樓閣記，便表現這種精神。中國人的享受要不俗，有雅興，中國人的舉止要溫合，有禮貌；中國人好錢，但不要吝嗇。孔子說：「老者安之，朋友信之，少者懷之。」（論語・公冶長）沒有錢的時候，心中也能安樂。「子曰：賢哉回也！一簞食一瓢飲，居陋巷，人不堪其憂，回也不改其樂。賢哉回也！」（論語・雍也）「子曰：士志於道，而恥惡衣惡食者，未足與議也。」（論語・里仁）

儒家的人生觀是樂觀的人生觀，是自知滿足的人生觀。易經說盛極必衰，以乾卦的九五，即最上一爻為不利，因此歷代的賢人，知道功成身退，用錢和做人都知道留些餘地，這種精神生活乃是樂道的生活。

樂道的生活爲賢者的生活，聖人的生活則更高超。聖人的高超生活，在於發揚自己生性

之仁，仁民而愛物，在精神上與天地相通。

易經說：

「與天地相似，故不違，知周乎萬物，而道濟天下，故不過。旁行而下

流，樂天知命，安土敦乎仁，故能愛。」（繫辭上·第四章）

丙、誠

這種精神生活，「人心合於天心，人與天地相似，則不違於天地之道了。於是能知萬物

之理，能以仁心包涵萬物。」（註九）

人心合於天心，在一位至誠的人纔能實現。誠，是率性。天地常是按照自性而行動，因

爲宇宙萬物都遵守自然法則，宇宙的自然法則則爲好生之德，使萬物發生。至誠的人，完全

率性而行，他的心便無貪，以仁愛包涵萬物。

有浩然之氣。

聖人能夠誠於自性的仁，擴充的精神和天地相通。聖人的心乃深淵廣博，聖人的氣概乃

「誠者，天之道也；誠之者，人之道也。」（中庸 第二十章）

「誠者，非自成己而已也，所以成物也。成己，仁也；應物，知也；性之
德也，合內外之道也。故時措之宜也。」（中庸 第二十五章）

「夫聖人之心，以天地萬物為一體。」（王陽明全書 卷三）

「大心，則能體天下之物。有物未體，則心有外。世人之心，止於見聞
之狹。聖人盡性，不以聞見梏其心，其視天下，無一物非我。」（正蒙・大心）

孟子說：

「吾善養吾浩然之氣。 何謂浩然之氣？曰：難言也！其為氣也，至大至
剛，以直養而無害，則塞於天地之間。其為氣也，配義與道，無是餒也。

・155・

是集義所生者，非義襲而取之也。」（孟子・公孫丑上）

「孟子的浩然之氣，充塞天地，由集義而生。即是說人克除私慾，行事常合於義理。人心既不困於物，精神乃與天地相接，自覺自己的精神充塞天地。所謂精神，並不是一種感情，也並不是一種感覺，乃是自己的心，即統性情的心，即能知覺的心。這種心，是人的大體。人與天地的氣相接。人到了這一地步，便進到安和的境界，便是止於至善了。」（註一〇）

「中國哲學中，孟子派之儒家及莊子派之道家，皆以神秘境界為最高境界，以神秘經驗為個人修養之最高成就。但兩家之所用以達此最高境界，最高目的之方法不同。道家所用之方法，乃以純粹經驗忘我；儒家所用之方法，乃以『愛之事業』去私。無我無私，而個人乃與宇宙合一。」（註一一）

儒家之仁愛之心和天地好生之心相合；儒家天地好生之心應該是上天好生之心，因為天地無心，祇代表造生萬物的皇天上帝之心。儒家以仁愛之心直接合於天地好生之心，間接合於皇天上帝之心。祇是儒家不講來生，也不講超於現世事物的生活，儒家的最高精神乃以合於天地之心為止境，不明說皇天上帝。但是最高精神生活既是神秘的境界，則含有超現實的成份，進入了和最高神靈相接的境界。

註

（註 一）羅光　儒家形上學　頁二三九。輔仁出版社　民六十九版。

（註 二）同上，頁一四〇。

（註 三）羅光　中國哲學大綱上册。頁八九　臺灣商務印書館。

（註 四）徐復觀　中國人性論史（先秦篇）　頁一七四。私立東海大學出版　民五十二版。

（註 五）同上，頁二三八。

（註 六）羅光　儒家的整體宇宙論　中國哲學的展望　頁一五七。學生書局　民六十六年。

（註 七）同上，頁一二九。

（註 八）羅光　儒家的發展哲學　中國哲學的展望　頁一四七。

（註 九）羅光　中國哲學大綱　上册，頁二〇二。

（註一〇）同上，頁二一一。

（註一一）馮友蘭　中國哲學史　上册，頁一六五。

易經的人生哲學思想

易經在中國哲學思想史上的位置，近年更見提高了；而且是在中國儒家形上學方面，易經已經佔住了重要的位置，易經講宇宙的變易，變易為生生，生生乃是中國形上學的中心點。西洋形上學以『存有』為研究對象，中國形上學以『生生』為研究的對象。『存有』為物的本體，『生生』為物的行；『生生』就是『存有』。

易經既然研究『生生』的變易，變易的表現為進退。由生生的進退，進而研究人事的吉凶。

易經的卦便是為推算吉凶之用。

但是在孔孟和後代儒家學者的眼裏，人事的吉凶，沒有重大的價值；人事的價值在於倫理道德；因此「十翼」的思想都是倫理道德的思想。易經的倫理道德的思想和大學中庸的立場不同，即是易經常以天地變易的思想為基礎。宋朝理學家因此以易經和中庸大學共同研究，作為理學的根基。

民初以後，考古運動在學術界活動，顧頡剛等人以易經的「十翼」為偽作，以易經的卦詞為卜詞，貶抑了易經的價值。易經在中國哲學史上失去了地位。但是民初摧殘古代文化的

考古風氣在現在失去了勢力，圖騰崇拜的中國古代文化起源的學說也失去了依據，易經的價值乃逐漸提高。

現在我們不討論易經的形上思想，我們所要討論的是易經的人生哲學思想，就易經對於人生的理想，加以說明。

1. 天人相通的人生

易經的一個基本原則，是天人相通。天地爲自然界的宇宙。自然界宇宙的變易有一定的原則，這些原則和人事的變易相通。自然宇宙的變易，由陰陽兩個元素互相結合而成，人也是由陰陽結合而成。

「天地交而萬物通也。」（泰卦，彖）

「天地不交而萬物不通也。」（否卦，彖）

「天地絪縕，萬物化醇。男女搆精，萬物化生。」（繫辭下 第五章）

天地之道和人道相通，人道合於天地之道。易經的卦由三爻而成，重卦六爻卽爲三爻的

・160・

一倍。三爻代表天地人，人處天地之中，貫通上下。

「易之為書也，廣大悉備；有天道焉，有人道焉，有地道焉，兼三才而兩之故六。六者非它，三才之道也。」（繫辭下 第十章）

『三才之道』為儒家傳統的思想，後代儒家都常保持。中國繪畫的山水畫，以天地人相調協為原則。人和天地相通，在本體上說，是因為天地人共一氣；雖說人之氣為最秀，然也是氣。在運用上說，則是人贊天地的化育；因為天地變易的目的在於生生，「天地之大德曰生，聖人之大寶曰位。何以守位曰仁。」（繫辭下，第一章）在成效上說，人若與天地相通，則可以深通天地變易的奧妙，可以預知人事的順逆，可以明瞭事件將發的『機』。

「夫大人者，與天地合其德，與日月合其明。……」（乾卦，文言）

「聖人有以見天下之賾……聖人有以見天下之動，……」（繫辭上 第八章）

在這種天人相通的境界裏，人在行動上常以天地為法。

「是故天生神物，聖人則之。天地變化，聖人效之。天垂象見吉凶，聖人

象之。」（繫辭上　第十一章）

聖人效法天地，天地代表自然界的宇宙。自然界的宇宙則由造物者所造。易經在經文裏

多次提到上帝或上天，而且說『天地之心』，『天地之大德』，『天地萬物之情』，易經的自然

天地，和老子的天地不同，老子以天地無心，易經却以天地有心。天地之心和天地

之仁，不是自然天地的天地，而是代表造物者的上天。因此，孔子常說君子要知己，知人、知

天，理學家朱熹以人得天地之心為心。人和天地相通，卽是人心和上天之心相通，相通之

道在於仁。

「天地感而萬物化生，聖人感人心而天下和平。觀其所感，而天地萬物之

情可見矣。」（咸卦，彖）

天地的心情，在於萬物化生，聖人的心情，在於天下和平。這種心情，貫通天地人，表

現上天的好生大德。

2. 積極前進的人生

易經講宇宙的變易，宇宙的變易由天地的變易而顯明出來，天地的變易則由一年四季而實現。

「變通配四時。」（繫辭上 第六章）

「變通莫大乎四時。」（繫辭上 第十一章）

從事農耕的中華民族，對於天地的變化當然由一年四季去看。漢代易學的象數易，以卦配一年四季，二十四節氣，七十二候，三百六十五日，便是以卦的變化由一年四季的變化而實現。

一年四季的變化，循環不絕，沒有一刻的停止。天地的變化也就循環不息，天地間的生命係一道洪流，川流不停。人的生活便應該繼續前進。

易經乾卦說：

「九三，君子終日乾乾。象曰：天行健，君子以自彊不息。」

老莊的人生觀，以靜爲主，以退爲貴。易經的人生觀則以動爲主，以進爲貴。人的生命沒有停止的一刻，若一停止，生命就滅了。肉體生理的生命到了壯年以後，趨於衰頹；可是人的精神生命，却能繼續發揚；而精神生命乃是人的眞正生命。

「君子進德修業，欲及時也。……君子以成德爲務，日可見之行也。」

（乾卦 文言，九四）

易經最重剛德，剛爲陽爲天；柔應順從剛，柔爲陰爲地。剛則強，則健，常積極前進。

「其德剛健而文明，應于天而時行，是以元亨。」（大有，彖）

剛健則動，動而進，進而文明。中華民族爲一耐勞勤奮的民族，海外華僑的創業，充份表現這種積極前進的人生觀。

「天地以順動，故日月不過，而四時不忒。聖人以順動，則刑罰清明而

民服。」（豫卦，彖）

的方法。

久則停息。人的精神生活則應有恒，能夠持久。易經講有恒，講反復；反復即是爲持久有恒

動雖剛，剛應順理。普通人的心理和生理活動，常不能保持同樣的高度熱忱，時强時弱，過

按理隨時而動，乃動的一項原則。孔子主張有勇，然而勇而猛而暴，則爲失德而生亂。

「動以順行，……反復其道。七日來復，天行也，利有攸往。剛，長也。

復，其見天地之心乎。」（復卦，彖）

卦爻的變化，因是六爻，便有六變，六變就恢復原卦。卦變的基礎爲乾坤兩卦，兩卦的

變，以七爲來復。有來復乃能週而復始，持久不停。

「天地之道，恆久而不已也。……日月得天而能久照，四時變化而能久

成，聖人久於其道而天下化成。觀其所恆，而天地萬物之情可見矣。」

（恆卦，彖）

天地變易的原則在於有恆，因有恆，日月久照，四時久成，萬物乃能化生。人的精神生

活便也應有恆，人能有恆則『天下化成』。

在動時不能沒有阻礙；遇着阻礙，當然該停止。然而停止時，便該想解決阻礙的方法，

然後再動。

「見險而能止，知矣哉！」（蹇卦，彖）

「解，險以動，動而免乎險。」（解卦，彖）

蹇解兩卦相連，遇險而止，譽為明智。遇險却要行動，有行動纔能脫險，纔能解除阻

難，可以繼續前進。

3. 中正的人生觀

易卦的變易，以爻爲代表，爻的變易在於位的變易。在一卦中每一爻有每爻的位置，從最低的一爻起，依次數到最上一爻，乾卦的爻有初九、九二、九三、九四、九五、上九；坤卦的爻有初六、六二、六三、六四、六五、上六。六爻的卦分爲上卦下卦，或外卦內卦。第二和第五兩爻，處在上下卦的爻的中央，二和五便是卦的中央位置，非常重要。爻分兩類。第有陰爻和陽爻，陰應在下，陽應在上。若陽爻處於第五位，陰爻處於第二位，便是得其正，乃稱中正。中正的位置在易經中乃是最吉利最理想的地位。

例如陽爻居第五位：

「中正有慶。」（履卦，象）

「剛中正，履帝位而不疚。」（履卦，象）

「利見大人，尚中正也。」（訟卦，象）

「九五，飛龍在天，利見大人。」（乾卦）

例如陰爻居第二位：

「不終日，貞吉，以中正也。」（豫卦 六二，象曰）

「受茲介福，以中正也。」（晉卦 六二，象曰）

對於中正、中貞、正中、中，的例，在易經的卦裏非常多。易經非常着重陰陽得其位。卦的象是位的價值在變易者代表「時」，因為變易雖在時間和空間裏而完成，以時間為主。卦的象是圖，圖是在空間裏，故祇有位。然而卦爻的位代表變，位就代表時了。例如乾卦的爻，很明顯表示這種性質：

「初九，潛龍勿用。……九二，見龍在田，利見大人。……九三，君子終日乾乾，夕惕若厲，無咎……。九四，或躍在淵，無咎。……九五，飛龍在天，利見大人。……上九，亢龍有悔。」

這六個位都代表時。

『時』在易經裏有很高的意義，天地的變易順着時候而動，不能違時，否則會造成非常的現象，稱爲災異。易經卦裏很多次有『時義大矣哉』的話。

「姤之時義大矣哉！」（姤卦，彖）

「隨之時義大矣哉！」（隨卦，彖）

「豫之時義大矣哉！」（豫卦，彖）

「旅之時義大矣哉！」（旅卦，彖）

「革之時義大矣哉！」（革卦，彖）

變易是在時間以內，常該隨時。易繫辭說：

「變通者，趣時者也。」（繫辭下　第一章）

人的行動，便該適合時候，孔子在論語裏常常提出這條原則。易經的原則是：

「時止則止，時行則行，君子以思不出其位。」（艮卦，象）

孔子很守這項原則，可以進則進，可以退則退。亂世而得厚祿爲可恥，盛世而不得厚祿也是可恥。孟子所以稱孔子爲『聖之時也』。

時既代表位，而位在儒家的生活觀裏佔重要的位置，『君子以思不出其位。』孔子以不在位則不談政治；而且最重正名，正名的意義就是守位。每個人在那個位置上，就盡這個位置所有的職務。易經的家人卦，說明「女正位乎內，男正位乎外。男女正，天地之大義也。」（家人卦，象）

但是易經的時位觀念，以中正爲標準。中正的意義是適當。適當的標準則是天道或天理，天道的表現爲禮。禮的精神在於避免偏激，防止暴亂，使事事有秩序，即是使人有中庸之道。

易經的卦裏有幾點特別表示中庸之道。

「知至至之，可與幾也。知終終之，可與存義也。是故居上位而不驕，居下位而不憂。故乾乾因其時而惕，雖危無咎矣。」（乾卦，文言，九三）

可以往前，就往前；這樣纔可以說是認識事件將發生的跡兆。跡兆是幾。可以停止，就停止，這樣可以保全自己的令譽和事業，即是有義。這等的賢哲，必定不會偏激，常保持心中的平衡，在上不驕，在下不憂，合於中庸。

「亢之為言，知進而不知退，知存而不知亡，知得而不知喪。」（乾卦 文言，九六）

亢代表不中庸，祇知道一面而不知道另一面，所以不能折中而執。知進不知退，在該退的時候不退，乃招身敗名裂的禍，便是不知中庸。

易經又用另一個名詞，代表中道，即是謙。謙雖說是自下，實際乃是中道，不走偏激的六。

「謙，亨。天道下濟而光明，地道卑而上流。天道虧盈而益謙，地道變盈而流謙，鬼神害盈而福謙，人道惡盈而好謙。謙，尊而光，卑而不可踰，君子之終也。」（謙卦，彖）

「謙，卑而光，卑而不可踰。」說明謙雖是退，雖是自下，同時却是在上，正得其中。

4. 君子聖人的人格觀

聖人和君子的人格觀，由孔子所創建。聖人的人格，在古書裏雖然有，但沒有標出非爲人生的努力目標。孔子在論語和中庸裏標舉了聖人的人格，又創建了君子的人格，同時也描寫了小人的卑鄙。聖人、賢人、君子、小人，在儒家的傳統裏成了人的階級。

易經的「十翼」裏，很多次標舉君子的人格。

「君子終日乾乾，夕惕若厲。」（乾卦，卦辭）

「君子體仁足以長人，嘉會足以合禮，利物足以和義，貞固足以幹事。君子行此四德者，故曰：元亨利貞。」（乾卦，文言）

「君子敬以直內，義以方外，敬義立而德不孤。」（坤卦，文言）

「師，君子以容民畜衆。」（師卦，象）

「象曰：天地不交，否。君子以儉德辟難，不可榮以祿。」（否卦，象）

「君子以教思無窮，容保民無疆。」（臨卦，象）

「君子以明庶政，無敢折獄。」（賁卦，象）

「君子尚消息盈虛，天行也。」（剝卦，象）

「君子以虛受人。」（咸卦，象）

「君子以立不易方位。」（恒卦，象）

「君子以遠小人，不惡而嚴。」（遯卦，象）

「君子以非禮弗履。」（大壯卦，象）

「君子以言有物，而行有恆。」（家人卦，象）

「君子以反身修德。」（蹇卦，象）

「君子以見善則遷，有過則改。」（益卦，象）

上面所引已經很多了，其他各卦講君子的還有不少。易經講君子所行之道，常在「象曰」。「象曰」以上上下兩卦的象，說明這卦的意義；所說的意義，常是君子所行之道，例如益卦，上卦為震，震為雷，下卦為巽，巽為風。「象曰：風雷，益，君子以見善則遷……」因有「風雷之勢，交相益助。」（周易本義 注）又如家人卦，上卦為離，離為火，下卦為巽，巽為風。「象曰：風自火出，家人。君子以言有物……」，因為「身修則家治」。又如明夷卦，上卦為

離，離爲火，下卦爲坤，坤爲地。「象曰：明入地中，明夷。君子以莅衆，用晦而明。」

自然界的現象常有一種精神的意義。「象曰」說明君子所行之道，易經的思想是表明天人相通，以天地之道用於人事，使前進，修身齊家治國的人。易經「象曰」的一些話成了後代儒家的修身原則。例如『敬以直內，義以方外。』在宋朝理學家中，爲一項重要的修身之道。又如『君子以自彊不息』，在現代的中國，還是一條修身的標語或座右銘。祇從這一點去看，「十翼」若非孔子自己所作，一定是孔子門生所錄，因爲「十翼」的思想和論語、大學、中庸的思想相同，而不是漢朝儒者的思想。

君子的人格，爲修身的模範。每個人應求爲君子，而不流爲小人。易經的卦象本來爲卜算人事的吉凶，但是「十翼」的解釋，則常歸到倫理的善惡。這一點也表明，易經的卦象本來爲卜人所注意的在於善惡，而不在於吉凶，吉凶隨着善惡而定。善就是吉，惡就是凶。

但是人生努力的最高目標，不祇是成爲君子，而是成爲聖人。易經講聖人在經文裏很少，在繫辭裏較多。

聖人的人格很高，不易達到，也不易認識。這種最高的人格，實現在天人相通的最高境界。

乾卦的文言稱揚『大人』的人格，大人爲一位聖人皇帝，或是一位有德的大臣。

「夫大人者，與天地合其德，與日月合其明，與四時合其序，與鬼神合其吉凶。先天而天弗違，後天而奉天時。天且弗違，而況於人乎！而況於鬼神乎！」（乾卦，文言）

周易本義的朱子注解，以人和天地鬼神，同有一理。聖人沒有私慾的阻礙，故能和天地鬼神相通。實際上，朱子所說的天地之理，卽是生生之理，聖人能贊天地的化育，所以便是天人相通。這種相通的境界，自然流行，不加努力，聖人的心已穩定於善，遇事就自然流露。君子人，須事事努力以求善，聖人則自然而為善。孔子曾說他自己「七十而從心所欲，不踰矩。」便是聖人的氣象。

「夫易，聖人之所以極深而研幾也。唯深也，故能通天下之志；唯幾也，故能成天下之務；唯神也，故不疾而速，不行而至。又曰：易有聖人之道四焉者。」（繫辭上　第十章）

易經的卦為聖人所作，易經表現了聖人的四種「道」；「易有聖人之道四焉：以言者尚

・175・

其辭，以動者尚其變，以制器者尚其象，以卜筮者尚其占。」（同上）

為什麼聖人能作易呢？因為聖人和天地相通，乃能知道天地變易之道。

「聖人有以見天下之賾，而擬諸其形容，象其物宜，是故謂之象。聖人有以見天下之動，而觀其會通，以行其典禮，繫辭焉以斷其吉凶，是故謂之爻。」（繫辭上 第八章）

聖人製造了易卦，卦代表天地的變易，從天地的變易中可以推知人事的吉凶。卦既是聖人所造，聖人便可以知道人事的吉凶。

「子曰：夫易何為者也？夫易，開物成務，冒天下之道，如斯而已者也。是故聖人以通天下之志，以定天下之業，以斷天下之疑。……是以明於天之道，而察於民之故，是興神物，以前民用，聖人以此齋戒，以神明其德夫！」（繫辭上 第十一章）

這種神妙的人格，可望而不可卽。宋代理學家雖以成聖爲修身的目標，然也知道聖人的

境界不是常人所能達到。但是聖人的人格觀，則常懸在心目中。

5. 結　語

易經原爲占卜的書，秦始皇焚書時未遭焚燒。漢代易學專以占卜爲主，沒有注意到「十翼」的人生哲學思想。王弼注易，纔開始以易經的義理爲重，掃除了漢易的象數占卜學。宋代理學家除研究易經的宇宙變易思想外，也專心於易經的人生哲學，因此理學家的基本資料，爲易經和大學、中庸。

易經的人生哲學思想，乃是孔子的思想，成於漢代儒學以前。漢代儒學一心注重天人感應的謬論，又以道家思想滲入儒家，把易經的積極而動的人生觀，變成了靜而無爲的人生觀。又因魏晉南北朝天下紛亂，人都不能安於位，於是士人或者避世以求脫離政治生活，或者趨合時機，以求苟安。於是易經的注重時和位的人生觀，變成了投機的企圖。中華民族的民族性經過了戰國和魏晉南北朝的亂世，失去了積極向前的特性，改成了靜而保守的特性。於是幾千年來，中華民族的文化成了保守的文化。在目前，民族和國家又遭遇空前浩刼，在國際最困難中求生存，總統 蔣公乃提出自強不息的標語，直追易經的人生觀，眞是看清了

中華民族的根本思想。

蔣公取名介石，號中正，都是出自易經。目前研究易經的風氣頗盛，但若拘泥在占卜卦的解釋，乃爲考古；最重要的，則在於研究易經的哲理，以明瞭中國哲學的根本；然後加以發揮，與以新思想的充實以構成現代中華民族的人生哲學。

（曾載於哲學與文化 第五卷第一期）

易經的生生

1. 宇宙一體

中國的哲學是一部人生哲學，人生哲學的基礎則是宇宙本體論，中國哲學以易經爲開端，建立了宇宙一體的觀念。易經講天地的變易，以卦形象徵變易的現象，卦的構成以三爻爲構成素，三爻則代表天地人。

「易之爲書也，廣大悉備，有天道焉，有人道焉，有地道焉，兼三才而兩之，故六。六者，非它也，三才之道也。」（繫辭下　第十章）

每一卦代表宇宙的一種變化現象，每一變化現象都包括天地人：卽是說每一種變化現象

都是天地人的變化，也就是宇宙的變化；而宇宙的變化，乃是天地人的變化，天地人代表宇宙，天地人結成一體。

能用天地變化之道去化民。

道去治國，民眾乃能向化。這表示聖人和天地相合，又表示民眾也和萬物相合，所以聖人才有恆必是因爲有變化之道，聖人與天地相通，能夠明瞭宇宙變化之道，又能按照天地變化之日月四時的變化，乃是宇宙的變化，這些變化常繼續不斷，也常繼續不亂，所以有恆。

「日月得天而能久照，四時變化而能久成，聖人久於其道而天下化成。觀其所恒，而天地萬物之情可見矣。」（恒卦 彖曰）

「與天地相似，故不違，知周乎萬物而道濟天下，故不過。旁行而不流。樂天知命，故不憂，安土敦乎仁，故能愛。」（繫辭上 第四章）

智慧周涵萬物，仁道濟愛天下；聖人的精神周流在萬物之中，乃能樂天知命。這表

示聖人體驗天地萬物一體，表現於自己的生活中。

人是宇宙的一部份，而且是最優秀的部份，因為人最靈，在人的靈性上反映出宇宙的一切特性，人也可以稱為一個小宇宙，一個小天地。小宇宙和大宇宙相連，互相貫通。天地變易的原則就是人的生活原則，天地運行的氣，也在人的身體中運行。因此，人中的最智慧者，即是聖人，能明瞭宇宙原則的奧妙，又能夠仿效宇宙的原則去實行。

「聖人有以見天下之賾……聖人有以見天下之動。」（繫辭上　第八章）

「夫易，聖人之所以極深而研幾也。唯深也，故能通天下之志；唯幾也，故能成天下之務；唯神也，故不疾而速，不行而至。子曰：易有聖人之道四焉者，此之謂也。」（繫辭上　第十）

「是故天生神物，聖人則之。天地變化，聖人效之。」（繫辭上　第十一）

人的生活成為宇宙變易的一部份，也是最高貴的一部份。在人的生活中，宇宙變易的原則成為有靈性的原則，經過人的智慧和情懷，表現內部所含的意義，這種意義又能為人所知。宇宙乃不是一個塊然無靈的物質，而成為有目的，有心靈的整體。易經所以講『天地之

心』和『天地之情』。

2. 宇宙萬物常動

《易經》一書所有的一個中心觀念是『動』，『動』是變易，簡稱為『易』。

天地中的現象在古人的簡單觀察中，最引起注意的，必定是白天和黑夜，兩個相對又相反的現象互相繼續。另一個最引起注意的，是一年的四季。在四季分明的大陸，地上的草木按照季節而現出不同的色彩，嫩芽的淺藍、茂葉的深綠、衰草的暗黃、枯木的黯黑，一年內輪流變換。再觀察自身和家人常能發覺年歲過得很快。

古人便知道天地萬物常在變易，沒有停止的一刻。白天黑夜，春夏秋冬從來不會停留，而是永遠地繼續在動。

「易之為書也不可遠（猶亡也），為道也屢遷，變動不居，周流六虛（卦的六位），上下無常，剛柔相易，不可為典要，唯變所適。」（繫辭下 第八）

伏羲作卦，象徵宇宙的變易。卦由『剛柔相易』而成。卦的變化，在於陽陰兩爻在六位

裡，上下變動位置（周流六虛，上下無常）。

萬物是存有體，每一物為一有，為一存在的存在，而注意物的變易，注意物的動。每一存在的『有』，就是一個繼續的變易。『有』是存在，存在是變易的動。中國的哲學乃講『動』，而不講『有』。中國古代哲人觀察萬物，不注意物的存在。

『觀變於陰陽而立卦，發揮於剛柔而生爻，和順於道德而理於義，窮理盡性以至於命。』（說卦 第一）

從觀察宇宙內因著陰陽而起變化，乃成卦；把陰陽代表剛柔互相結合而製定爻；按照宇宙變化的原則而設立人生活的原則，乃有倫理道德的意義；研究宇宙變化的原理，以知道人物的本性，而後認識每人所有的命。易經的用處和價值在說卦的這四句話裡，很圓滿地表現出來，這四句話的基本之則在於『觀變』。

『變通莫大乎四時。』（繫辭上 第十一）

『變通配四時。』（繫辭上 第六）

宇宙中的變化最明顯而又具有圓滿意義的，乃是四時，漢朝易學者講氣，特別創立卦氣說，以六十四卦，配四時、配十二月、配二十四節氣、配七十二候、配三百六十五日，以氣為宇宙變化的原素，是因氣在萬物裡流通運行。

通常在哲學上，以生物本身有變動，無生物本身沒有動。易經則以萬物都有動，凡是存在的物（有）都不是呆靜的；因為氣是運行不停。

3. 變化的兩元素

王船山曾主張易經是『乾坤並建』，卽是說易經的卦變由乾坤兩元素而成。乾坤平等，沒有先後。

張載曾說變化要有『二』才能成立，祇有『一』不能起變化；因為變化的最基本點（原則），是由一點而到另一點。這二點可以是空間，可以是時間，可以是量，可以是質，也可以是本體的存在。再者，變化要有兩種元素，互相結合或互相對抗，才可以出現。

易經稱呼這兩個元素，用各種不同的名詞，或稱為兩儀，或稱為剛柔，或稱為陽陰，或稱為動靜，或稱為乾坤，或稱為天地。

「是故易有太極，是生兩儀，兩儀生四象，四象生八卦。」（繫辭上 第十一）

太極為變化的根源，為變化的起點，交也是變化的本體。張載主張太極為『太虛之氣』，為『氣之本體』。由太極而生兩儀，兩儀為陽陰兩氣，有了陽陰兩氣，乃生四象八卦。漢朝學者撇開四象而講五行，五行卽是金、木、水、火、土，為陰陽的五種結合，如四象為陰陽的四種結合。由二到四，為數學的變化；由二到五，為宇宙的變化，宇宙的變化，在時間和空間以內。空間分東西南北和中央，空間為五；時間分春夏秋冬，時間為四，然而由冬到春，由夏到秋，暖寒起變化的時候，有個起點的時間，這個時間相當於中央，就是寒暖平衡的時候，漢朝易學者把易經的卦配合五個時間五個空間，再配合五行，五行便代表宇宙的變化。

五行由陰陽兩元素而成。陰陽兩元素為宇宙變化的元素。中國古代哲人觀察宇宙萬物的變化，萬物中當然以生物為最貴，生物是由兩性相結合而來。由生物推到其他的萬物，則每一物都是來自兩性的結合。

易經乃說：

「彖曰：泰，小往大來，吉亨。則是天地交而萬物通也，上下交而其志同也，內陽而外陰。」（泰卦）

「彖曰：否之匪人，不利君子貞。大往小來，則是天地不交，而萬物不通也。上下不交而天下無邦也。內陰而外陽，內柔而外剛。」（否卦）

≡≡ 易經以天地代表乾坤、陽陰，然而也常以剛柔和動靜進退代表乾坤陽陰。

≡≡ 所以說「內陰而外陽，內柔而外剛」，由下而上，陰居首位，上下不交。

≡≡ 所以說「內陽而外陰」，由下而上乃起變化，陽居首位，上下相交。否卦是內坤外乾≡≡

泰、否兩卦為兩個相反的卦，由乾坤兩單卦，上下的位置變動而成。泰卦是內乾外坤≡≡

「變化者，進退之象也。」（繫辭上 第二）

「剛柔相推而生變化。」（繫辭上 第二）

「動靜有常，剛柔斷矣。」（繫辭上 第一）

實際上，宇宙變化的元素，乃是陰陽兩氣。一切的變化，都是陰陽的結合，繫傳說：

「一陰一陽之謂道，繼之者善也，成之者性也。」 (繫辭上 第五)

每一物有一物之性，性由陰陽結合而成。陰陽變化而結合，就是宇宙變化之道；陰陽的變化，繼續不斷，以成萬物，表現天地好生之德，就是『善』。宇宙間陰陽的變化，目的在於使萬物發生。

4. 易經的變易乃是生生

陰陽兩元素的結合，化生萬物，萬物的『有』乃是『生』，易繫辭說：

「生生之謂易。」 (繫辭上 第五)

『生』字在易的繫辭裡是一個專門的術語，易傳爲說明宇宙變易的歷程，就用「生」字。

「是故易有太極，是生兩儀，兩儀生四象，四象生八卦。」（繫辭上 第

在這同一章裡，易傳又說：

（十一）

「是故天生神物，聖人則之。」

這個「生」字，當然不是父母生育子女的「生」字；因為兩儀不是由太極懷孕而生，神物也不是由天懷孕而生，這個生字，第一、表示「存在」的由來，兩儀的存在是由太極而來，神物的存在是由天而來。第二、生字在由來或根由上又加上另一意義，即是化生。

「化生」的動作，非常神妙，可能為我們人所認識。易繫傳常以「神」來解釋萬物的化生。

因為「化生」沒有形體可見：

「故神無方而易無體。」（繫辭上 第四）

・188・

周易本義的注釋說：「如此，然後可見至神之妙，無有方所，易之變化，無有形體。」

「陰陽不測之謂神。」（繫辭上 第五）

「子曰：知變化之道者，其知神之所為乎。」（繫辭上 第九）

陰陽變化之道不可推測，神妙莫可言，乾陽坤陰互相結合以生萬物。

「夫乾，其靜也專，其動也直，是以大生焉。夫坤，其靜也翕，其動也闢，是以廣生焉。」（繫辭上 第六）

『大生』和『廣生』，用以形容宇宙間萬物化生的多和盛，宇宙萬物的數量既多，質量也廣。

「易，無思也，無為也，寂然不動，感而遂通天下之故，非天下之至神，其孰能與於此？夫易，聖人之所以極深而研幾也；唯深也，故能通天下之

志；唯幾也，故能成天下之務；唯神也，故不疾而速，不行而至。」

（繫辭上　第十）

這一段話形容宇宙化生萬物的變化，在沒有形跡可見的動作中，整個宇宙互相貫通，似乎不行動，卻達到目的，似乎很慢，卻非常快速，宇宙萬物的化生，是一種很深奧的動作，是種很幾微的動作；所以稱為『天下之賾』，祇有聖人才能知道，用卦象去表現。

「是故夫象，聖人有以見天下之賾，而擬諸其形容，象其物宜，故謂之象。聖人有以見天下之動，而觀其會通以行其典禮，繫辭焉以斷其吉凶，是故謂之爻。極天下之賾者存乎卦，鼓天下之動者存乎辭，化而裁之存乎變，推而行之存乎通，神而明之存乎其人。」（繫辭上　第十二）

「日往則月來，月往則日來，日月相推而明生焉。寒往則暑來，暑往則寒來，寒暑相推而歲生焉。往者屈也，來者信也，屈信相感而利生焉。……窮神知化，德之盛也。」（繫辭下　第五）

宇宙萬物的化生，可以用卦象卦爻來代表，又可以用日月和四時來代表，日月四時的變化，調節寒暑，利於五穀的化生。這乃是天地好生之德，聖人以心靈的清明，和天地萬物相通，乃能『窮神知化』。

在同一章中又云：

「天地絪縕，萬物化醇。男女構精，萬物化生。」（同上）

所謂天地男女，都是代表陽陰兩個元素。周易本義的注釋說：「絪縕，交密之狀。醇，謂原而凝也，言氣化者也。化生，形化者也。」

5. 生生爲有目的之仁

易經講變易和道德經講變易，在變易過程中雖都有用『生』字，但其意義中有一點很不相同，道德經說：「道生一，一生二，二生三，三生萬物，萬物負陰而抱陽，沖氣以爲和。」（第四十二章）老子所講的宇宙變化的歷程，在節目上和易經所講的歷程不相同，在變化的意義上則相同，兩者都是講宇宙的變化有『一』爲基本，有『二』爲變化元素，有『次

・191・

序』爲變化的程序。但是宇宙變化的目的則不相同，易經以宇宙以宇

宙的變化沒有目的。易經所講宇宙變化的目的是生生之仁，道德經則說：「天地不仁以萬物

爲芻狗。」（道德經 第五章）

易經承認宇宙的生生是有目的的變化。易經在講宇宙的變化時，稱宇宙的變化爲天地之

大德，爲天地之情，爲天地之心。

「天地之大德曰生，聖人之大寶曰位，何以守位？曰仁。」（繫辭上 第一）

「復，其見天地之心乎。」（復卦，彖曰）朱熹注說：「積陰之下，一陽復生。

天地生物之心幾於滅息，而至此乃復可見。」

「天地感而萬物化生，聖人感人心而天下和平，觀其所感，而天地之情可

見矣。」（咸卦，彖曰）

「日月得天而能久照，四時變化而能久成，聖人久於其道而天下化成，觀

其所恒，而天地萬物之情可見矣。」（恒卦，彖曰）

「大者正也，正大而天地之情可見矣。」（大壯卦，彖曰）

宇宙變易而化生萬物，乃是因為天地有生物之心，有心乃有情，有情乃有德。宇宙變易便是一種有目的的變易，以生生為目的。生生的目的稱為仁。仁就是『生物之心』，也就是『好生之德』。

生物的目的。

地的『好生之德』，乃能『通天下之志』。『志』是志向，是目的。『天下之志』就是天地的

一種芻狗（犧牲品），沒有什麼價值。易經則以天地愛萬物，因愛萬物而使化生。聖人認識天

老子以天地不仁，萬物自然而生，而且盲目地化生，該生就生，該滅就滅，萬物不過是

『好生之德』。

便是一種有目的的變易，以生生為目的。生生的目的稱為仁。仁就是『生物之心』，也就是

「文明以健，中正而應，君子正也，唯君子為能通天下之志。」（同人卦，象曰）

「夫易，聖人之所以極深而研幾也；唯深也，故能通天下之志。」（繫辭上第十）

聖人懂得宇宙的變易，所以能深入而『通天下之志』，明瞭變易的目的，在於生生之

仁；聖人乃愛民而以謀人民的福利為目的的。

「子曰：夫易何為者也？夫易開物成務，冒天下之道，如斯而已者也。是故聖人以通天下之志，以定天下之業，以斷天下之疑。」（繫辭上　第十一）

聖人如何去探通天下的志呢？就是仁民而愛物。「何以守位？曰仁。」聖人以仁而守自己的名位。

易卦指示聖人和君子該修的德，乾卦為六十四卦之首，乾卦的卦辭是「乾，元亨利貞」。

這四個字代表乾的四種特性，乾代表陽，代表天，又可以代表皇帝，代表君子，代表聖人。

元亨利貞四種特性卽是「生生之仁」。

「文言曰：元者，善之長也；亨者，嘉之會也；利者，義之和也；貞者，事之幹也。君子體仁足以長人，嘉會足以合禮，利物足以和義，貞固足以幹事。君子行此四德者，故曰乾，元亨利貞。」（乾卦，文言）

乾卦文言解釋卦辭，以元亨利貞為仁禮義智。但是在卦序的原來意義，則是指着生生的

四種過程：『元』指著生命的發育。『亨』指著生命的茂盛。『利』指著生命的成熟。『貞』指著生命的收藏；就是後來漢朝《易》學者所講，春生夏長秋收冬藏。

《周易》本義的注釋說：

「元者，生物之始，天地之德，莫先於此，故於時為春，於人則為仁，而眾善之長也。亨者，生物之通，物至於此，莫不嘉美，故於時為夏，於人則為禮，而眾美之會也。利者，生物之遂，物各得其宜，不相妨害，故於時為秋，於人則為義，而得其分之和。貞者，生物之成，實理具備，隨在各足，故於時為冬，於人則為智，而為眾事之幹。」

漢朝《易》學者造了卦氣說，把八卦配一年的季節和日數，完全根據五穀的生長，以宇宙間的變化在一年四季裡周流，周流的結果，是一輩一輩的生命。

宋朝理學家乃以仁為生，仁為愛之理。天地之心為生生，人得天地之心為心，人心為仁。

6. 生命哲學

易經生生的觀念，在中國哲學裡成了一個最基本的觀念，造成了中國哲學的特色。中國的哲學就是生命哲學。

西洋哲學以『有』為形上學的研究對象，以形上學為各部哲學的基礎。『有』是由靜的方面去研究萬有，由『有』而到『性』，而到『存在』，而到『個性』。中國哲學以『有』為生生之動，以每一『存在』都是『動』，『動』即是『生』，由『生』而研究『性』。

漢朝哲學建立了氣的觀念，發揮易經的思想，由抽象的太極到實有的氣，由象徵的兩儀而成為變動無常的陰陽，由數理變化的四象而到普遍的五行。陰陽五行之氣，周行天地，貫通萬物。宇宙乃一活的宇宙，一切都緊緊相連，人事的善惡，因着相同之氣的感應而招致祥瑞或災殃。自然界現象的交流，影響人事的凶吉。天人感應的學說，為漢朝的特殊思想，在漢朝學者的心目中，宇宙乃是一個生活的整體，上自朝代的更替，皇帝的承繼，下至婚姻的結合，喪葬的時日，旁至音樂的五音，醫藥的脈絡，都在五行之氣中，互相關連，互相影響。而漢朝的易學的卦氣說，更是以六十四卦配合一年季節時日的循環，構成一個生命盛衰的大系統。若從自然科學方面去看，漢朝人的思想近乎迷信。從哲學方面去看，漢朝人的思

想更是武斷和幻想。然而在中國的哲學裡，漢朝人的思想正代表中國哲學的特色。不在抽象

學裡方面嚴密去推論，而從人生活的深處，環環相連，構成一個活的宇宙。

漢朝人近乎迷信的思想，影響了後代中華民族的生活，中國人誰不講五行？中國人誰不

看相擇地擇日？中國人講醫學，誰不根據五行以察看病源？就是宋代理學家，完全在理論方

面追求性理，絕不染於迷信，然而理學家都以氣和五行的觀念，作為理學的根據。

宋朝理學研究人的性理，以天理為出發點，歸結到人性的善惡。朱熹主張天地祇有一個

太極，萬物又各有一個太極。太極按照朱熹的主張為理之極至的天理，天地祇有一個天理，

萬物又各有一個天理。天理為性；若是天地祇有一個性，則萬物完全相同相等，便成了莊子

的「齊物論」。若萬物各有一個性，天地便不能祇有一個天理。因此，理學家所講的理，不

是物理，而是生生之理，即是物的存在之理。在「生」的方面，即在存在方面，萬物都是

『生』，所以天地祇有一個理。易經常說天地相交而萬物生，又說陰陽相交謂之道，這種生

生之道在抽象方面說祇是一個普遍的觀念。好比「有」是一個普遍觀念，『存在』也是一個

普遍觀念，『生』就是一個普遍觀念。生生之理也就是一個普遍觀念。

朱熹以萬物各有一太極，乃是每一個物的「生生」，即是每一個物的實際存在各不相同。每

一物的實際存在，由理和氣而成，理為抽象的是生生之理，氣為具體成形的氣。氣有清濁，

程度不相同，每一個人由理氣合成的氣質之性，便各不相同。人和物的性既不相同，我和非我的性又不相同。朱熹說物稟得理之偏，人得理之全。生生之理，在各等的物體中，因著所稟的氣在清濁程度上不同，生生之理的表現隨着也不相同。礦物的氣最重濁，生生之理表現得最少，植物的氣稍清，生生之理表現得稍多。動物的氣更清，生生之理表現更多。人的氣最清，稱爲秀氣，人乃有靈明的心，生生之理乃能完全表現。萬物所有的生生之理，卽是天理，雖然相同，每物都有的具體天理便有差異，人雖都是萬物之靈，人之中每人所稟的氣又有較清較濁的分別，人之中便有智愚賢不肖。

因此，理學家的理氣觀念，以『生生』爲基礎，乃爲解釋生生之理。陸象山和王陽明以人心就是理，理就是人心，倡心外無理的學說。陸、王所講的理，不是物理，而是生生之理。理既是生生之理，人的生生之理包括各級物體的生生之理，人的生生之理在靈明的人心完全表現出來；若說人心等於理，或說心外無理，乃是合理的主張。

王陽明在大學問裡講『一體之仁』，仁就是生，在生的方面，萬物都是一體。宋朝理學家在王陽明以前已經以仁爲生，沒有生命便稱爲不仁。朱熹說：「人得天地之心爲心，人心便是仁。」仁和生緊緊相連。

仁代表孔子所說的一切善德，善德的根基在於人心。人心代表生生之理的全部，全部生生之理不是人的生理和心理生命。而是人的精神生命，也就是人的倫理生命，人心靈明能夠有知識，知識生活當然是人的高尚生命，但是儒家所看重的生命，乃是仁義道德的生命。孟子以人心生來有仁義禮智之端，人的生活就在於發育仁義禮智之端，使成為仁義禮智的全德，孔子講『學』，不在於求普通的智識，而是在於求知人生之道，在於求知天理。顏回所以被稱為好學，因為他能三月不違仁，能夠不貳過。全部的生生之理，在於求知天理。

易經以乾卦代表天，乾的特性為元亨利貞。人心即是天心，元亨利貞在人心便是仁義禮智。

中庸以『天命之謂性，率性之謂道，修道之謂教。』大學講『明明德，親民，止於至善。』明德即是人心的天理，即是天命之性。明德是什麼呢？中庸第二十二章說明至誠的人，完全發揚自己的性，次第發揚人性和物性，最後參天地的化育。參天地化育乃是人的至善，至善則是完全發揚個人的性理。中庸、大學都以人的性理是仁，是愛萬物的生存，而助予發育。

儒家的倫理便是建築在形上本體論的性理，而性理乃是生生之理。

在儒家的心目中，宇宙萬物是『生』，『生』的表現不同而有各種的實有物，整個完全

的生生之理則是仁義禮智的理，整個的完全生命就是倫理性的精神生命。　在倫理性的生命

裡，反映出各級物體的生命，而又再加上因著仁而使生命永遠繼續的意義，在人的倫理性精

神生活裡，不僅是人的生命，而是綜合萬物的生命，又使萬物的生命因著人的認識和體驗，

不留在一種盲目自然的無知覺狀態中，而是使之成為一種有意義、有生命、有美妙的整體。

老、莊主張無，孔、孟主張有。老莊以道不可認識，道在萬物中，萬物也不可認識，那

麼道等於無，萬物也等於無。孔、孟以心的靈明，可以『下學而上達』，可以認識宇宙變易

之理，可以認識萬物之理，萬物對於人都是有，都有意義。老、莊的人生觀以虛無為根據，

教人空虛一切，而一切成為虛無，乃有幸福。孔、孟的人生觀以生生之理為根據，使人和

人，人和物在『有』即在『生』上結成一體，乃有幸福。

西洋學者常以為中國哲學沒有形上學，祇有倫理學；實際上中國哲學具有形上學，由形

上學而到倫理學，中國形上學講論萬物的存在，以存在為生生。生生在各級物體逐漸表現，

達到最完美的程度時，乃有高尚的倫理生活。

中國哲學的倫理生活為整個生活的表現，為整體生命的實現。中國形上學和倫理學的連

貫，不僅在於學理上的連貫，而是在於同有一個活的對象，兩者都在討論生命。所謂生命乃

是動的存在。

馬克思（Karl Marx）唯物辯證論，以宇宙常動，但却以宇宙為物質，物質就是動，人的生命也是物質的生命。易經以宇宙常動，每一物的存在都是變易，變易稱為『生生』，或『生』。『生生』由物質的動，升到心靈的動，生命的完滿意義在於精神生命。

因此，我們可以看出易經的生生觀念，構成中國儒家哲學的基礎和骨幹，在生生的觀念上，整部中國哲學的各部份互相聯繫；在生生的觀念上，中國哲學有自己的特色。對現代的中國人來說，生生的哲學在現在還可以是適合時代的哲學，我們不能看易經僅為卜卦的迷信書，也不必捧易經為近代數學天文學或別種科學的先驅，易經自有它的意義和價值。我們更不應該把中國哲學看成古老陳舊的廢物，不能和西洋理性哲學相比。中國的生生哲學或生命哲學應該在現代還是活的思想，祇要加以合理的補充和革新，就可以成為現代的中國哲學。

（當載於哲學與文化 第五卷第八期 五四頁）

生生之謂易

（國際漢學會議所提論文）

1. 注 疏

易經的易，在漢朝時被解釋爲三易。三易的含義有兩種：一種說三易爲連山、歸藏、周易，一種說三易爲簡易、變易、不易。《周禮春官太卜說：

「掌三易之法：一曰連山，二曰歸藏，三曰周易。」

鄭玄注說：「連山，似山出內氣也。歸藏者，萬物莫不歸而藏其中。」賈公彥的疏說：「連山易其卦以純艮爲首，艮爲山，山上山下，是名連山。雲氣出內於山，故名易爲連山。歸藏易以純坤爲首，坤爲地，故萬物莫不歸而藏於其中，故名易爲歸藏也。」這些注疏，都是作者憑自己的理想所推測的，大家都沒有見到《連山易》和《歸藏易》，因爲《連山易》，有的說是伏

義或神農的易，有的說是夏朝的易；歸藏易，有的說是黃帝的易，有的說是商朝的易，兩者現今都佚失而不存在了。周易，則大家承認是周朝的，就是現今的易經。

易經的易有什麼意義？易緯乾鑿度說：

「易一名而含三義：所謂易也，變易也，不易也。」

「易者，其德也。光明四通，簡易立節，天以爛明，日月星辰，布設張列，通精無門，藏神無穴，不煩不擾，澹泊不失，此其易也。變易者，其氣也。天地不變，不能通氣，五行迭終，四時更發，君臣取象，變節相移，能消者息，必專者敗，此其變易也。不易者，其位也。天在上，地在下，君南面，臣北面，父坐子伏，此其不易也。」

這兩種對易的解釋，第一種是歷史性的名稱，現在已經不可考了。第二種是易的意義，雖在易經中能有根據，但不是易經本書所講。易經解釋易有兩處：一處是繫辭上第五章說：

「生生之謂易。」

一處是繫辭下第三章，說：

「是故易者，象也，象也者，像也。」

易的意義，即是變易，繫辭上第二章說：

「聖人設卦，觀象繫辭焉而明吉凶，剛柔相推而生變化，是故吉凶者，得失之象也；悔吝者，憂虞之象也；變化者，進退之象也。剛柔者，晝夜之象也。六爻之動，三極之道也。」

易，為宇宙的變化；宇宙的變化，以象去表現。八卦就是這種變化的象。按卦象而看卦辭，可以斷定吉凶。吉凶的理由，在於六爻的變動，六爻變動的理由，即是天地人三才之道。因此說：「是故，易者，象也。」八卦六爻的變動，以斷吉凶，這是卦的用處。然而八卦所象徵的宇宙變化，用處則不在於吉凶，而是為化生萬物。因此說：

「生生之謂易。」

周易本義注說：

「陰生陽，陽生陰，其變無窮。」

荀爽注曰：

「生生之謂易，陰陽相易轉相生也。」

九家易注：

「『原始反終，故知死生之說』；陰陽交合，物之始也；陰陽分離，物之終也。合則生，離則死，故原始反終，故知死生之說矣。交合、泰時，春

也；分離，否時，秋也。」

韓康伯注說：

「陰陽轉易，以成化生。」

虞翻注說：

「乾易顯仁，故盛德；坤簡藏用，故大業。可大致富有，可久故日新；陰陽消息轉易相生，故謂之易。京氏曰：八卦相盪，陽入陰，陰入陽，二氣交互不停，故曰生生之謂易。」

來知德注說：

「一陰一陽之謂道，若以易論之。陽極生陰，陰極生陽，消息盈虛，始終

代謝，生生不易，變化無窮，此易之所以名易也。」

王船山在周易內傳解釋說：

「生生之謂易。此以下，正言易之所有，設皆一陰一陽之謂道而人性之全
體也。生生者，有其體而動幾必萌，以顯諸仁；有其藏必以時利見，而效
其用；鼓萬物而不憂，則無不可發見，以興起富有日新之德業，此性一而
四端必萌，萬善必興，生生不已之幾。而易之由大衍而生數，由數而生
爻，由爻而生卦，由卦而生變占，由變占而生天下之亹亹。有源故不窮，
乘時故不悖，皆卽此道也。」（周易內傳　卷五，頁十四）

歷代易經注疏家對於「生生之謂易」的註解，以陰陽兩氣交互不停，化生天地間的萬
物，因此『易』稱爲『生生』。

生生兩字的意義，上一「生」字爲動詞，卽是化生；下一「生」字爲名詞，卽是物。
『生生』卽是化生萬物。『易』爲天地的變化；「生生之謂易」的意義，就是化生萬物稱爲

易，也就是說天地變化是爲化生萬物。

物稱爲生，則是生物。普通把物分爲生物和無生物，易經却以萬物卽「天地之絪縕」都

稱爲生物。以天地間的一切物都是生物，意義何在？

生物的意義，是有內在自動的物稱爲生物。易經以每一物的構成，由於陰陽的結合。〈繫

辭說：

「一陰一陽之謂道，繼之者善也。成之者性也。」（繫辭上 第五章）

「陰陽消息轉易相生，故謂之易。」陰陽交互結合乃成一物。陰陽結成一物後，在這物

裏仍然繼續變動，因此宇宙間沒有一個靜止之物，整個宇宙又是變化不停。易經由本體的動

態以觀物，以觀宇宙，乃有動的哲學，稱爲易。

「天下之理，未有不動者，而能恒者也；動則終而復始，所以恒而不窮。

凡天地所生之物，雖山嶽之堅厚，未有不動者也。故恒非一定之謂也，一

定則不能恒矣，惟隨變易，乃常道也。」（二程全書 伊川 易傳三）

但是僅只有內在的自動，也不能都稱爲生物。現代物理學發現物體的構成素有原子有電子，原子和電子都常在運動，可是不能因此就說一切物都是生物，而生物的特徵，則在於自體內有自動的新陳代謝。

《易》經所謂生物，別有一種意義；這種意義，由宋朝理學家與以說明。程頤和朱熹都主張『理一而殊』。

「萬物皆只是一個天理，己何與焉！」（二程全書 二程遺書二上，頁十三）

「曰：太極只是天地萬物之理，在天地言，則天地中有太極，在萬物言，則萬物中各有太極。」（朱子語類 卷一）

「西銘一篇，始末皆是理一而殊。」（朱子語類 卷九十八）

天地只有一理，萬物又各有自己的理。朱熹以月亮作譬喻，天上祇有一個月亮，映在水裏的月亮則很多，海裏、湖裏、江裏、河裏、池裏、杯裏都能有反映在水裏的月亮，這麼多的月亮，則是同一個月亮。

理是性，乃是理學家一致的主張。若是理祇是理一個，那麼性也祇一個；萬物既同一理，便同一性。若萬物同一性，則沒有所謂萬物，祇有一物。佛敎以實相祇有一個，乃是眞如，其他的萬法（萬物）都是假相。儒家不以萬物爲假，又不以萬物爲同一物，朱熹便說理一而殊。

那麼這個『理』和『性』應另有意義。

『理』在禮記裏稱爲天理，乃是聖人作禮的根據。

「故聖人作則，必以天地爲本。」（禮記 禮運）

「禮者，天地之序也。……太禮者，與天地同節。」（禮記 樂記）

理，乃是節，乃是序。天理是天地的序，天地的節。所謂節或序，卽是變動的規律和次序。

「天生蒸民，有物有則。」（詩經 大雅，蒸民）

一物有一物之則，便是一物有一物之理，每一物之理卽是性。天地之則，在易經稱爲天

· 211 ·

道地道，人之則，稱爲人道。天地萬物的變化之理，在原則上是相同的。例如易經的『中』、

『位』、『循環』，乃是天道地道人道的共同原則。但是在實行上則按各物的本體而不相同。

因此，乃有理一而殊的主張。

這種變動之理，祇有一個。在自體上說是一個成全之理，卽是變動的最完全最美好之

理；這個完全之理在實現時却常不完全。理學家以爲「物得理之偏，人得理之全。」

明朝湛若水解釋天理爲生生之理：

「舜臣謂正應事時，操存此心，隨處體認吾心身天理真知，覺得吾心身生

生之理氣，所以與天地宇宙生生之理氣吻合為一體者，流動於腔子，形見

於四體，被及於萬物。」（明儒學案 卷三十七，甘泉學案一語錄）

戴東原也解釋這個理爲生生之理。生生之理爲生命的條理，生命的條理爲仁。

「生生之呈其條理，『顯諸仁』也。惟條理是以生生，藏諸用也。顯也

者，化生之生於是乎見。藏也者，化之息於是乎見。生者，至動而條理

也。息者，至靜而用神也。卉木之株葉華實，可以觀夫生。果實之白（核

仁），全其生之性，可以觀夫息。」（原善　卷上）

條理的表現低而偏。

齊，程度的高下來自結成物體的氣，氣有清濁，得氣清者，條理的表現高而全。得氣濁者，變動的條理，使物變動有秩序，物的變動把變動的條理表現出來。表現的程度高下不

「問：或問氣之正且通者爲人，氣之偏者塞者爲物，如何？曰：物之生，必因氣之聚而後有形。得其清者爲人，得其濁者爲物。」（朱子語類　卷十七）

人得氣之清，故得理之正，得理之全。天地之理在人裏爲一完全美善之理，這個理卽是人性。孟子以人性爲善，人性具有仁義禮智的善端，大學以人性爲明德，中庸以率性爲人生之道。

生生之理，物的內在變化之理，這種理因物之氣有清濁，表現程度不同，表現最高者是人，人的生活以心靈生活爲最高，人的生生之理，便是道德生活之理。又稱爲『仁之理』。

孟子和中庸都說「仁者，人也。」（孟子 盡心下，中庸 第二九章）仁之理，既指生命之理，儒家以生命爲有條理的內在自動，條理的內在自動在人的生命中完全表現出來，乃是道德生活，道德生活由心去表現，心表現生命之理時爲仁，仁爲愛之理，包括一切善德。

「生生之謂易」的意義是指宇宙的變化爲化生萬物，萬物常有自己的內在變化，稱爲生命。生命的表現有高下的程度，最高最完全的生命，爲人的心靈生命，心靈生命的本質爲仁義的道德生活。

2. 生生的變化

「生生之謂易」由宇宙變化去看，一切在於化生生物，生物乃是有條理的內在自動之物。

易經說明變化的性質：

這種變化是怎樣呢？

「聖人設卦，觀象繫辭焉而明吉凶，剛柔相推而生變化。……變化者，進退之象也。」（繫辭上 第二章）

「天尊地卑，乾坤定矣。卑高以陳，貴賤位矣。動靜有常，剛柔斷矣。方以類聚，物以羣分，吉凶生矣。在天成象，在地成形，變化見矣。」（繫辭上 第一章）

在繫辭開端的第一章和第二章，說明易經以卦為主，卦為明吉凶，吉凶來自變化。天地的變化，第一有位的變化，位在於定尊卑，尊卑的代表為天地；第二有剛柔的變化，剛柔的特性來自動靜；第三有吉凶的變化，變化的理由在於同類相應；第四有象的變化，象來自天地形象。

卦是象，伏犧氏作卦：

「仰則觀象於天，俯則觀法於地，觀鳥獸之文，與地之宜，近取諸身，遠取諸物，於是始作八卦。」（繫辭下 第二章）

觀察天地人物之象，伏犧氏作八卦，卦是做什麼呢？

「以通神明之德，以類萬物之情。」（同上）

卦象徵天地變化之道，人事的變化因着同類相應，在天地變化中所引起的感應，感應可以是吉，可以是凶。這種感應由天地變化之道，可以推究。然而操持人類吉凶賞罰的乃是鬼神，因此卦占便要「通神明之德」。

八卦「類萬物之情」，因為象徵天地的變化，天地的變化包括萬物的變化，八卦便包括萬物變化之道。

天地怎樣變化呢？

「子曰：乾坤其易之門邪！乾陽物也，坤陰物也，陰陽合德而剛柔有體，以體天地之撰，以通神明之德。」（繫辭下 第六章）

乾坤為宇宙變易之門，卽是變化的開端和通道。易經的八卦和六十四卦，以乾卦和坤卦為基礎，繼續變化而成。乾卦和坤卦以什麼為元素呢？乾為陽，坤為陰，由陽陰兩元素而成。陽陰兩元素在變化中的價值，是剛和柔。易經的卦辭常以剛柔的變化，以定一卦的吉成。

凶。

乾坤為陽陰的表現，剛柔為陽陰的德性，宇宙的變化歸根是由陽陰交互而成。

義注釋說：

「一陰一陽之為道，繼之者善也，成之者性也。」（繫辭上 第五章）

這三句話成了宋朝理學家對於解釋易經思想的關鍵，各人有各人的解釋。朱熹在周易本

「陰陽迭運者，氣也，其理則所謂道。道具於陰而行乎陽。繼，言其發也。善，謂化育之功，陽之事也。成，言其具也。性，謂物之所受，言物生則有性，而各具是道也。陰之事也。周子程子之書，言之備矣。」

周敦頤通書說：

「天以陽生萬物，以陰成萬物。生，仁也；成，義也。」（通書 順化 第十一）

張載的易說疏解說：

「一陰一陽，是道也。能繼續體此而不已者，善也。其成就之者，則必俟見性，是之聖。仁者不已其仁，始謂之仁；知者不已其知，方謂之知。此是致曲，曲能有誠也。誠則有變化，必仁智會合，乃為聖人也。……」（張子全書 卷十一，頁五）

程頤易說解釋說：

「道者，一陰一陽也，動靜無端，陰陽無始，非知道者，孰能識之。動靜相因，而成變化，順繼此道則為善也。成之在人則謂之性也。易道廣大，推遠則無窮，近言則安靜而正。天地之間，萬物之理，無有不同。乾，靜也專，動也直。……故其生物之功大。坤靜翕動闢……開闔而廣生物……。」（二程全書三 伊川 經說一，易說 繫辭 頁二）

王船山疏解說：

「一陰一陽之謂道，推性之所自出而言之，道謂天道也，陰陽者，太極所有之實也。……動靜者，陰陽交感之幾也。動者，陰陽之動，靜者，陰陽之靜也。……非動之外，無陽之實體，靜之外，無陰之實體，因動靜而始有陰陽也。故曰陰陽無始，言其有在動靜之先也。……故可謂之靜生陰，動生陽，而非本無而始生，尤非動之謂陽，靜之謂陰也。合之則為太極，分之則謂之陰陽。……此太極之所以出生萬物，或萬理，而起萬事者也……。

道統天地人物，善性則專就人而言也。……繼者，天人相接續之際，命之流行於人者也。其合也有倫，其分也有理，仁義禮智不可為之名。而實其所自生。……成之，謂形已成而凝於其中也。此則有生以後，終始相依，極至於聖，非有外益，下至於牿亡之後，猶有存焉者也。」（王船山　周易內傳　卷五　頁十一～十二）

・・

理學家皆以宇宙間的變化，由陰陽兩氣交互而成。

繫辭以易有太極，太極生兩儀，（繫辭上 第十一章）太極爲一，一爲變化的基礎，陰陽爲二，有二統的變化。張載曾說：「一物兩體，氣也。一故神，兩故化，此天之所以參也。」（正蒙 神化）變化的起點，卽是宇宙的起點爲太極，朱熹以太極爲至極之理，然理不能無氣，有理有氣，則太極爲一實體，而不是抽象之理。張載以太極爲太虛之氣；太虛之氣不分陰陽，既分陰陽，乃有變化。

陰陽的表象爲乾坤兩卦，乾坤兩卦的實體爲天地，天地的德能爲剛柔。因此易經講變化，常講天地的交互和剛柔的交互。

「象曰：子克家，剛柔接也。」（蒙，象曰）

「屯，剛柔始交而難生。」（屯，象曰）

「姤，遇也，柔遇剛也。」（姤，象曰）

「渙，亨。剛來而不窮。柔得位乎外而上同。」（渙，象曰）

「節，亨。剛柔分而剛得中。」（節，象曰）

「雖不當位，剛柔應用。」（未濟，象曰）

卦的爻，分陰陽，易經却不稱爻爲陰陽，而稱爲剛柔；因爲在變化時，不看陰陽，而看剛柔的德能。因着剛柔的德能，乃起變化，剛柔的德能在人事裏，也常顯明；因此乃能解說人事的變化。

易經講宇宙的變化，又用天地去講：

「象曰：大哉乾元，萬物資始，乃統天。」（乾，象曰）

「象曰：至哉坤元，萬物資生，乃順承天。坤厚載物德合無疆，含弘光大，品物咸亨。牝馬地類，行地無疆。」（坤，象曰）

「天地變化，草木蕃，天地閉，賢人隱。」（坤，文言）

「泰，小往大來吉亨，則是天地變而萬物通也。」（泰，象曰）

「否，之匪人，不利君子貞，大往小來，則是天地不交，而萬物不通也。」（否，象曰）

「謙，亨，天道下濟而光明，地道卑而上行。」（謙，象曰）

「家人，女正位乎內，男正位乎外，男女正，天地之大義也。」（家人，象曰）

「歸妹，天地之大義也，天地不交而萬物不興。」 （歸妹，彖曰）

化生萬物。因此說：「生生之謂易」。

互，周敦頤畫太極圖，以男女代表天地，因為男女在萬物裏更是具體的實體。男女的交互，宇宙的變化乃成為天地的交化生萬物，太極圖便以男女生萬物。「男女構精，萬物化生」。宇宙的變化的意義和價值是宇宙的變化，由剛柔的德能而相交，剛柔的實體為天地，宇宙的變化的意義和價值是

3. 化生萬物

易經標明天地的變化為化生萬物，這種思想貫通易經的整體思想。十翼雖不是孔子自己的著作，然必定代表孔子研究《易經》的成果，由弟子或再傳弟子們所紀錄，易卦原來為占卜之用，占卜有占卜的理由。易卦的理由在於天地變化之道。孔子研究易經深深體會了天地變化之道的意義，看到了整個宇宙變化成為一個整體的系統，在變化裏萬物彼此相連，宇宙不是盲目的機械，無情的自然運轉，而是萬物相連在同一的目標裏，運轉不息。

「天地之大德曰生，聖人之大寶曰位，何以守位，曰仁。」 （繫辭下 第一章）

・易謂之生生・

「天地絪縕，萬物化醇，男女構精，萬物化生。」（繫辭下 第五章）

程頤易說加以發揮說：

「運仁之迹，生育之功，顯諸仁也。神妙無方，變化無跡，藏諸用也⋯⋯天地無心而成化，聖人有心而無為，天地聖人之盛德大業，可謂至矣。」

（二程全書一 伊川 經說一）

王船山疏解說：

「天地之大德曰生，統陰陽柔剛而言之。萬物之生，天之陰陽具而噓吸以通，地之柔剛具而融結以成。陰以欽之而使固，陽以發之而使靈，剛以幹之而使立，柔以濡之而使動。天地之為德，即立天立地之本，德於其生見之矣。⋯⋯」（周易內傳 卷六 頁四）

「絪縕，二氣交相入而包孕以運動之貌。醇者，變化其形質而使靈善，猶

・223・

酒醴之釀而醇美也。男女兼牝牡雌雄而言。……按此言天地化醇，男女化生，形質交資而生。乃遂則乾坤稱父母，而父母一乾坤之理，於此可見。人不能離生以養醇，則父母之恩均於天地，不可專歸生化於天地，以遺志父母。仁人孝子事親以事天。」（同上）

乾坤變化的意義爲生生。

《易經》的八卦和六十四卦，以乾坤兩卦爲根基，六十四卦的變化，就是乾坤兩卦的變化，

爲生命的根源。

由天地變化的成效而看到天地的大德，由天地的大德而體會到父母的大恩；天地父母同

「大哉乾元，萬物資始，乃統天。雲行雨施，品物流行。」（乾，彖曰）

「大哉坤元，萬物資生，乃順承天，坤厚載物，德合無疆，含弘光大，品物咸亨。」（坤，彖曰）

乾乃萬物所資以始，坤卽萬物所資以生。

王船山疏解繫辭上第一章「天尊地卑」說：

「乾者，陽氣之舒，天之所以運行；坤者，陰氣之凝，地之所以翕受。天

地一誠無妄之至德，生化之主宰也。」（周易內傳　卷五）

六十四卦的基本卦乾和坤，為萬物化生的根由。在乾卦和坤卦的象象文言，生的觀念貫

澈一切。「乾，元亨利貞」。周易本義朱熹注說：「元者，生物之始，天地之德，莫先乎

此，故於時為春，於人則為仁，而眾善之長也。亨者，生物之通，物至於此，莫不嘉美，故

於時為夏，於人則為禮，而眾美之會也。利者，生物之遂，物各得其宜，不相妨害，故於時

為秋，於人則為義，而得其分之和。貞者，生物之成，實理具備，隨在各足，故於時為冬，

於人則為智，而為眾事之幹。」周易本義注坤卦的象說：「始者，氣之始，生者，形之始。

唯承天施，地之道也。」乾象天，又象大人。大人則「與天地合其德，日月合其明」（乾，文

言），「與天地相似故不違，知周乎萬物而道濟天下故不過，旁行而不流，樂天

知命故不憂，安土敦仁故能愛。」（繫辭上　第四章）坤象地，地順承天以生萬物，「含萬物而

化光，坤道其順乎。」（坤，文言）繫辭闡揚乾坤化生的德能，「夫乾，其靜也專，

其動也直，是以大生焉。夫坤，其靜也翕，其動也闢，是以廣生焉。廣大配天地，變通配四

時。」（繫辭上　第四章）乾坤配天地，天地的變化實現於春夏秋冬四時，四時的變化使五穀繁殖。

漢代的易學，特別發揮這種配四時的思想。

六十四卦的基本兩卦，既然被認定為萬物化生的根源和開端，六十四卦的變化也就象徵生命的變化。漢朝宋朝的易學對於六十四卦的變化次序，有幾種不同的主張，當代學人方東美教授還作了一篇易之邏輯問題，提出一種解釋方式。易經的傳文裏，有序卦一篇，對於六十四卦在易經次序予以一種說明。序卦說明的理由，是生命的變化：

「有天地，然後有萬物焉。盈天地之間者唯萬物，故受以屯，屯者盈也。屯者，物之始生也。物生必蒙，故受以蒙；蒙者，蒙也，物之稺也。物稺不可不養也，故受以需，需者飲食之道也。……物不可以終訟，故受以觀。……物大然後可觀，故受以履。……物畜然後有禮，故受以剝，剝窮上反下，故受以復。……。」（序卦　上篇）

「有天地然後有萬物，有萬物然後有男女，有男女然後有夫婦，有夫婦然後有父子，……物不可以久居其所，故受以遯，遯者退也。……物不可以終遯，故受以晉，晉者進也。……物不可以終難，故受以解，解者以終壯，故受之以晉，晉者進也。……物不可

226

緩也。……物不可以終動，止之，故受之以艮，艮者，止也。物不可以終止，故受之以漸，漸者，進也。……物不可以終離，故受之以節。……物不可以終可以終窮，故受之以未濟。」（同上下篇）

序卦，說明六十四卦的次序，在上篇，以「有天地，然後有萬物焉！」開端，在下篇以「有天地，然後有萬物。」開端，表明上下篇的次序都是以天地生萬物為次序。整個六十四卦的次序，由萬物化生的變化去解說，明明表示六十四卦的意義，在於象徵萬物的化生。

繫辭上第一章說：

「乾道成男，坤道成女，乾知大始，坤作成物。」

第四章說：

「易與天地準……範圍天地之化而不過，曲成萬物而不遺。」

第五章，有「生生之謂易」，第六章，講乾坤的大生廣生，第七章主張「成性有仁，道

・227・

義之門。」第十章指出「易，無思也，無為也，寂然不動，感而遂通天下之故，非天下之至神，其孰能與於此！」第十一章建立宇宙變化的過程，「是故易有太極，是生兩儀，兩儀生四象，四象生八卦。……是故天生萬物，聖人則之，天地變化，聖人效之。」第十二章說明變化的性質，「化而裁之有乎變，推而行之存乎通，神而明之存乎其人，默而成之，不言而信，存乎德行。」繫辭下篇第一章肯定「天地之大德曰生。」第五章乃說：「天地絪縕，萬物化醇，男女構精，萬物化生。」說卦傳解釋卦的意義：「觀變於陰陽而立卦，發揮於剛柔而生爻，和順於道德而理於義，窮理盡性以至於命。」（說卦 第一章）「萬物出乎震，震東方也。齊乎巽，巽東南也，齊也者，言萬物之潔齊也。離也者，明也，萬物皆相見也。南方之卦也。……坤也者，地也，萬物皆致養焉，故曰致役乎坤。兌，正秋也。萬物之所說也，故曰說言乎兌。戰乎乾，乾西北之卦也，言陰陽相薄也。坎者，水也，正北方之卦也，勞卦也，萬物之所歸也。故曰勞乎坎。艮東北之卦也，萬物之所成終而所成始也，故曰成言乎艮。」（說卦 第五章）「神也者，妙萬物而言者也。動萬物者莫疾乎雷，撓萬物者莫疾乎風，燥萬物者莫熯乎火，說萬物者莫說乎澤，潤萬物者莫潤乎水，終萬物始萬物者莫盛乎艮。」（說卦 第六章）說卦解釋八卦的意義和價值，以對萬物生發的次序作標準。八卦的象名：天地雷火風水山澤，象徵各卦參預萬物生發的功能。因此八卦的方位，排在天地的八方，配合春夏秋冬的

四季，更明顯地隨著五穀在一年中的成長而顯出各卦的生生價值。春生夏長秋收冬藏，由卦的象而予以表現。說卦傳和序卦的思想相同。說卦按照生生的理想而定八卦生生的分位，序卦以生生的思想而解釋六十四卦的次序。乾坤兩卦既居六十四卦之首，為萬物生生的根源。由乾坤而變為六十四卦，象徵陰陽交互的結合而化生萬物。陰陽的交互，乃「天地絪縕」，「男女構精」萬物因此化生。這種化生的工程，「範圍天地之化而不過」，「無思也，無為也，寂然不動，感而遂通天下之故。」「默而成之」，這種生生工程，神妙莫測。「非天下之至神，其孰能與於此」「是以大生焉，……是以廣生焉。」面對偉大神奇的生生工程，孔子曾嘆說：「天何言哉！四時行焉，萬物生焉，天何言哉！」(論語，陽貨)人祇有欽佩讚頌：「顯諸仁，藏諸甲，……盛德大業至矣哉！富有之謂大業，日新之謂盛德，生生之謂易。」

4. 生命洪流

中華民族以農業為生活，在歷史開始時，在黃河流域，面對一片無垠的黃土，播種大麥小麥，進入長江流域後，在山水環繞的田地裏，挿播稻穀，播種挿秧後，耘草灌水。看著稻麥發出嫩芽，長成綠綠的葉幹，結出金黃的長穗。日出而作，日入而息，一年四季，胼手胝

足，所盼望的，在收穫的一日，能夠把麥粒穀粒藏在倉庫裏，但其間多少勞苦，多少憂慮！陽光雨露應得其時，風雪冰雹不能作災。農夫們每早每晚，翹首看天，推測天氣，每月每季，計算節候，配合農作。他們的心專注在五穀，看嫩芽的出生，看麥稻的長成，慶辛秋冬的收穫。生命的觀念籠罩一切，宇宙的觀象都歸之於五穀的生命。易經的思想乃是這種農業生活的寫照，繪畫卦象以象徵生命的化生程序，繫辭以推測吉凶而闡說生命化生的哲理。

易經乃成爲生命哲學的基礎，統系了中國哲學的思想。

孔子「述而不作」，整頓了古傳的經書，傳遞了這種生命的哲學。書經和詩經記述中華民族的遠祖的生活，信仰上天，仁民愛物，道德生活的價值，居在私人生活社會生活的高峯。

莊子天下篇曾說：

「不離於宗，謂之天人；不離於精，謂之神人；不離於眞，謂之至人，以天爲宗，以德爲本，以道爲門，兆於變化，謂之聖人。」

說明：

這是道家的思想，道家以完全的成人，在生命上常和天地相連，儒家的成人，易經有所

「夫大人者，與天地合其德，與日月合其明，與四時合其序，與鬼神合其吉凶。」（乾，文言）

這種思想：

大人為聖王，聖王和天地同德，和日月同明，照顧全國人民，參天地的化育。中庸發揮

「唯天下至誠，為能盡其性；能盡其性，則能盡人之性，能盡人之性，則能盡物之性；能盡物之性，則可以贊天地之化育；可以贊天地之化育，則可以與天地參矣。」（中庸 第二十二章）

至誠之人，誠於自己的性，發揮人性的生命。體會生命的無限。生命在宇宙間，發展在一切萬物中，繼續在萬代間。中庸所以說：

「唯天下至誠，……知天地之化育，夫焉有所倚！肫肫其仁，淵淵其淵，

· 231 ·

心：

「生命為仁，仁為生命的發揚，仁為生命的愛心。聖人之心和天地同心，發揮自己的仁

「浩浩其天。」（中庸 第三十二章）

「大哉聖人之道，洋洋乎發育萬物，峻極于天。」（中庸 第二十七章）

孟子乃說：「仁，人心也。」（告子上）又說：

「萬物皆備於我矣！反身而誠，樂莫大焉！強恕而行，求仁莫近焉！」
（盡心上）

孔子曾教門生以生命的快樂。生命的意義不在於一己的享受，而在於生命的發揚。生命的發揚，貫通於萬代。易繫辭所以說「通天下之志」，「曲成萬物而不遺。」

宇宙的變化為生命的洪流，一陰一陽交互相通為生命的創造力。漢朝易學家的卦氣說，

以六十四卦配四季，十二月，二十四節氣，七十二候，三百六十五日。宇宙的變化，空間的八方在時間的四季裏運行。孟喜創「消息說」：「陽進爲息，陰進爲消，立十二消息卦，配合十二月。由十一月復卦的一陽。漸次升進，到泰卦的三陽爲正月，到六陽的乾卦爲四月。五月姤卦消爲一陰，十月坤卦爲六陰。十二消息卦象徵一年裏陰陽的盛衰。」秦末呂氏春秋有十二紀，漢初禮記有月令，記述十二月的寒暑。以陰陽五行作哲理，和孟喜的消息十二卦理由相同。十二月的變化，爲陰陽的變化，而陰陽的變化，乃五穀生發的次序，由十二消息卦，再進爲二十四節氣，以四方的正卦坎震離兌的二十四爻配一節氣，再又以十二消息卦的七十二爻配七十二候。最後除去四正卦，以六十卦的爻配每年的日牧，每卦配六日七分說。

這種卦氣說，以六十四卦象徵宇宙的變化。

京房又創「納甲說」，以天干地支配合卦爻，用於記時記地。天干的甲乙丙丁十字，也象徵五穀的生發現象。例如甲象徵初芽從兩片實仁中生出，乙象徵嫩芽的委屈。

漢朝的易學同漢朝董仲舒的儒學相合，使整個宇宙成爲一大生命，人和天地相合，五臟骨骼和天地日月相配，人事感應天地，發生祥瑞災異。卦變象徵宇宙變化，產生五穀百菓。漢朝的迷信，充斥天地間沒有一物是塊然無靈的物，石頭、樹木、飛禽、走獸，互相貫通。

社會，桓譚王充乃力主災異感應的不可信。

宋朝理學家排除了漢朝易學的卦氣說，重回到易學的理義。首先周濂溪作太極圖說，從太極到男女，「二氣交感，化生萬物。」他以圖表說明天地的變化，是「生生之謂易」。

張載倡乾坤和人合為一宇宙：「乾稱父，坤稱母，……民吾同胞，物吾與也。」（西銘）

「聖人盡性，不以聞見性其心，其說天下，無一物非我。」（正蒙，太心篇）他乃倡四句教：

「為天地立心，為生民立命，為往聖繼絕學，為萬世開太平。」（近思錄拾遺 卷三）

程顥心胸開拓，有古儒仁者之風，他心喜易經的生生之道。他說：「生生之謂易，是天之所以為道也，天只是以生為道。繼之生理者即是善也。」（二程全書一 二程遺書二上，頁十二）朱熹乃說明天地之所以為道也，

又說：「一人之心，即天地之心。一物之理，即萬物之理。」（同上，頁一）朱熹乃說明天地以生物為心。「天地以生物為心，天包着地，別無所作為。」（朱子語類，卷五十三）這種生物之心稱為仁。

「仁者，天地生物之心。」（朱子語類 卷五十三）

人得天地之心以為心，人心必仁。

發明心字，曰：「一言以蔽之，曰生而已矣。天地之大德曰生，人受天地之

氣以生，故此心必仁，仁則生矣。」（朱子語類 卷五）

人心充盈生生之理，又充滿生物之氣，人心必仁而愛生。仁乃愛之理。愛己之生命，推

而愛人愛物的生命，心乃包萬物，萬物皆備於我。王陽明遂倡『一體之仁』。仁即生命，在

生命上，人和物相連，人爲發育生命，須食物吃蔬菜，喝水飲藥石。

「陽明子曰：大人者，以天地萬物為一體者也。其視天下為一家，中國猶

一人焉。……大人之能以天地萬物為一體者，非意之也，其心之仁本者

是，其與天地萬物而為一也。」（大學問）

張載曾說「天之生物也有序。」（正蒙，神化篇）王船山注曰：「其序之也，亦無先設之定

理，而序之在天者即爲理」（張子正蒙注 卷三）人的貴賤高下，沒有先設的次序，萬物的化生則

有天定的次序，礦物、植物、人三級卽天所定，人則爲萬物之靈。故在生命上，萬物就有先

天的次序，構成一個偉大的系統。王船山注易繫辭的「安土敦乎仁故能愛」說：

「天地普愛萬物，而德施無窮。……是體天地廣大之生，以詔人而利物也。」（周易內傳 卷五）

戴震在清朝雖然和顏元李塨一樣，反對宋朝理學的空疏，然而他的思想仍以易經爲根基。

他在原善裏說：「一陰一陽，蓋言天地之化不已也，道也。一陰一陽，其生生乎，其生生而條理乎，以是天地之順，故曰一陰一陽之謂道。」（原善上 三）又說：

「易曰：天地之大德曰生，氣化之於品物，可以一言盡也：『生生之謂歟？』」（同上，四）

劉蕺山反朱熹，信王陽明，然又辯駁王學，但他對於易經、中庸仍有專好。他在學言裏有一條說：

「一元生生之理亘萬古常存。先天地而無始，終天地而無終，渾沌者元之

· 236 ·

清末譚嗣同演繹仁學，以「仁以通為第一義。」「不生不滅，仁之體。」（仁學卷上）仁

後，開闢者元之通。」

由心而顯。

中國的哲學思想，由古到今，以「生命」相貫通，生命為仁，仁乃為中國哲學的中心和

脈絡。普通講儒家哲學的人，常說儒家哲學為倫理道德哲學。為人文主義；殊不知儒家的倫

理道德以形上的生命哲學為基礎。天地的變化，由陰陽而成，陰陽繼續交互結成，化生萬

物，生生不息。宇宙萬物的生命，互相聯繫，自然和諧。人得天地的理和氣，人心乃仁。人

的生命和萬物成一體，人道和天地之道成一系統，人心的仁發而為仁義禮智，顯而為中庸和

平。中國詩人歌唱天籟，中國畫家講神韻生氣，中國政治家先天下之憂而憂。　先總統蔣

公乃說生命的目的為創造宇宙繼起的生命。易經生生之理，由形上的變化哲理形為天地一年

四季的循環，因着人心之靈能『知周乎萬物，而道濟天下。』『是以明

於天之道而察於民之用。』（繫辭上，第十一章）上下貫通，構成一種生動的宇宙，成為一系統的生

命哲學思想，此正是「天地之大德曰生，聖人之大寶曰位，何以守位？曰仁。」（繫辭下，第一章）

（曾載於哲學與文化 第七卷、第十一期）

儒家的仁

1. 先儒的仁

（民國六九年七月十五日於國學講習會講）

甲、孔子以仁為修身之道

在書經這本書裏，有講論道德的話，堯典且說『克明俊德』，皐陶謨說『九德』，康誥說『不孝不友』；然而却很少見到仁德的『仁』字。

但是到了論語，則書中充滿了仁字；孔子對於仁字的解釋，意義非常廣泛，也特別深刻，我為各位舉出幾個例子：

「子曰：巧言令色鮮矣仁」（學而）

「子曰：惟仁者，能好人，能惡人。」（里仁）

「子曰：苟志於仁矣，無惡也。」（里仁）

「子曰：……君子去仁，惡乎成名，君子無終食之間違仁，造次必於是，顛沛必於是。」（里仁）

「子貢曰：如有博施於民，而能濟眾，可謂仁乎？子曰：何事於仁，必也聖乎！堯舜其猶病諸。夫仁者，己欲立而立人，己欲達而達人。能近取譬，可謂仁之方也已矣。」（雍也）

「顏淵問仁，子曰：克己復禮為仁，一日克己復禮，天下歸仁焉，為仁由己，而由人哉！顏淵曰：請問其目。子曰：非禮勿視，非禮勿聽，非禮勿言，非禮勿動。」（顏淵）

「仲弓問仁，子曰：出門如見大賓，使民如承大祭，己所不欲，勿施於人。在邦無怨，在家無怨。」（顏淵）

「司馬牛問仁，子曰：仁者其言也訒。」（顏淵）

「樊遲問仁，子曰：愛人。樊遲未達。子曰：舉直錯諸枉，能使枉者直。」（顏淵）

「樊遲問仁，子曰：居處恭，執事敬，與人忠，雖之夷狄，不可棄也。」（子路）

「子曰：剛毅木訥，近乎仁。」（子路）

「子張問仁於孔子，孔子曰：能行五者於天下，可為仁矣。請問之。曰：恭寬信敏惠。恭則不侮，寬則得眾，信則人任焉，敏則有功，惠則足以使人。」（陽貨）

上面每一段答詞，都只說到『仁』的一面，我們把這些話綜合起來，就可以看到『仁』在多方面的意義，孔子對於門生的問答，是就修身的工夫說話。修身有兩方面：一方面是對於自己，一方面是對於旁人。在對於自己說，仁是端重，所以說仁是剛毅木訥，是訥言，是居處恭，是守禮。孔子很重視端重，在言語行事上，處處都要端莊。孔子說：「君子不重則不威，學則不固。」（學而）孔子自己生活的姿態，「溫而厲，威而不猛，恭而安。」（述而）大學和中庸講論修身，特別指出慎獨，慎獨就是端重，獨自一個人的時候，也不能輕佻放蕩，仍舊要謹慎端莊。宋朝理學家便標出『持敬』，作為修身的主要工夫。漢朝揚雄還說明『四重』：「重言、重行、重貌、重好：言重則有法，行重則有德，貌重則有威，好重則有觀。」（法言，修身）

仁在對自己本身的修養，應該是端重，在言語上，木訥少言；在行動上，恭正不苟，端

重的標準則是禮，所以守禮便是仁，在視聽言行上，處處遵守禮的規則。

對於旁人，仁是愛。所以說「惟仁者能愛人」、「己所不欲勿施於人」。又說：「寬則得

衆，信則人任焉，惠則足以使人。」孔子在論語和中庸裏講三達德：「智仁勇三者，天下之

達德也。」（中庸，第二十章）達德的仁，就是愛。

從孔子對於『仁』的解釋，仁字等於修身，包括一切的善德。但是在一切的善德裏，有

一種善德居於中心的地位，可以代表一切善德；這種居於中心地位的善德，就是仁愛。

仁等於修身，因爲孔子說過：「夫仁者，己欲立而立人，己欲達而達人。」立己立人，

達己達人，乃是修身的最高原則和目標。中庸說：「子曰……修身以道，修道以仁。」（第二

十章）

仁爲中心的善德，因爲孔子曾經說：「吾道一以貫之。」（衞靈公）曾子解釋孔子的話，

說：「夫子之道，忠恕而已矣。」（里仁）忠恕都是對人而有的善德，忠是與人有忠信，恕是

推己及人，忠恕便是好好待人。從曾子的解釋，我們可以知道孔子的一貫之道，

乃是仁愛。

乙、孟子以仁爲仁政

孔子的思想，到了孟子，有了很深刻的又很具體的發揮。孟子說：

「仁也者，人也。合而言之，道也。」（盡心下）

這句話非常深刻，仁就是人，仁就是人之所以爲人之理。一個人若沒有仁，便不是人。中庸也說過同樣的話：「修身以道，修道以仁，仁者人也。」（中庸　第二十章）

爲什麽仁是人呢？孟子說：「仁，人心也。」（告子上）人的心是仁，人心爲人的大體。

孟子曾說人有小體和大體，小體爲耳目之官，大體爲心思之官；耳目之官，人和禽獸相同，心思之官纔是人所特有。（告子上）心思之官的大體便代表人，人心既是仁，所以「仁也者，人也。」

人心是仁，孟子以人心生來有仁義禮智四端，四端乃是人性之理，在人心理和情相合，便有惻隱之心，羞惡之心，辭讓之心，是非之心。「惻隱之心，仁之端也；羞惡之心，義之端也；辭讓之心，禮之端也；是非之心，智之端也。人之有是四端，猶其有四體也。」（公孫

• 243 •

丑上）孟子乃講仁義禮智四端，又以仁義代表四端，最後則講仁政，作爲自己思想的代表。

『仁政』的思想，爲孟子思想的中心，仁政就是愛民。大學曾說：「大學之道，在明明

德，在親民，在止於至善。」（大學，第一章）孟子以親民爲仁政，以仁政爲堯舜之道。他說：

「堯舜之道，不以仁政，不能平治天下。」（離婁上）又說：「三代之得天下也以仁，其失天

下也以不仁。國之所以廢興存亡者亦然。天子不仁，不保四海；諸侯不仁，不保社稷，公卿

不仁，不保宗廟。士庶人不仁，不保四體，今惡死亡而樂不仁，是猶惡醉而強酒。」（離婁上）

他引孔子的話作爲根據，孔子曰：「道二，仁與不仁而已矣。」（同上）孟子在週遊列國時，

向諸侯所說的政治理想，回鄉以後，向弟子們談論政治，都以政治爲目標。因此，「仁政」

一詞成了儒家政治思想的代名詞。

丙、漢儒以仁爲元爲本

秦始皇焚書，易經未被燒毀，漢朝儒者在思想上便以易經爲主。易經論宇宙變化，以陰

陽兩氣爲元素。董仲舒以仁爲陽氣。「陽氣煖而陰氣寒，陽氣予而陰氣奪。陽氣仁而陰氣

戾。陽氣寬而陰氣急，陽氣愛而陰氣惡，陽氣生而陰氣殺。是故陽常居實位而行於盛，陰常

居空位而行於末。」（春秋繁露，卷一一，王道通三）。仲舒所列舉陽氣的特性：煖、予、仁、

寬、生、愛，都代表仁愛，於是仁，不僅是人心之德，而也是宇宙萬物的天生特性，因爲宇宙萬物，都由陰陽相合而成。

漢朝儒者特別講五行，以五行爲陰陽的變化，由五行而結成萬物，天地間的事物，便都和五行相配。宇宙的變化在空間的東西南北四方，在時間爲春夏秋冬四季，漢朝易學家將五行配合四方和四季，以仁配東配春，東和春都代表陽氣漸盛，萬物都有生意。易緯說：「夫萬物生於震，震東方之卦也，陽氣始生，愛形之道也，故東方爲仁，立於禮，理於義，定於信，成於智；五者，道德之分，天人之際也。」漢儒以五德爲五常，配於木、火、水、金、土五常。

漢儒思想的中心，在於天人相應，董仲舒以人爲一小宇宙，和天地的大宇宙相配合；因此人的道德也和天地的現象相應，道德的理論由倫理思想進入了宇宙論和形上學的理論。仁乃代表天地的陽氣，代表萬物的化生。

2. 理學家的仁

甲、朱熹以仁爲生爲愛之理

宋朝理學家朱熹，可以說是集儒家思想的大成，他承繼了孔孟的思想，也採納了漢儒的

思想。他論『仁』，由孟子以仁為人性人心的善德，歸到孔子以仁為全德。

「蓋天地之心，其德有四：曰元亨利貞，而元無不統，其運行則為春夏秋冬之序，而春生之氣，無所不通。故人之心，其德亦四：曰仁義禮智，而仁無不包。其發用焉。則為愛恭宜別之情，而惻隱之心，無所不貫。」（朱文公文集，卷六十七 仁說）

仁義禮智為人性之理，惻隱、羞惡、辭讓、是非之心，則為人心之情。惻隱之心貫通羞惡辭讓是非之心，仁德包括義禮智之德。

朱熹以人心有四德配合天地之心有四德，這種思想來自漢儒。然而朱熹不願意停留在漢朝易學家的卦氣之說，他上溯到易經本身。易經以「天地之大德曰生。」（繫辭下 第一章）

朱熹便說：

「天地以生物為心，天包著地，只是生物而已，亙古至今，生生不窮，人物則得此生物之心以為心。」（朱子語類 卷五十三）

天人相應，天地以生物爲心，人得天地之心以爲心，人心便也以生物爲心。

「天地以生物爲心者也，而人物之生，又各得夫天地之心以爲心者也。故語心之德，雖其總攝貫通，無所不備，然一言以蔽之，則曰仁而已矣。」

（朱文公文集　卷六十七　仁說）

生物之心，卽是仁心，仁乃是生。　朱熹說：

「仁者，天地生物之心。」（朱子語類　卷五十三）

「仁是個生理，若是不仁便死了。」（同上）

醫書上以手足麻木爲不仁，麻木卽是沒有生氣。桃杏的生命根源，在於核內的仁，桃仁杏仁就是生命的根。朱熹卻不贊成以仁爲知覺，因爲二程的門生中有人以麻木不仁爲失去知覺爲仁。　朱熹說：

「仁固有知覺，喚知覺做仁，却不得。」（朱子語類　卷六）

生稱爲仁，仁稱爲生，在仁的意義上加了一層形上的意義。生由天地之心而來，天地之心稱爲好生之心，好生之心稱爲天地好生之德。好生之德卽是愛萬物愛生命，天地代表上天，上天因愛萬物而使萬物化生，乃稱爲仁。仁便是好生之德。生稱爲仁或仁稱爲生，就是萬物的化生由於上天之愛，上天之愛表現於天地之心。人得天地之心爲心，人心也愛萬物。

所以朱熹說「仁爲愛之理」。

「愛非仁，愛之理爲仁。心非仁，心之德爲仁。」（朱子語類　卷二十）

「愛雖是情，愛之理是仁。仁者，愛之理，愛者，仁之事。仁者，愛之體，愛者，仁之用。」（朱子語類　卷二十）

爲什麼要呢？每一種物體，都由本性就愛自己的存在，這種存在常動，稱爲生命。凡是生物，更表現對於自己生命的愛。愛自己的生命，就發揚自己的生命，而萬物的生命彼此相

連，一個人愛自己的生命，也要愛別人的生命，而且還要愛萬物的生命。孟子所以說「仁民而愛物」。人若能達到這種境界，孟子說：「萬物皆備於我矣。」（盡心上）

乙、王陽明的一體之仁

王陽明發揮孟子的這種思想，主張一體之仁。人和萬物在生命上相連，因此在愛上也互相貫通。王陽明在「大學問」一文裏說明人為維持生命，要吃肉吃蔬菜吃藥，人的生命便和動物植物礦物的生命相連，人需要動植礦各種物質。人愛惜自己的生命，也就愛惜別的人物的生命。

「故見孺子之入井而必有怵惕惻隱之心焉，是其仁之與孺子而為一體也。孺子猶同類者也，見鳥獸之哀鳴觳觫而必有不忍之心焉，是其仁之與鳥獸而為一體也。鳥獸猶有知覺者，見草木之摧折而必有憫惜之心焉，是其仁之與草木而為一體也。草木猶有生意者也，見瓦石之毀壞，而必有顧惜之心焉，是其仁之與瓦石而為一體也。是其一體之仁也，雖小人之心亦必有之，是乃根據於天命之性，而自然靈昭不昧者也，是故謂之明德。」（王陽明，大學問）

大學以人性為明德，王陽明以明德為仁。人生來知道愛人愛物。就是作惡的人，他心中也有這種明德，祇是被私慾所掩蔽。大學乃說：「大學之道，在明明德。」

儒家的大同思想，在「論語」和「禮運篇」標明四海之內皆是兄弟，孟子講推己及人。張載在「西銘篇」主張：「民吾同胞，物吾與也。」王陽明更建議「一體之仁」，萬物因着仁而成為一體，清末民初的譚嗣同作一篇「仁說」，以仁為通，仁能貫通萬物。「是故仁與不仁之辯，于其通與塞。通塞之本，惟其仁不仁。通者，如電線四達，無遠弗屆。」（譚嗣同，仁說，仁學界說）

仁的思想，由孔子到譚嗣同，常是一貫地流傳在儒家的思想，成為儒家思想的主流。中華民族的傳統文化也以仁道為特徵。在今天世界的國際關係中，這種仁道，還是救世的良藥。以愛對抗共黨主義的恨；以合作撥正自由世界的自私；以互相關懷，以改正民族的自私。世界大同，乃是大家所期望的國際新秩序。

（曾載於哲學與文化 第七卷第九期二六頁）

一 體 之 仁

1.

「聖言開始就與天主同在，萬物是因祂而受造。凡受造的沒有一樣不是由祂而造成的。」

（若望福音第一章第二——三節）在舊約「創世紀」第一章，天主創造天地萬有，都是「說」有，就有了，例如「天主說：有光。」（第三節）「天主說：要有空蒼。」（第七節）「天主說：地上要生出青草。」（第十一節）「天主說：要有光體。」（第十四節）「天主說：水中要繁生蠕動的生物，天空中要有鳥飛翔。」（第二十節）「天主說：地上要生出各種生物，即各種牲畜，爬蟲和野獸。」（第廿四節）天主一說，事就成了。祇有天主用泥土造了人，則是在他鼻口噓了一口氣，人就成了一個有靈的生物。」（第二章第七節）

「創世紀」的話和「若望福音」的話相符合。天主造天地萬物是由聖言而創造。「創世紀」記述「天主說」，「說」即是言，「天主說」即是天主聖言。聖言造天地萬物，聖言便

同，這種生命的意義，是說物體的存在和變動都由自己內部所有精神能而來，所謂內部的精

以說聖言是萬物的生命，這種生命當然和普通哲學上和生物學上所說的生命，由這一方面說萬物都有「生命」，所

若從更高一層或深一層說，萬物都有聖言的精神能，又都分爲有生物和無生物。這種分類是從物體的本性上去說；但

通都分爲精神和物質兩種，又都附在聖言的精神能而存在。在萬物裏普

的生命，卽是一切存有都是由聖言的精神能而有，

的翻譯說：「De tout être il était la vie.」卽是說「他是一切存有的生命。」所謂一切存有

「凡受造的，沒有一樣不是由祂而造成的。在祂內有生命。」（若望福音第一章第三——四節）法文

「精神能」。因此，萬物雖是物質，他們的存在則是附在「精神能」上。「若望福音」說：

主的「精神能」深入每一件物體以內，萬物的所以存在和所以變動的最後之能，便是天主的

萬物的能，也必定是精神。雖然萬物是物質，但是都由精神之能而有，由精神之能存在。天

天主的聖言和天主的神，和天主聖父同體，都是精神。聖言造天地萬物的能和聖神支持

續存在。萬物因天主的『聖言』而『有』，因天主的『神』而繼續『存有』。

沌空虛，「天主的神在水面上運行」。天主的『神』卽是天主的『能』在宇宙間運行，使萬物繼

中造成，萬物須要常有天主的『能』去支持，纔能存在。創造紀述天地剛造成了，一切是混

是天主的能。萬物不是由天主的本體變化而成，而是由天主的『能』從無中造成。既然由無

神能就是天主的神。「創世紀」說：「天主的神在水面上運行。」不僅在水面上運行，而是在宇宙萬物以內運行不止。

因此，宇宙萬物便有一種「神聖」的價值，因為萬物因天主的聖言而受造，又因聖神而存在，且又代表天主的仁愛，而且又回向天主聖父。聖保祿宗徒說在原罪以後，一切萬有都在罪惡中呼號以求解脫，就是說萬物因着人類的罪而不能回向天主，等待基督降生以後，萬物也得來了救贖。在現在彌取第三式的感恩誦（成聖體經）說：「上主，您實在是神聖的，你所創造的造物理當讚美祢，因着祢藉着祢的聖子——我們的主耶穌基督，以聖神的德能還聖化萬有。」一切萬有都有聖神的德能而後纔能存在，纔能變動；而且聖神的德能養育每一物體。一個物體為能被聖化，必須具有精神能。物體的精神力便是聖神的德能，或稱為天主的精神能；這就是萬物的生命。萬物中有些物體，還能在自己的本性裏，表現天主的「精神能」，表現的程度高下不等，人則是以最高程度表現「精神能」。「創世紀」說天主向人的鼻孔噓了一口氣，人從天主得了生命，人是按天主的肖像受造的。

從聖經去看，整個宇宙是活的，是相連的，是表示天主的愛；因為有聖神的德能，即天主的「精神能」在萬物內運行。所以聖教會歌唱說：「普天地頌揚上主」。

2.

聖經的這種思想，在西洋哲學裏沒有表現出來；就是士林哲學也是繼承亞立斯多德的傳統，重在分析，不重體驗，將宇宙和天主分開，避免泛神論，又分別精神和物質，避免唯物論和唯心論。這樣的宇宙便是一個死的宇宙，一個被分解的宇宙。

中國的儒家哲學卻可以表達聖經的思想。

易經說：「天地之大德曰生。」（繫辭下　第一章）朱熹說：「天地以生物為心。」（朱子大全　卷六十七，仁說）萬物的化生，由於天地愛萬物而使萬物化生，化生乃稱為天地的大德，又稱天地的心在於化生萬物。『生』字便和『仁』字相連，仁是生，又是愛之理。天地本來是無心的，又不能有所謂德或心，更不能說天地以生物之心。天地應該代表上天。上天是上帝，有靈明，為無形的精神。

天地怎樣化生萬物呢？由於陰陽相接合而成物。易經說：「一陰一陽之謂道，繼之者善也，成之者性也。」（繫辭上　第五章）陰陽互相接合，繼續變化，乃化生萬物。陰陽不僅變化而成物，就是在物體以內，還是繼續變動，王船山乃說「性日生而命日降。」

儒家以陰陽繼續變化，為一氣在宇宙間運行不停，循環不息。清朝戴東原說：

「生生者，化之原；生生而條理者。化之流。分者其進；合者其止；進者其生；止者其息。……是故生生者仁。條理者禮。斷決者義。藏主者智。智通仁，發而秉中和，謂之聖。」（戴震集 卷八，法象論）

不僅是人有聖，天地也有聖，天地的變易使萬物化生，這種變易具有仁義禮智的道理，即是元亨利貞，而且合於中和之道，可以稱爲聖。

生生的變化，不能是物質，易經說：「陰陽不測之謂神。」（繫辭 上 第五章）「易，無思也，無爲也，寂然不動，感而逐通天下之故，非天下之至神，其孰能與於此。」（繫辭上 第十章）陰陽變易化生萬物，神妙莫測，乃是一種不可見的氣運行於天地之間，這種氣具有精神德能，使萬物繼續變化。

儒家乃以宇宙爲一活的宇宙，有一氣在運行，氣運行而生萬物，萬物又繼續變化。整個宇宙爲一個有生命的宇宙。生命繼續不斷，好似一條大江，流行不息。

宇宙生化的變易，有一定的原則，變易乃不停而不亂，整個宇宙有中和的調協與和諧，好比一曲音樂，高下相合而成一種美妙的樂曲。沒有一個孤立的物體，沒有一個獨立的生命。萬在宇宙生命的流行中，萬物互相連繫。

· 255 ·

物都彼此相連，人也和天地萬物相連繫，這種連繫稱為仁。仁是愛之理，因為人在生命上和

萬物相連，人的心便愛萬物。朱熹說：「天地以生物為心者也，而人物之生，又各得夫天地

之心以為心者也。故語心之德，雖其總攝貫通，無所不備，然一言以蔽之，則曰仁而已矣。」

（朱子大全，卷六十七，仁說）孟子乃說：「仁民而愛物。」（盡心下）王陽明乃說「一體之仁。」（大

學問）

我不說這種思想和聖經的思想是一樣，也不是說這種思想和聖經的思想完全相合，因為

兩者間有許多不同點。但是，我卻敢說：儒家的思想可以解釋聖經的思想，而且較比西洋哲

學更能表達聖經的思想。中國哲學不講分析，而講體驗或體會；分析的對象是客觀的，是靜

止的，體驗的對象是主觀的，是生動的。聖經的宇宙是有聖神德能的活宇宙，是得聖神德

能聖化的宇宙，人和宇宙相連；儒家的宇宙是有一氣運行而成陰陽變化的活宇宙，是由陰

陽繼續變化而有生命長流的宇宙，是有調協和諧而有元亨利貞的宇宙。以儒家的宇宙去解釋

聖經，聖經的宇宙可以解釋明瞭，以聖經的宇宙來提高儒家的宇宙，可以順理成章。儒家的

生生之理，則是儒家哲學的中心點，也是中華民族文化的主流，我很簡單提出這一點要求作

比較研究，亦是為講福音和未來中國文化的關係和方向。

三民主義的仁道──統一中國的基礎

1. 緒　論

許多人問我：三民主義統一中國，對於宗教有什麼影響？我答說：影響很大，民權就是人權，人權就是自由，自由就是宗教自由。在中國大陸，共產主義爲唯物的辯證無神論，以宗教爲人民心理的毒素，有計畫地予以剷除。爲應付實際情形，共產黨辦「愛國教會」，把教會放在無神政黨的統制之下，宗教失去了信仰自由的意義。例如：天主教爲全世界一統的宗教，領袖是羅瑪教宗，「愛國教會」卻嚴禁天主教和羅瑪教宗往來，使天主教會變了質。三民主義不是唯物論，承認人有精神生活，精神生活宜有宗教信仰。國父孫先生和先總統蔣公都是基督教的信徒。在三民主義治理下的臺澎金馬，享有宗教自由，各種宗教按照自己的教義和教規，合理地發展。假使三民主義統一中國，大陸宗教恢復自由，乃是宗教界的大事。

這一點就事實談事實，我們若要研究三民主義的哲學思想，更可以看到三民主義的基本思想和宗教教義的基本信念，互相吻合，更可以明瞭三民主義統一中國和宗教的關係。

我曾經發表兩篇論文，一篇是「由宗教信仰看民生史觀」；另一篇「三民主義和基督信仰」。在兩篇文章裏都研究了三民主義和基督信仰的相合點。在現在這篇文章裏，再要深入研究一個基本的共同點，為加強從事討論三民主義統一中國對宗教的益處，所有的理論根據。

2. 三民主義的基本為仁道

三民主義是一種政治主張，是治國的一種原則。中國最早的一種治國原則是大學。先總統 蔣公在民國二十三年九月十一日對廬山軍官團第三期學員講「大學之道」，在演講開端說：

「我昨天引了總理民族主義中的一段話，提示我們中國固有的政治哲學之精微博大，高明切實，為任何國家政治哲學所不及。所以總理說：『中國古時有很好的政治哲學。我們以為歐美的國家，近來很進步；但是說到他

們的新文化，還不如我們政治哲學的完全。中國有一段最有系統的政治哲學，在外國的大政治家，還沒有見到，還沒有說得那麼清楚的，就是大學中所說的格物、致知、誠意、正心、修身、齊家、治國、平天下那一段話。把一個人從內發揚到外，由一個人的內部做起，推到平天下止。像這樣精微開展的理論，無論外國什麼哲學家都沒有說出，這就是我們政治哲學的知識中獨有的寶貝，是應該保全的。』……大學一書，把個人的內在修省以及向外發揚的道理，發揮到了極致，可以說政治上一切基本的原理都不外此。」

中國儒家傳統的政治思想在於「以人治人」。這種思想不止是行仁政以愛民，而是要自己本人要正心誠意。先總統 蔣公又說：

「所以大學一書，是自古以來傳下的做人做事最根本的原理。」（同上）

政治是先正己而後正人。己和人都是人，政治就是以人治人，也就是自己先好好做人，

· 259 ·

然後使別人也好好做人。

儒家的人，是「倫理人」。人不僅是理性動物，而且是有倫理的人。

人之所以為人，因人有心思之官，心思之官即是心。心生來有仁義禮智之端，如同天地之德，即乾坤，具有元亨利貞，元為始，包括亨利貞。仁為元，包括義禮智。所以孟子書中說仁為人心，又說仁為人。中庸書中也說仁為人心。人既是仁，人為正心正人，便要發揚仁道。

仁道，乃是生命之道。仁為元，元為生命的開始，接着有亨利貞，即是春生，夏長，秋收，冬藏。仁，乃是生命的發揚。人的生命和宇宙萬物相連，不能單獨存仁，王陽明講「一體之仁」。發揚一己的生命，應發揚別人的生命，應發揚萬物的生命。孔子說仁者立己立人；孟子說仁民愛物，中庸說至誠的人，盡己性而盡人性，盡人性而盡物性，以參預天地的發育。

總理在民生史觀中說明人的進化，不像獸類的鬪爭，而是以合作共存；合作共存即是仁道。

總理又常講博愛，並親題「博愛」二字的橫匾或中堂。先總統 蔣公說：

「仁的內容是什麼？就是博愛。在倫理方面推演出來，就是『忠孝仁愛信

又說：

「義和平」八德。在實行方面，其實質就是以『天下為公』的三民主義。」

「民主為宇宙大德的表現，仁愛為民生哲學的基礎，亦即革命的根本條件。」

蔣公又說：

三民主義以民為基本，民以生為本，民生乃三民主義的目的。民生的哲學基礎為仁愛，共產主義革命的根本條件為階級鬥爭，階級鬥爭的哲學基礎，推翻共產主義的哲學基礎。因此仁乃革命的根本條件。這一點就和共產主義針鋒相對，互相衝突。共產主義革命的根本

蔣公又說：

「我們最廣深的理論，以仁愛為出發點，物我內外表裏精粗，都以仁愛為本源。這仁德就是我們中華民族固有的德性，無論對物對人都以此為本。所謂『仁民愛物』。」

仁爲中華民族傳統的德性。易經說：

「天地之大德曰生，聖人之大寶曰位，何以守位？曰仁。」（繫辭下第一章）

孔子在論語書裏很多次講仁，仁卽是孔子思想的「一貫之道」。漢朝儒家講易經，創「卦氣」說，以陰陽五行配六十四卦，再以六十四卦配一年四季，十二月，二十四節，七十二候，三百六十日。六十四卦象徵宇宙的變易，宇宙的變易在一年四季中運行，一年四季的運行爲春生，夏長，秋收，冬藏。宇宙的變易便是五穀的生長，也就表現「天地好生」之德。

宋朝理學家朱熹乃說：

「天地以生物爲心，天包着地，別無所作爲，只是生物而已。亘古至今，生生不窮。人物則得此生物之心以爲心。」（朱子語類卷五十三）

「發明心字，曰：一言以蔽之曰生而已矣。天地之大德曰生，人受天地之氣而生，故此心必仁，仁則生矣。」（朱子語類卷五）

在天地一方面說，為『生』；在人一方面說為『仁』。生是仁，仁是生。在醫書上，手足麻木沒有生氣，稱為不仁。在生物學說：桃仁杏仁，為桃仁的生命之源。天地生化萬物，人發揚自己的生命。發揚生命為仁。朱熹乃說：「仁為愛之理」。愛惜自己的生命，也愛惜人物的生命。孟子乃說「仁民而愛物。」

這種生生不息為仁的思想，由宋朝一直傳到清朝，清朝戴震講生生之仁，清末譚嗣同講大同之仁。

3. 仁道即行的哲學

總理的「孫文學說」為發動革命精神，主張「知難行易」，以突破傳統中的「知易行難」。

先總統 蔣公為解說 總理的思想，運用王陽明的「知行合一」創「行的哲學」。

「古往今來宇宙之間，只有一個『行』字纔能創造一切，所以我們的哲學，唯認知難行易為唯一的哲學。簡言之，唯認行的哲學，為唯一的人生哲學。」

『行』是什麼意義？　蔣公說：

「這個『行』字包含的意義，要比普通所說的『動』廣得多，我們簡直可以說『行』就是人生。……

我們要認識『行』的眞諦，最好從易經上『天行健，君子以自強不息。』一句話去體察。……

凡是眞正的行，他必然是有目的、有跡道、有步調、有系統。……

說到這裏，我再將將行的本義以及與人生關係說一說。古人說：『行』爲性之表，所以『行』亦與生俱來。……

我們可以明瞭所謂『生』，就是人類生活，民族生存，國民生計而『生』。所謂『行』，也應當爲人類生活，羣衆生活，民族生存，國民生計而『行』。人和禽獸的不同，就在於此。古人說：『民之秉彝，好是懿德』，所謂『懿德』就是自立和立人，就是生民從天性上就具備了仁愛的德行，所以我說『行』是與生俱來的。」（行的道理，蔣總統言論彙編第十四册）

蔣公講『行』，從王陽明的良知出發。王陽明以良知爲心的本體，心自然靈明，自然發

而為知。心自然的發而為知，就是『行』。蔣公也說宇宙的自然運行卽是『行』，這就是中庸所說的誠。中庸說：「誠者，天之道也；誠之者，人之道也。」（第二十章）天自然運行，天的運行化生萬物，自然是善。中庸說：「誠者，天之道也；誠之者，人之道也。」

（第五章）陰陽之道自然繼續運行，人的心自然「行」不息。心為仁，為明德，心的「行」，便是「明明德」，便是「誠」，便是「良知」，便是「仁」。吳經熊資政說：「行的哲學妙在能用一個行字，貫通天人及大自然。蔣公在哲學上最偉大的貢獻，就是他把行字同良知良能及大自然法呵成一氣，使人人發憤而為頂天立地的大丈夫。」（註一）

人心是仁，心自然流行為行，行便是仁的自然表現。蔣公所以說：「所謂懿德，就是自立和立人（七），就是生民從天性上就具備了仁愛的德行。」

4. 三民主義的仁和天主教教義的仁

我雖不主張由天主教教義去解釋三民主義，但我則主張由天主教教義去研究三民主義。前年，秦孝儀主任編民生史觀論文集，邀請專家由各種學術方面去看民生史觀。他邀請我寫一篇由宗教信仰去看民生史觀，我答應了，也寫了這篇文章。但是當時很匆忙，沒有從仁字方面去看民生史觀，現在我就補充所缺的這一點。

普通，從宗教信仰去看三民主義，常從倫理方面去看。從倫理方面去看，三民主義和天主教的教義不但不相衝突，而且很相合。再者，從政治方面去看，三民主義主張平等自由，主張私產制，這也和天主教教義相同。現在，我從『仁』去看三民主義和天主教教義，則可以看到兩者在思想的基礎上相合。

仁是三民主義的哲學基礎，在這一點上，總理和先總統 蔣公繼承了中華文化的傳統。『仁』不僅是一種德行，而是人之所以為人的理由，即是人的本性，人若是不仁，便不是人，和禽獸無異。

天主教的教義的基本，在於相信最高尊神——天主，又相信天主教救人而降凡的基督。

聖若望宗徒說：

「仁愛是出於天主；凡有仁愛的，都是生於天主，也認識天主；那不愛的，也不認識天主，因為天主是仁愛。天主對我們的愛在一樁事上已顯出來，就是天主打發自己的獨生聖言，降凡人世，好使我們藉着他得到主命。」（若望一書 第四章）

天主是仁愛，不僅具有仁愛的德行，而是天主的本性就是仁愛。一切的愛都由天主所

生，人的心由天主所生，人心即是仁愛，仁愛乃是人心的生命。不幸，人類因罪惡而泯沒了

自己的心，乃不愛而恨而妒，天主遣聖三的第二位聖言降凡人世，犧牲自己以贖人罪，以他

生命賜給人們，人乃重新有仁愛，這種仁愛是出於天主，而是和天主同性質的愛。因此，

仁，是天主教義的基本。

三民主義的仁，來自儒家的傳統。儒家以天地之心為仁，化生萬物，人得天地之心為

心，仁乃是人之心，就是人之所以為人之理。仁，在三民主義思想中為哲學基礎。先總統

總理和先總統　蔣公都是虔誠的基督信徒，都懷有悲人憫世的愛心。先總統　蔣公講求

『天人合一』，以『仁』而組合。他們的三民主義，即是中華民族傳統文化的結晶。以三民

主義統一中國，是在中華文化的傳統基本上去統一中國人。若從宗教立場去看，也是在天主

教義的基礎上統一中國。

註一　吳經熊　蔣總統的精神生活　頁四四　華欣文化事業中心出版

（原載於民國七十一年十一月六日　臺北　中央日報）

行的哲學與中國傳統哲學精神

1.

中國哲學的特點在於講論生命，西洋形上學以『有』為研究對象；『有』為一最普遍的觀念，也為一最單純又最抽象的觀念。『有』在人所認識的對象裏，為第一個對象；在人的思維裏，為最基本之點。宇宙中的一切都是『有』，每一客體也是『有』。

『有』加上一個『存』字，表示實際存在之有，西洋哲學研究『存有』，就是研究萬物的最基本點。知道了『存有』是甚麼，明瞭了『存有』的理由，認識了『存有』的價值，我們便可以進而研究物體和人，再進而研究人生。

中國的哲學則以『有』為生。物體從本體方面去看是『有』，萬物稱為萬有，從實際方面去看是『存在』，從存在的內容方面去看是生命。生命即是生化，即是『行』。凡是物都不是靜止不動的，而是靜中有動。

易經為中國第一部哲學書，易經的哲理講論宇宙的變易。宇宙的變易，以乾坤，陽陰，天地代表兩種變易的原素，兩種原素運流不息，互相結合互相分離，循環周轉，宇宙乃變易不停。這種不停的變易，目的在於『生生』，「繫辭」乃說『生生之謂易。』（繫辭上 第五章）「夫乾，其靜也專，其動也直，是以大生焉。夫坤，其靜也翕，其動也闢，是以廣生焉。」（繫辭上 第六章）易經以萬物的化生，由於天地相交，「天地感而萬物化生。」（咸卦 象曰）易經「天地不交而萬物不興。」（歸妹卦 象曰）「泰，則是天地交而萬物通也。」（泰卦 象曰）易經以宇宙間為一生命的洪流，長流不息，乃說「天行健，君子以自強不息。」（乾卦 文言）

易經的思想在中庸裏很系統地表現出來。中庸第二十二章，以至誠的聖人，發揚了自己的性而發揚人性而發揚物性，發揚物性乃能參天地的化育。天地的化育在於化生萬物。人性和物性都有生理，發揚人性物性，就是發育生理使人物有舒暢的生存。性之理便是生之理，發揚生之理稱為誠。『誠者，天之道；誠之者，人之道。』（中庸 第二十章）天地的生化常是自然不息，誠是天地的特性。人則有自由，可以按照人性之生理使自己的生命發揚，也可以反背人性之天理而摧殘自己生命。人的生命在於精神，人性的生理為精神生命之理，即孟子所說的仁義禮智四端，為人心生來所有。人要誠於自己精神生命之理，發揚而有聖人的全德的浩然之氣。

宋朝理學家繼承了這種生命之理的思想，朱熹以理一而殊。天地萬物所有的性理同一，這同一之性理爲生命之理，好像西洋哲學的存在之理，每一物都存在，每一物也就有生命之理。存在由靜一方面去看，生命由動一方面去看。但是同一生命之理，在每一物中又不相同，因爲生命的表現程度不相同。在礦物裏，生命不能表現，在植物裏生命稍有表現，在動物裏生命的表現較高，在人則生命全部表現，朱熹說物得理之偏，人得理之全。原因在於人得天地的秀氣，人心最靈明。人心具有善的本性，善的本性稱爲明德，『明明德』就是發揚人性的高尚生命，就是《中庸》之『誠』。王陽明以善的本性爲良知，發揮良知使見於事，乃是致良和，是知行合一。

理學家又稱人的心爲仁。朱熹說人得天地之心爲心，天地以生物爲心，化生萬物乃是仁，人心便是仁；因爲仁卽是生，桃仁杏仁指着桃和杏的生命中心，手足麻木不仁指着手足沒有生命。每物每人旣有生命，生命自然而然有表現，每物每人就都要求保全自己的生命，也要求發揚自己的生命，沒有一物一人自己摧毀自己。仁便有愛惜的意義，稱爲『愛之理』。

孔子乃說仁者立己立人，達己達人。

萬物旣都有同一的生命之理，（生命指着動的存在）在生命上便彼此相連，張載乃在「西銘」說「乾稱父，坤稱母，……民吾同胞，物吾與也。」王陽明在「大學問」主張人和萬物在仁

上為一體，即『一體之仁』。

這種生命哲學思想，為中國的傳統哲學思想，也是中國哲學的特色。

2.

蔣總統在思想方面，可以說有五部基本的書：大學，中庸，陽明傳習錄，三民主義，聖經。從這五部基本書裏結成了一種中心思想，即是『行的哲學』。行的哲學上承中國傳統哲學的生命哲學，下開中國將來哲學的途徑。

蔣總統對於行的哲學有一篇演講，題目為「行的道理」。在這篇演講裏，總統蔣公很明顯地說明行的哲學為生命哲學。（蔣總統言論彙編第十四冊）

「古往今來宇宙之間，只有一個行字纔能創造一切，所以我們的哲學，唯認知難行易為唯一的人生哲學，簡言之，唯認行的哲學，為唯一為人生哲學。」

「這個『行』字所包含的意義，要比普通所說的『動』廣博得多，我們簡直可以說『行』就是『人生』。……人生自少到老，在宇宙中間，沒有一天可脫離『行』的範圍。可以說人是在『行』的中間成長。……我們要認識『行』的眞諦，最好從易經上『天行健，君子以自強不息。』一句話上

易經以宇宙因氣而變易不息，氣有陰陽；陰陽因結合之道繼續變易，生化萬物。每一物體無論人或物，也都繼續生化。每一物的生化即是生存的變易，就是稱為生命。生命的變易乃是行，行是自然的，是出自本性的，是生命的表現，是生命的完成。在人的生命上來說，人的生命的表現和完成，乃是人心的仁道的表現和完成，也就是明明德，就是誠，就是致良知。

蔣總統說：「所謂行，祇是天地間自然之理，是人生本然的天性，也就是我所說的實行良知。」

生命自然有變易，變易自然繼續不息。生命的變易就是行。生命沒有行便活不了，便是死的，便已經不是生命。蔣總統說：「宇宙與人生，無時而不在行進之中，……無一刻是真正休止而不行。」

（繫辭上 第五章）所以『行』常是善的。蔣總統說：「動則多半是他發的，行是應乎天理順乎人情的。……就其結果和價值來說：動有善惡，而行則無不善。」

生命的自然發揚和完成，乃是生命的善，易經說「一陰一陽之謂道，繼之者善也。」

但是人為什麼不常是善而多是惡呢？因為人有自由作主的心，心能受私慾的掩蔽，行不能表露。大學所以講『明明德』，中庸所以講『誠之』，王陽明所以講『致良知』。蔣總

去體察。」（同上）

統乃講『力行』，「我們以革命為『力行』，為天下倡，就是造成普遍的風氣，恢復人類的本性，亦就是要恢復我們民族固有仁愛的德性。」

3. 結　語

從上面很簡單的說明，可以明瞭地看出『行的哲學』，就是生命哲學，而且是人的精神生命之哲學。這種哲學繼承易經，中庸，大學，和宋明理學『生生為仁』的思想，在今日的中國予以發揮，以貼合　總理所講的『知難行易』和王陽明的『知行合一』。最後再進一步發揮中庸參天地化育的理想，以基督的博愛而愛人，達於和造物主——上帝（天主）的『天人合一』。

這種哲學思想指示中國哲學在將來發展的途徑。第一，說明中國哲學的中心思想並不是昨日黃花的老古董，而是在今日仍舊具有生活的魄力。第二，指示中國哲學在將來仍舊須要繼續發揚精神『生命哲學』，在天地人物的大結合中顯出生命的活力，使人的精神浩然與天地相終始，而且能超越宇宙以上，和絕對精神的造物主相接。這種哲學絕對不是唯物的辯證論，也不是祇講認識論的洛克，休謨，和康德以及現象論的主張，並不是僅看現實的美國實用主義，而且較比常在焦慮中的存在論更適合人生。這種哲學乃是中國的生命哲學。

十翼和論語中庸大學的比較研究

「十翼」是否為孔子的著作，在中國學術史上是一樁重大的問題，近代考據家的意見大都認為「十翼」不是孔子的作品，而是漢代人的偽作。因此，有些學人講中國哲學史，把十翼作為漢朝初年的書籍。這樣使它們的思想在中國學術上的價值大為減低。

從我研究中國哲學的經驗，我認為易經是中國第一冊哲學書。書中的思想對於漢代宋代的思想，影響很大，假使「十翼」完全是漢朝人的偽作，這種現象便不容易解釋。

我不是研究考據學的，更不擅長歷史考據；但是在歷史研究法裏有一種間接的考證，就是從所考證的書所有的思想方面去研究，我用這種方法，可以考證「十翼」的思想是孔子的思想；但中間夾雜有漢朝人的學說。

間接考證「十翼」的辦法，是把「十翼」的思想和論語、中庸、大學的思想作比較研究。論語、中庸、大學都不是孔子的著作，論語是孔子弟子記述孔子的言詞，中庸、大學是孔子再傳弟子記述孔子的話。因此，這三本書的思想乃是孔子的思想。「十翼」除「說

卦」、「序卦」、「雜卦」三篇所有的主要思想，和論語、中庸、大學的思想相合。這樣，我便承認「十翼」的思想是孔子的思想，不過，並不承認它們的文字是孔子自己寫的。寫書的人，必是孔子的弟子或再傳弟子。司馬遷史記曾記述了易經的傳授史，直接溯到孔子。

為作這種比較研究，我舉出孔子的幾種重要思想。

1. 共同點

甲、仁

孔子曾說：「賜也，汝以予為多學而識之者與？對曰：然。曰：非也，予一以貫之。」（論語 衛靈公）孔子對曾參也曾說過這樣的話：「參乎，吾道一以貫之。曾子曰：唯。子出，門人問曰：何謂也？曾子曰：夫子之道，忠恕而已矣。」（論語 里仁）

孔子自己說自己的思想有一個中心點，以這個中心點可以貫通他的全部思想。這個中心點，雖然曾子說是忠恕，實則是個「仁」字。仁在論語書裏佔着很重要的位置，不僅是孔子說仁的次數很多，而且孔子以仁在聖以上。他自己說：「若聖與仁，則吾豈敢！抑為之不

厭，誨人不倦，則可云爾已矣。」（論語 述而）

仁字的意義很多，宋朝理學家，有兩種主要的解釋，一是以仁為生之德，一是以仁為愛

之理。

孔子的倫理原則在於「法天」，他說：「大哉堯之為君也！巍巍乎，唯天為大，唯堯則

之。」（論語 泰伯）

天的偉大處，孔子說是在於使萬物生發，「天何言哉！四時行焉，百物生焉，天何言

哉！」（論語 陽貨）孔子願意效法天的偉大處，『予欲無言』不言而行天的大事。易傳說：

「天地之大德曰生，聖人之大寶曰位。何以守位？曰仁。」（繫辭下．第一章）論語裏以天地不

言而使萬物生發，「繫辭」則明明說天地之大德曰生，聖人仿效天的大德便是仁。「繫辭」

中這種仁的思想和論語的思想相合。

中庸第二十二章說至誠的人，發揚人性和物性，「則可以贊天地之化育。可以贊天地之

化育，則可以與天地參矣。」中庸以至誠之人為聖人，至誠之人乃是誠於自己的人性，即是

『率性』之人。率性之聖人，贊天地的化育，參與天地化育萬物的工程。易經泰卦「象曰：

泰，小往大來，吉亨，則是天地交而萬物通也。」天地生萬物，為易經的重要思想，又是

中庸的重要思想，也和論語的思想相合。中庸沒有講仁，但是說：「致中和，天地位焉，萬

物育焉。」（第一章）這種思想即是發育萬物的仁道，大學講仁，「一家仁，一國是仁。」（第九章）「仁者，以財發身，不仁者，以身發財。」（第十章）大學的仁為愛。論語講仁：「夫仁者，己欲立而立人，己欲達而達人。」（論語 雍也）這種愛由仿效上天好生之德而來，愛的理由在於好生，好生便是仁。好生是愛惜物的存在，每個人愛惜自己的存在，願意發揚自己的存在，也就愛惜別的人、物之存在，助他們發揚存在。這種思想在論語、中庸和易傳裏，互相連貫。

生生的思想為易傳的中心思想，乾卦的象曰：「大哉乾元，萬物資始乃統天，雲行雨施，品物流行。」坤卦的象曰：「至哉坤元，萬物資生，乃順承天。坤厚載物，德合無疆，含弘光大，品物咸亨。」乾坤為易卦的元始卦，也是六十四卦的母卦；這兩卦的意義乃是萬物生生的根源。因此整個六十四卦都和萬物生生有關係，「序卦」一篇裏講六十四卦的次序，就以生生為標準。「有天地，然後萬物生焉。……屯者，盈也；屯者，物之始生也。……蒙者，蒙也，物之穉也。……」「序卦」全篇的解釋雖不免有牽強附會的痕跡，不能為孔子所說，然而以生生為六十四卦的基礎，則符合易經的思想。「易傳」說：「天地絪縕，萬物化醇，男女構精，萬物化生。」（繫辭下 第五章）因此「易傳」乃說：『天地之大德曰生。」這種生生的大德，在聖人方面乃是仁。這一立即是孔子的思想。

乙、中庸

『中庸』的思想在孔子的思想中和『仁』相連，有中庸纔能有仁。孔子曾說：「四時行焉，百物生焉。」天爲使萬物生發，乃分日月的運行爲四季，四季是爲使寒暑得其時，而能有風調雨順，萬物乃能發生。

『中庸』的善德，在合於中道，不偏不倚，不過而及。所謂合於中道，是說『中節』，即是恰到好處。「喜怒哀樂之未發謂之中，發而皆中節謂之和。中也者，天下之大本也，和也者，天下之達道也，致中和，天地位焉，萬物生焉。」（中庸 第一章）所謂中節，並不是中道的一條呆板的規矩，而是合於此時此地的道理。例如孝子葬親，要看親的身份和兒子的身份，又要看喪親的時代，合於身份和時代的喪禮，纔算是中庸，時、地兩字在中庸裏意義很大。例如第一章說「致中和，天地位焉。」天地的位，即是在適合的地位。第二章說：「君子之中庸也，君子而時中。」朱熹注說：「以其有君子之德，而又能隨時而中也。」這是說『時』字對於中庸的重要。第十四章說「君子素其位而行，不願乎其外。素富貴，行乎富貴；素貧賤，行乎貧賤。……」朱熹注說：「素，猶見在也。言君子但因見在所居之位而爲其所當爲，無慕乎其外之心也。」爲所當爲，就是中庸，所說的當爲，要看所在的位。

孟子稱讚孔子爲『聖之時者也。』他說「孔子之去齊，接淅而行。去魯，曰：遲遲吾行也，去父母國之道也。可以速而速，可以久而久，可以處而處，可以仕而仕，孔子也。」孟子曰：「伯夷，聖之清者也；伊尹，聖之任者也；柳下惠，聖之和者也；孔子，聖之時者也。」（萬章下）朱熹注說：「愚謂孔子仕止久速，各當其可，蓋兼三子之所以聖者而時出之，非如三子之可以一德名也。」可見『時』字在儒家思想中的重要。至於『位』，在孔子的思想裏也很重要，「子曰：不在其位，不謀其政。」（論語 泰伯）曾子曰：「君子思不出其位。」（論語 憲問）朱熹注說：「此艮卦之象辭也。」

時和位，在易經裏乃是一種基本的思想，因爲天地生物，常要合於時地。卦在易經裏爲天地變化的象，卦由爻而成，爻的變化在於位置，所以位是卦變的基礎。卦既是天地變化的象，天地變化不僅在空間裏也在時間裏，爻的地位也就代表時間。例如乾卦的六爻，每爻代表一個位，也代表一個時；「初九，潛龍勿用。九二，見龍在田，利見大人。」初爻，代表潛龍的地位，也代表龍潛在的時候，結論是「勿用」。第二爻，代表龍在田的時候，結論是「利見大人」。每一地位和每一時候，都有適合的結論。按照適合的結論去做，就是『中庸』。

但是易經的象象，特別看重中爻的地位，卽第二爻和第五爻，稱這兩爻的地位爲中。又

以陰該居下，陽該居上，故陽在第五爻爲正，陰在第二爻爲正。在一個卦裏，若陰在第二爻，稱爲中正；陽在第五爻或第二爻，稱爲中正，有中正的卦，算爲好卦。例如蒙卦䷃第二爻爲陽爻，「象曰……蒙亨，以亨行，時中也。」需卦䷄第二爻和第五爻都是陽爻，「象曰……需……位乎天位，以正中也。」師卦䷆祇有一個陽爻，居在第二爻，「象曰……師……正也。能以眾正，可以王矣。」履卦䷉祇有一個陰爻，居在第三爻，「象曰……履……剛中正，履帝位而不疚，光明也。」訟卦䷅第二爻和第五爻都是陽爻，「象曰……訟……利見大人，尚中正也。」

定吉凶的原則，通行於之六十四卦。「易傳」說：「若夫雜物撰德，**辨**是與非，則非其中爻不備。噫！亦要存亡吉凶，則居可知矣。知者觀其象辭，則思過半矣。二與四同功而異位，其善不同。……三與五，同功而異位，三多凶，五多功，貴賤之等也。」

（繫辭下　第九章）「易傳」以中爻能辨是與非和吉凶存亡，中爻雖指二三四五爻，然四爻之中，以第二爻第五爻爲多譽多功，這就代表易經貴重時位的中。時位的中即是中庸的中和，也就是

孔子和後代儒家所說的中庸。「易傳」沒有提出中庸兩字，然而中庸兩字的思想則由時位的

因爲第五爻是陽爻。這種以爻的中正時位而

中以表現。因此，「易傳」在這種重要思想上，和論語、中庸相符合。

丙、君 子

為了不把這篇講演拉的太長，我祇再舉出另一個重要的思想，即是關於君子的思想。

諸位誰若讀論語，便見到篇篇都有『君子』兩字。論語的這種現象本是聖人，但他知道認為『君子』的名詞是孔子特別提出來作為人格的標準。孔子的人格標準本是聖人，但他知道聖人不是一般人所能做到的，他便提出『君子』作為一般人修身的標準。「子曰：聖人，吾不得而見之矣！得見君子者斯可矣。」（論語 述而）孔子在論語裏說出君子的各種善德，君子好義，君子勉力於做人之道。在大學和中庸裏也多有談君子的話，大學以君子慎獨誠意，君子有諸己而後求諸人。中庸以君子中庸，君子和而不流。中庸而且有幾章專講君子之道。所以可見『君子』的思想為孔門的重要思想。孟子也把『君子』作為理想的人格。但是我們若去看老莊的書和墨子的書，則就看不見他們講『君子』的話。君子的人格，乃是孔子所建立，流於後世，成了儒家的傳統。

我們現在翻開易經一看，『君子』的名詞也滿書都是。在六十四個卦的「象曰」，幾乎都用君子的美德來解釋卦象，也就是以卦所象徵天地的變化，運用到君子的人格上，成為君子的一種美德。乾卦的象曰：「天行健，君子以自強不息。」坤卦的象曰：「地勢坤，君

子以厚德載物。」屯卦的象曰：「雲雷屯，君子以經綸。」蒙卦的象曰：「山下出泉，蒙，

君子以果行育德。」這種例可以繼續下去，幾乎到六十四卦。而且每次提出君子法天地變化

而有的美德，都是合符論語、中庸、大學所講君子的美德。這一點正是作證孔子講論易經，

由宇宙運行之道，轉到人生之道，把卜卦的吉凶，由倫理的善惡去替代；一方面實行法天的

原則，一方面使倫理規律取得形而上的根據。孔子暮年時曾說，若再給他數年，專心學易，

可以明易理（論語 述而），「繫辭」下第五章舉出幾個例，表示孔子怎樣把易經的卜筮詞，

應用到倫理道德。

2. 不同點

甲、不同點

但是我們並不能因着上面所說而認爲「十翼」的思想都和論語、中庸、大學相符合。

「易傳」裏有些思想，在論語、中庸、大學裏沒有，而且有的還是相反。

「十翼」文章的作法，和論語、大學不相同，這是因爲內容的性質不相同，論語是語

錄，大學是以各章分別註解第一篇經，「十翼」的「象」、「象」、「文言」，爲卦爻的說

明，「繫辭」，「序卦」，「說卦」，「雜卦」，則說明卦和『易』的意義，因此都是說明思想的，爲哲學的文章，和中庸的文體有些相近，因此，宋明理學家研究性理，以易經和中庸作爲基本文據。

「十翼」的思想的中心點，在於講論宇宙的變易，變易由乾坤爲元素。乾爲剛，坤爲柔；乾爲陽，坤爲陰；乾爲天，坤爲地。陰陽乾坤的思想，在論語、中庸、大學裏沒有。天地的思想，則在中庸和論語裏有。中庸說：「天地之道：博也，厚也，高也，明也，悠也，久也。」（第二十六章）論語有孔子所說：「天何言哉！四時行焉。」（陽貨）易經講宇宙變化，變化由陽陰乾坤而運行，這是中國的宇宙論，爲中國的形上學，這一點不是論語和大學所講的。中庸則講到形上宇宙論，說明「誠者，天之道也；誠之者，人之道也。」（第二十章）這種宇宙變化的程序，爲易經思想的骨幹，在論語、中庸、大學都沒有。所以然的理由，是易經的卦已經先孔子而有，孔子講易，是解釋卦意，不是自己創造學說，這樣，關於易卦的變化所有的思想，當然在論語、中庸、大學裏沒有。而且，據歷代學者注解論語所說：「加我數年，五十以學易。可以無大過矣」（述而）乃是孔子晚年所說。

「十翼」所講的數，更是和論語、中庸、大學的思想不相符合。「數」爲卜筮之用，以成所卜得的卦。然而易傳將「數」從卜筮延伸到哲學的範圍內，給與「數」字一種宇宙變化

的思想。「引而伸之，觸類而長之，天下之能事畢矣。」（繫辭上 第九章）但是「數」的思想，和論語、中庸、大學的思想並不相衝突，「數」為卜筮，卜筮為求知吉凶，吉凶操之在鬼神。在「繫辭」論「數」之後，便說：「顯道神德行，是故可與酬酢，可與祐神矣。子曰：知變化之道者，其知神之所為乎。」（繫辭上 第九章）乾卦「文言」說：「夫大人者，與天地合其德……與鬼神合其吉凶。」中庸第二十四章說：「至誠之道，可以前知，國家將興，必有禎祥，國家將亡，必有妖孽，見乎蓍龜，動乎四體。禍福將至，善，必先知之，不善，必先知之；故至誠如神。」一般的人用卜筮去求知將來事件的吉凶，聖人至誠則自己和鬼神相通，事先知道吉凶。

乙、相衝突點

歐陽修曾作易童子問三卷，在第三卷他指出易傳中自相衝突之點，如乾卦「文言」以卦有四德，稍後卻又說祇有兩德。又如「繫辭」以八卦源出河圖洛書，又以伏羲氏觀天地之象作卦，再又說卦出於蓍法。歐陽修乃說：「何獨繫辭焉？文言說卦而下，皆非聖人之作，而眾說淆亂，亦非一人之言也。」「其曰原始反終，故知死生之說。又曰：精氣為魂，遊魂為變，是故知鬼神之情狀云者，質云夫子平生之語，可以知之矣。」

「繫辭」下第五章，引孔子的話以解釋易經，所引孔子的話和論語、中庸、大學所有孔子的話，有時相衝突，如「往者屈也，來者信也，屈信相感而利生焉。」孔子素不言利，在論語中常以義爲重，以利爲輕；而且對於吉凶禍福，孔子也主張不要多說，所說的該是善惡，「易傳」竟說『而利生焉。』「說卦」第一章說：『窮理盡性以致於命』，和論語所說孔子很少談性命，互相衝突。至於「說卦」講卦的位置，講卦的象和卦的次序，也和論語、中庸、大學所有孔子的思想互不相合。

從上面所說的相合和不相合兩方面的事實看來，「十翼」不是出於一個人的手筆，決不是孔子自己的著作。孔子的著作祇有春秋，然而論語、中庸、大學的主要思想必定是孔子的思想，弟子或再傳弟子記述時，參加了別的思想。「十翼」的作者，也是孔子的弟子或再傳弟子。書中的主要思想是孔子的思想，書中還有其他許多思想則是作者所收集的思想。胡適之以易經的主要觀念，爲易、象、辭。他說：「孔子研究那時的卜筮之易，竟能找出這三個重要的觀念。」（胡適之　中國哲學史大綱，卷上，頁九十一）

方東美曾極力反對考古學家以「十翼」爲漢朝人的著作，主張易經代表孔子的思想。我認爲易經爲中國第一册哲學書，爲中國形上學的根本。書中的主要思想爲孔子的思想，書的作者則是孔子的弟子或再傳弟子。

書經、詩經以及後代儒家的「天」

在儒家的形上學裏，易經爲第一册書；在儒家的人生哲學裏，書經詩經則爲最早的文獻。詩、書的人生哲學觀念雖不很多，但是其中有一個觀念對於儒家以及中華民族的生活和思想，有着很深刻的影響，這個觀念就是『天』。

講社會學的人，常以文明起於宗教信仰，又常把文明分爲幾個時期，例如宗教信仰或神權神學時期、哲學思想時期、科學技術時期。這種講法就大體上，可以說是正確的，歐洲文明和亞洲文明都經過這種階段。但是對於非洲文明來說，則就從未開化時期而躍入開化時期，從宗教信仰時期，跳入了科學技術時期，並沒有所謂哲學時期。再者在歐洲和亞洲的文明裏這種進化的階段雖很顯明，然而不是正反合的辯證式，而是互相融洽的方式，在哲學時期仍舊有神學，也有宗教信仰；在科學技術時期，宗教信仰、神學和哲學也一併存在。

在中華民族的文明裏，『天』的觀念貫通這三個階段，成爲中華民族文明的基本要素。

在夏商周的書經詩經時代，天的觀念爲宗教信仰。在漢唐宋明的儒家哲學裏，天的觀念爲人文哲學的基礎。在現代的科技時代，天和自然相合，成爲研究的對象。

1. 宗教信仰的天

社會考古學者，考證各原始民族的信仰，漸漸地走向一個歷史的事實，即是最原始的宗教為一神教。多神教的各種崇拜為原始一神教的嬗變，圖騰崇拜，精靈崇拜，人鬼崇拜等等宗教，都在失去一神的觀念後纔起來，各地所有的崇拜對象和方式都不相同，也不依循一致的途徑。中華民族的原始宗教信仰，不必要經過圖騰方式。在人類進化到理智運用最高的時期，又再回到一神的信仰。這一點可以證明一種推測，即是最原始的一神信仰，來自神的啟示，原始人的理智並不能由人自己而想到，經過了長久的時期，人們失去了這種啟示的宗教知識，乃由自己的心理感受，編造各種的神靈信仰。

中華民族的原始宗教信仰，現在可以知道的是甲骨文所記錄的和書經、詩經所記載的。從這幾種古代文獻的記載，我們可以知道中華民族的原始宗教信仰為一神信仰，即是『天』。雖然原始宗教信仰也崇敬別的天神地祇和神鬼，然而『天』被尊為至高的崇拜對象，其餘的神祇都在『天』以下，又不是一般人所要崇拜的。

中華民族文明所有的最古文獻為卜筮的甲骨文。可能不是一樁偶然的事，甲骨當然可以在土中保存；然而當時朝廷用的金屬書簡也可以保存，到現在却沒有發現。這一點至少證明

・288・

一事，就是當時中國人的宗教信仰很盛，支配一切人事。

金文和石鼓文也是一種很古的文獻，稍在甲骨文以後。《書經》和《詩經》的時代雖不能絕對確定，然而大致來說，和甲骨文以及金石文的時期相同，兩書的內容也證明了當時中國人的宗教信仰非常濃厚。

宗教信仰對於民族思想的形成所有的影響，可以從多方面去看；從生活的價值，從政治的制度，從倫理道德，從哲學的形上論，都由宗教信仰去形成。

甲骨文和金石文的天，《書經》和《詩經》的天，有同樣的宗教涵義，都指着宗教信仰中的最尊神靈。現在我們有考古學者和宗教史學者的著作，解釋在文字方面，天字在原始的意義。這些學者也說明《詩》、《書》中的『帝』字，也和『天』字一樣都指同一最尊神靈。

我們不去考證天和帝在文字學上和宗教史上的遞嬗，是天字在先呢？或是帝字在先？我們所要研究的，是宗教信仰的天，在中國思想史所有的地位。

甲、一神信仰

天字的最始意義，是指着蒼蒼的形天。形天在人的頭上，甲骨文和金石文的天字，都像一個人伸開雙手，頭上頂着東西，所頂的東西就是蒼蒼的天。

《說文》解釋天字：「天者，巔

也，至高無上也。從一從大。」

從甲骨文、金石文、和書經、《詩經》裏所有天字，通常都指着一位最高的尊神。這位尊神的稱呼有好幾個：帝，上帝，天，上天，皇天，皇天上帝。名稱雖在字面上不同，實際上都是指着同一位尊神：這位尊神爲中華民族有史以來的宗教信仰。

中華民族所信仰的天，爲有位格的神，和印度的梵天不同，和天主教及基督教所信的尊神則在基本上相同，因此天主教稱所信仰的尊神爲天主，基督教稱爲上帝。

天是一位尊神。中華民族在統制上很注重領袖的唯一，俗語云「天無二日，民無二王。」在人世的最高統治者祗能有一個，在宗教信仰上的尊神也祗有一位。

但是從古以來，天地常一同併出在中國人的心目中。宗教方面的祭祀有郊社之祭：郊祭天，社祭地，同爲祭祀中的最高的祭祀。在易經的思想裏，天地常是併立。不過，郊社之祭具有等級的分別，在祭禮上郊祭最隆重，社祭較低。郊社都是祈福感恩的祭祀，祈求天地豐賜收穫，感謝天地能得豐收。農事的收穫爲五穀的長成，五穀的長成靠天靠地，風調雨順是靠天，土地肥沃是靠地。在農人的生活裏，天地同樣重要，因此皇帝代表人民擧行郊社祭祀。但在一般的信仰裏，天特別高，地居其次；天不稱神，地可稱爲神，神在天以下。

秦漢時五行的思想盛行，支配一切，在宗教信仰方面乃有五帝的祭祀。五帝的祭祀起於

秦朝，成於漢代。齊郯衍按所倡五行的思想，倡言天有五常，青、黃、赤、白、黑，循環用事，以配四方四時。漢文帝在渭陽立五帝廟。《史紀封禪書說：「同宇，帝一殿，面各五門，各如其帝色。祠所用及儀，亦如雍五畤。夏四月，文帝親拜霸渭之會，以郊見渭陽五帝。」於元十五年，西元前一六五年，文帝祭五帝，儒者上書說：「天一而已，而曰有五帝，非古也。……夫帝一而已，安得有五。」鄭玄又以皇天上帝立在五帝之中，乃有六帝六天之說，宋神宗卽位元年卽下諭罷六帝的祭祀，祇祭上帝，因六天之說，爲鄭玄的異說。

乙、精神體的尊神

中華民族所信的天，不像古希臘人所信的邱匹特；邱匹特爲神而人化，追逐戀愛和表揚仇恨，天則是無形像的精神。「上天之載，無聲無臭。」（詩經 大雅，文王）書經和詩經沒有講『神』的特性，易經和中庸則說明『神』是無形的精神體。易經說：『神無方而易無體。』（繫辭上，第四章）「惟神也不疾而速，不行而至。」（繫辭上，第十章）中庸說：「鬼神之爲，其盛已乎！視之而弗見，聽之而弗聞，體物而不可遺。」（中庸，第十六章）天雖不是鬼神，但在鬼神以上，更是不可見不可聞的精神體。

神爲精神體或精神性，在中國哲學裏是一個普通的觀念。凡稱爲神的，都有精神的特性，

漢儒和宋明理學家都稱人的心為神，就是因為動作，「不疾而速，不行而至。」而且靈妙不可測。

上天既是無形無像的精神體，祂和人們的關係怎樣可以建立呢？這種關係的建立，不能是一端，以眼耳為關係起點的人，一端是不能見聞的精神；而是須要兩端有同樣的性質；因此中國古人觀察自己的生活，以天象代表上天的工作，這些工作乃是天人關係的基礎。中國古人以宇宙常常運行，運行目標為生生，生生的根源則來自天地，於是天人的關係，乃建立在人和有形的天地之間，有形的天地代表無形的上天。在祭祀裏便有郊社之祭，在易經裏便以天地乾坤為生命之源，荀子、王充和宋明理學家便以天代表自然。在詩經裏已經以有形天代表無形上天的思想，「悠悠蒼天，此何人哉！」（詩經，泰離）「彼蒼天者，殲我良人。」（詩經，黃鳥）「昊天疾威，敷于下土。」（詩經，小旻）以有形的蒼天代表上天，理由很簡單，因為古人相信上天是在蒼天之上，蒼天為上天的住所。中國普通人要發誓，常指天作誓。

丙、天生神物

「天生蒸民，有物有則。」（詩經，蒸民）「天作高山，大王荒之」（詩經，天作）上天造生人物，乃是中國從古到今的一個民眾化觀念。

中國思想裏，造物者的觀念也很普遍，就連莊

子也有。中華民族原始的信仰，相信上天爲人物的創造者。後代的中國人，常常保全這種信

仰。歷代的中國人家裏，都供有『天地君親師』的神位牌，信天地爲生命之本。

中國古人的信仰沒有上天創造人物的說明，不說上天怎樣創造了天地。至於盤古開天

地，女媧氏造人，則是古代的神話，不屬於宗教信仰…中國古人從來沒有祭祀盤古和女媧。

『天造人物』的信仰，對於中華民族的思想影響很大，歷代的農人都是『靠天吃飯』。

但是對於中國的哲學則不見有什麼影響。

西洋的哲學，以神學爲基礎。這是因爲西洋的人民都信仰天主上帝。西洋哲學認定宗教

信仰爲人生的規範，因此便認定上天創造萬物爲宇宙的源起，在哲學裏不講宇宙源起的問

題，祇有在最古的希臘哲學裏有粗俗的論說。西洋宇宙論講『物』的意義，研究『物』的構

成素。西洋形上學講『有』的意義，研究形上的基本原則。宇宙源起則在自然宗教哲學裏討

論。西洋古代哲學和神學不能分離；若是把神學和哲學分開，哲學便對於宇宙和人生，有許

多基本問題沒有辦法交待。西洋的現代哲學則離開神學而和科學相連，把宇宙的源起問題交

給科學，形成和古代哲學的脫節。

中國的哲學不以宗教信仰爲基礎，因爲中國人對於宗教信仰的評價和西洋人的評價不

同。西洋人以宗教信仰爲整體人生的規範，一切都要以宗教信仰爲依據，哲學也包括在內。

中國人以宗教信仰祇是人對神靈的崇拜，宗教信仰所包括的祇有神的敬禮。雖然後來佛教傳入中國，把整體人生包括在宗教信仰以內，然而中國人雖然信佛，却不採納佛教的哲學。

因此，中國哲學沒有天造人物的問題，却另以太極或道作為宇宙的起源；且進而討論宇宙萬物生化的歷程，老子有道的生化歷程，易經有太極的生化歷程，宋朝周敦頤作太極圖，以說明宇宙萬物的源起和生化的經歷。中國的宇宙論，乃是宇宙的源起論，包括形上學的『有』，又包括宇宙論的『物』。

但是中國的哲人，却不因為自己的哲學思想而拋棄自己的宗教信仰。荀子和王充講自然之天而仍舊信靈明的上天，宋明理學家講理性之天也仍舊信神明的上天。

2. 自然之天

現在一些中國學者，講述中國古代思想史，特別強調中國古代宗教信仰的變遷。他們認為書經詩經的位格上天信仰，到了春秋戰國時已經變成了一種形天的信仰，由着形天的觀念，再進到『自然』的觀念，因此書經和詩經的上天，變成了自然的形天。所謂形天，並不是僅指着蒼蒼的形天，而是指着自然界的現象。

春秋戰國時的宗教生活，人神雜處，各國所信的神靈，糅合一起。書經和詩經初期所信的上天，被羣神信仰所掩蔽。

胡適之曾說：「這是秦帝國的宗教，其中最尊的大神仍是秦民族的上帝四時，最時髦的仍是秦民族的『陳寶』；而地方舊祠祀，如齊之八神，周之杜主，以及各地的名山大川，都成為這國教的一部份。天地，日月，星宿，山川，都是自然界的實物；杜主等是人鬼，陳寶是物神。故秦的國教是一種拜物，拜自然，拜人鬼的宗教。」⑴

徐復觀說：「按春秋時代，在進步的貴族間，天已由宗教的意義演變而為禮的根源的意義，此為儒家所承，而成為道德的最高根據，這當然是價值的意義。」⑵

「古代天由宗教的意義，演變而為道德價值的意義，或自然的意義，這都不足以構成天的哲學。因為這只是由感情、傳統而來的『虛說』，點到為止，沒有人在這種地方認真地要求由貫通而來的體系。到了董仲舒，才在天的地方，追求實證的意義，有如四時，災異。更以天貫通一切，構成一個龐大的體系。他這不是直承古代天的觀念發展下來的，而是直承呂氏春秋十二紀紀首的格套，內容，發展下來的。……天由四時之運行而見。四時雖春夏主生主長，秋冬主收主藏，但必先有生與長，春秋應同篇中所說的『與元同氣』。四時由氣候不同，春主生，夏主長，秋主收，冬主藏，……這便是呂氏

然後才有收與藏。所以呂氏的賓客們，實際是把天的功能重點，放在『生』與『長』的上

面。政治上的布德施惠，慶賞教化，都配在春夏；實際上政治設施的重點，也收在德惠教化

方面。董氏的天的哲學，便是由此而發展下來的。」(3)

唐君毅談論儒家的人生觀，以儒家肯定人世現生為重點，以孔子的「未知生，焉知死？」

為最高範疇。他說：

「此儒家之思想，要在對於人當下之生命存在，與其當前所在之世界之原始的正面價值

意義，有一真實肯定，即順此真實肯定，以立教成德，而化除人之生命存在中之限制與封

閉，而銷除一切執障與罪惡所自起之根，亦銷化人之種種煩惱苦痛之原。人之成德，要在循

序而成，以由今至後，由近而遠，由本之末。……故亦必不可先神而後人，先念天堂地獄而

後人間，先念前生來世，而後此今生。」(4)

「吾意首當細認取：前所謂吾人生命之生於此世界，初為一破空而出之一赤裸裸之生

命，乃表現一先天的空寂性，純潔性，而為一善之流行，為第一義。亦即以自覺的超越忘去

此生命之來處，以及其超越的根源，為第一義。……由上所說，則生命之存在，自當有其超

越的形上根原，亦依此根原之有而有。……此形上根原在中國儒家名之為天，而此理即天

理，此道為天道，吾人之生命存在之其此理此道為性，為天性，亦為人性。」(5)

上面所引三位當代學人對於中國『天』的意義的轉變歷史。胡適所說爲由位格的精神尊神信仰變到自然物的信仰。但是對於這種信仰的轉變，並不是自然物的信仰代替了位格的尊神之信仰，而是在位格的尊神之信仰以外，加上了，也滲雜了自然物的信仰。漢朝有五帝的信仰，然而位格的尊神之信仰仍舊存在，漢武帝行封禪之禮，就是在泰山祭皇天上帝。宋朝的皇帝廢五帝祭祀，恢復古代的郊祭，繼續了古代位格的尊神之信仰。

徐復觀所講的演變，是中國哲學上『天』的意義之演變。這種演變是在漢代的天人感應說裏表現出來。這種學說的代表是董仲舒。但是王充在另一方面也代表漢代自然的天之思想。這種自然的天之思想是一種哲學思想，但有宗教信仰作根據。由宗教信仰的位格尊神演變爲自然的天，這種演變是一種增加水流，而不是斷絕水源而另開信仰之源。漢朝人仍舊信有書經詩經的皇天上帝，但他們又信皇天上帝和人的關係，由自然的天而表現，卽是以自然之天爲皇天上帝的表形。

當然在一般人的單純信仰裏，自然的天可以代替了位格的精神尊神。

唐君毅所說的儒家思想，爲由宋明理學家所演變出來的義理之天。在下一段我必加以研究，在這一段裏我研究的是——自然之天。

在中國哲學上自然之天的思想，當然以老子爲先。儒家的自然之天，則以荀子爲開路的

人。

荀子在天論篇強調人爲能够勝天。他所謂的天即是指自然界的物和現象。「大天而思

之，孰與物畜而制之；從天而頌之，孰與制天命而用之；望時而待之。……故錯人而思天，

則失萬物之情。」(天論篇) 這個天，和易經所用的天地之天，意義相同，都是指着自然。荀

子恨當世人「不遂不道而營巫祝，信讒祥。」(史記 荀卿列傳) 一切都要隨着天意。他以法家的

精神提倡禮法，以正人心。他本主張性惡，然很看着『善』，『善』爲僞，僞爲人爲。在禮

樂方面，人要以自力來改正天性的『惡』；在國家建設方面，人要以自力去改正自然的阻

荀子在宗教信仰上，信有皇天上帝；因爲他在書裏，表示這種信仰；但他不願意把皇天

上帝和自然現象合而爲一，他敬仰皇天上帝，却要物畜自然而加以制裁。

董仲舒的哲學思想，可以說是建築在『天』的意義上。他的『天』，是自然的天。但他

提倡自然之天和荀卿提倡自然之天，目標互相對抗，荀卿反對戰國社會的迷信，想把自然之

天和皇天上帝分開，董仲舒則把自然之天和皇天上帝相連。「在春秋繁露裏，天有兩種意

義：一種指着無形無像的最高上天，一種指着由事物可現的自然之天。這兩種天似乎互相混

合，又互相衝突，使現在研究董仲舒思想的人感到困惑；因爲他一方面看到他誠心信仰上天，

一方面又看到他講人和形天的合一，便不容易了解他對於『天』究竟有什麼意義。」(6)

董仲舒以人配天，「唯人獨能偶天地。人有百三十六節，偶天之數也。形體骨肉，偶地

之厚也。上有耳目聰明，日月之象也。體有空竅理脈，川谷之象也。心有哀樂喜怒，神氣之類也。……天以終歲之數成人之身，故小節三百六十六，副日數也。大節十二分，副月數也。內有五臟，副五行數也。外有四肢，副四時數也。乍視乍瞑，副晝夜也。乍剛乍柔，副冬夏也。」（春秋繁露 春十三，人副天數）這個『天』，完全是形天，是自然現象。董仲舒以自然之天和人身相合，解說天人合一，牽涉到皇天上帝。

尤其是漢朝，人們相信天人感應，人事所招引的感應。這種思想在呂氏春秋裏很濃厚，在淮南子裏也有，為漢朝最流行的思想。天人感應的天為自然之天，而天人所以感應是在於氣的同類相應，那麼天人感應之天乃是氣所成，不能是無形無像的位格尊神。但是我們不能夠肯定說這種自然之天代替了位格尊神之天，更不能說漢朝人祇信自然之天而不信皇天上帝。追究這是以皇天上帝的信仰為根本，自然之天代表天意行賞行罰，以祥瑞災異而表現。在一般社會上人的心目中，自然之天和皇天上帝相混，中國人的宗教信仰有了演變。不過，在詩經裏所說的『悠悠蒼天』，就有這種意義。同時，皇天上帝的信仰，依舊存在。

這種自然之天的信仰，造成一切都詢問神意的迷信，較比荀卿當時的迷信為重。漢朝有識之士，都起來反對天人感應所造成的讖緯。王充便是其中最有代表性的學人。

思想相同。

王充回到荀子的自然之天，以天無意志，因天沒有口目；不能看，不能言，當然不能和人事有感應。「夫天道，自然也，無爲。如譴告人，是有爲，非自然也。黃老之家論天道，得其實矣。」（論衡，譴告篇）因此，他反對讖言。但是他却很相信妖，但不信神；所謂神，是人死後的神鬼，書經詩經的皇天上帝，王充仍舊相信。

3. 義理之天

義理之天來自法天的思想。儒家的人生理想在於法天，以天爲生活規範。

「天生蒸民，有物有則」的話。天所定的規律，爲人生活的規範。天所定的規律，稱爲天道。在詩經裏有天道的觀念，在書經和詩經裏，和天意天命相同，所謂天意天命卽是上天之命。在易經

漢朝人所講的自然之天，在天人感應說裏，和位格尊神的皇天上帝相混，但並不互相衝突或互相否決，漢朝人信皇天上帝，也相信自然之天。在自然天道的學說裏，自然之天和易經的天地之天相同，代表陽氣。王充在自然篇說：「天地合氣，萬物自生，猶夫婦合氣，子自生矣。……或說以爲天生五穀以食人，生絲麻以衣人，此謂天爲人作農夫桑女之徒也，不合自然。」這種思想則又和易經所講天地好生之德不相同了，而是和老子的『天地不仁』的

裏則是自然界的原則。易經的卦，以三爻代表天地人，卦的意義代表天道人道地道。卦的來

源呢？則是伏羲氏仰觀天象，俯察鳥獸之跡，卽是觀察自然現象而畫成的。易經的天道可以

說是自然律。

孔子以禮作為人生規範，「非禮勿視，非禮勿聽，非禮勿言，非禮勿動。」（論語 顏淵）

禮的來源本於天，所謂天，指着易經的天道，然也指着書經的天意。

中庸則以性作為人的生活規範，「天命之謂性，率性之謂道。」人性為人生之道，中庸以

至誠的人為最高尚的人格，至誠的人就是盡性的人。

這種思想在漢朝中斷了，到了宋朝繞由理學家重振起來，加以發揚。

理學家的思想以易經為根據，以中庸大學為骨幹。周敦頤作太極圖，演變易經的宇宙變

易論。張載講太虛之氣，以宇宙的元素為氣。二程由氣而到理，朱熹乃有理氣的學說。宇宙

萬物都由理氣而成，而理氣却不能分離。人有理氣，理為性，氣為形；形限制理，理範圍

氣。人的一切，以理為根基，氣則是形成理的表現。人的氣為清氣，因此人表現理的形式為

靈明，人的靈明是心；心旣是靈明，理便能全部表現，因此人的理是偏是全。

理是人性，性為天生，理便是天理。所謂天理，卽是自然之理，為人天生所有之理；因

此便可以稱人的理為天。朱熹說：「性者，人所受之天理。」（朱子語類 卷五）程頤說「在天

朱熹又說：「天之賦於人物者謂之命，人與物受之者謂之性，主於一身者謂之心，有得於天而光明正大者謂之明德。」（朱子語類·卷十六）程頤和朱熹都說：天、理、性、心、命，在名詞上都不同，在內容上所指的客體同是一個，祇是觀點不相同。天是從來源方面去看，性是從人方面去看，心是從動方面去看。簡單來說就是《中庸所說的「天命之謂性」。

理學家以天命爲人生來所有者，這個天命不是指皇天上帝的命。天是自然，而這種自然的本體是理，天卽是理。人，天生就有理，理是人的性，人的生存和活動，都按照性理去成就。理學家的哲學研究到這一點就止住了，沒有再追上去，天命的天究竟是什麼？唐君毅說：「生命之存在，自當有其超越的形上根原，亦依此根原之有而有。……此形上根原在中國儒家名之爲天，而此理卽天理，此道卽天道。」

唐君毅以人的生命根原，是超越形上的天。這超越形上的天，究竟是什麼？是天理嗎？天理可以說是本體方面的生命根源。人的生命由理和氣而結成，理既是天，天便是生命的根源。然而這種根源只是原素式的根源。若問理和氣由何而來？答是天生如此。天生究竟是由何而來，則說是天命。天命又是什麼？再往上追，祇能假定有一最後的實有體，或說是『道』或說是『太極』。但都不能解說所追問的問題，需要進入宗教信仰纔有答覆。將天命的天，

（二程全書 伊川文集五，頁十）

解釋為位格的尊神——皇天上帝，要說「天作人物」。

理學家所講義理的天，乃是易經所說：「一陰一陽之謂道，繼之者善也，成之者性也。」（繫辭上，第五章）為解釋人之所以為人的理，和人的生活之理。在哲學上為形上學的本體論。

這個天字，來源還是來自宗教信仰之天。書經講天命，為皇天上帝之命。理學家講天命，認為自然之理，然而自然之理之所以，理學家祇能說是天生的或自然而有的。實際上所謂天生的或自然而有的，在儒家的思想裏，應該和書經所說的皇天『天作人物』相連貫，纔能表現儒家的整體思想。

義理的天可以說是相當於自然，天理相當於自然。在近代歐美的哲學裏，也有這種思想，有皇天上帝作根基。皇天上帝為精神體，由上帝而來的宇宙便不完全是物質，而是具有心靈的。理學家講自然天理，同時却也強調靈明的人心。人心為靈，為精神，能知。理學家主張心物並存。因此理學家便不能以物質為人生存的根本。雖然唐君毅以天為超越形上的。但若不以超越形上者為絕對精神體，天必要落為物質的自然。

辯證唯物論把這種思想推到了極點，而且也應當說是必然的結論。因為若一切都以自然為根本，宇宙當然是物質的宇宙，宇宙一切都是物質。

儒家雖然根據易經的思想，以天地代表形天，而又以天代表天理；然而在形天和天理的後面，有皇天上帝作根基。

中國哲學注意生命，無論儒家道家佛教，都是人的生命哲學。生命哲學常講生命的由

來，生命的意義，和生命的發揚。道家的生命哲學以道爲生命的根源，以自然爲生命的意

義，以人合於道爲生命的發揚。佛教以因緣論爲生命的根由，以解除痛苦爲人生的意義，以

入涅槃爲生命的發揚。儒家則以天爲生命的根本，以仁爲人生的意義，以天人合一爲生命的

發揚。

4. 天人合一

天人合一的思想在易經上很明顯地表現出來。易經的天人合一思想，以聖人爲主體。聖

人的心靈光明純潔，能够洞悉天道，明瞭天地變易的奧妙。易經繫辭說：「聖人有以見天下

之蹟，而擬諸其形容，象其物宜，是故謂之象。聖人有以見天下之動，而觀其會通以行其典

禮，繫辭焉以斷其吉凶，是故謂之爻。」（繫辭上，第八章）「是故，天生神物，聖人則之；天

地變化，聖人效之。天垂象見吉凶，聖人象之。」（繫辭上，第十章）

聖人既因心靈的清明，洞悉天地變化的奧妙，又因心靈的清明，沒有情慾的紛擾，能够

在一切行動上合於天道。易經以這種境界爲天人合一的境界。「夫大人者，與天地合其德，

與日月合其明，與四時合其序，與鬼神合其吉凶。」（乾卦，文言）這種天人合一的境界是知

和情的境界，而所謂天，為自然之天。然而這種自然之天，不是老子的自然之天，乃是皇天的表現。易經講天地好生之德，好生之德表示皇天上帝『天生神物』之德。

中庸的『誠』，為天人合一的道徑和方法。「誠者，天之道也；誠之者，人之道也。」（中庸 第二十章）朱熹註釋「天之道」為「天理之本然」，「誠」為「真實無妄」。誠的對象為性。中庸說明至誠的人能盡自己的性，而後盡人性，終而能夠「贊天地之化育」。（中庸 第二十二章）「可以贊天地之化育，則可以與天地參矣。」朱熹註說「贊天地之化育」與天地參，謂與天地並立為三也。」天地人並立為三，代表宇宙萬物，也是易經的思想。中庸的「與天地參矣」，有天人合一的價值與境界。至誠的人，與天地合一；合一之道在於贊助化育，即是在於仁。易經也說：「天地之大德曰生，聖人之大寶曰位。何以守位，曰仁。」（繫辭下，第一章）中庸的天人合一和易經的天人合一相貫連，然已進了一步指出了天人合一的內容。內容即是好生之德，既然是好生之德，雖說是『贊天地之化育』，歸根仍然要歸到「天作神物」的皇天。

宋明理學家承接易經中庸的思想，周敦頤講『誠』，張載講聖人清虛之氣，都能達到天人合一。但張載更進而講「乾稱父，坤稱母，予茲藐兮，乃渾然中處。故天地之塞，吾其體，天地之帥，吾其性。民吾同胞，物吾與也。」（西銘）人與天地同體，這種思想應該是由

他的太虛之氣而發展出來。天地萬物同具一氣，雖氣分清濁，然都是一氣。一氣的天地萬物，可以說同是一體，因此以『物吾與也』。同是一體的結果，在於人與萬物相通，萬物各按次序，互相貫通共存。人因所具之氣爲清氣，乃有靈明之心，人以靈明之心，體會並體驗萬物一體，『大其心，則能體天下之物。』（正蒙・大心篇）。心體萬物，卽是愛萬物，愛就是仁，就如孟子所說：『仁民而愛物』。

王陽明更明白提出一體之仁，以人爲保存生命，需要動物植物和礦物，吃肉吃蔬菜，吃藥石，這一點表示人的生命和動植礦等物相連，可稱爲一體之仁。因着生命相連，彼此便相關，相關便不能互相殘殺，而應互相愛護；因此生生之仁而進爲愛之理，人心要愛萬物。在相連和相愛而實現天人合一。

愛之理爲仁，是朱熹的思想，朱熹曾著一篇「仁說」，以人得天地之心爲心，天地則以生物爲心。天地生物而愛物，人心既是和天地之心相同，也應該生物而愛物。人心能體驗這種仁心，便是天人合一。朱子的『天地之心』，所謂爲自然天理，然而在天理的後面，應該是皇天以生物愛物爲心。

先總統 蔣公曾說：「我們中國『天人合一』哲學思想，乃是承認了『天』的存在，亦

就是承認了『神』的存在。故『天曰神』，又曰『神者，天之本，而爲萬物之始也。』(7) 這種解釋，爲一種符合中國思想傳統的正確解釋。若祇以天人合一的天爲自然天理，儒家和道家，孔子和老子，便沒有分別了。

惟有『天人合一』的尊神論者，纔能樂道順天，不憂不懼，安心立命。」

5. 結　語

儒家的天，首先的意義，爲宗教信仰的位格尊神。這種宗教信仰從古代流傳到現今；而且在中國歷代的祭天郊祀裏常被保存。歷代儒家的學者，沒有不信上天的，孔子和孟子信仰上天，荀子也信仰上天。漢朝董仲舒和王充都保有這種信仰，二程和朱熹，以及王陽明、王船山都信天而敬神。

在中國宗教信仰的變遷過程裏，漢朝人最相信形天，主張天人感應，讖語流傳社會，把形天混在皇天上帝的信仰裏，使哲學的思想也以形天作人生的根本。

理學家破除漢朝人的迷信，追踵孔孟而回到《易經》和《中庸》，以天命之性爲人的根本，天命既是天理，天理卽是自然之天。理學家講論人的本體，止於理和氣。然而天理之天，和自然之天，不能是形天；因爲若是形天，則墮於唯物論。

因此，儒家的義理的天和自然之天，都和宗教信仰之天相連貫。義理之天為自然之天的演變，自然之天為形天的演變，形天為皇天上帝的演變。在演變的歷程裏有宗教信仰的演變，又有哲學的演變。但是演變的結果，自然之天和義理之天，並沒有摧毀古代宗教信仰之天。

我們祇要看北平的天壇，就可以知道中國歷代社會都保留了上尊神的信仰。

註：

(1) 胡　適　中古思想史長編　頁五一四　民國六十年。

(2) 徐復觀　兩漢思想史　卷二，頁四三六，學生書局　民國六十五年。

(3) 徐復觀　兩漢思想史　卷二，頁三七一。

(4) 唐君毅　生命存在與心靈境界　下冊　頁八三六，學生書局　民國六十六年。

(5) 同　上　頁八六七，八七一。

(6) 羅　光　董仲舒哲學思想　頁一一，輔仁大學人文學報第六期。

(7) 蔣經國　風雨中的寧靜　頁三─四。

中國哲學與宗教

1. 中國古代的宗教

在輔仁大學召開的國際哲學會開幕詞裏，我曾論中國哲學與宗教，但因為是開幕詞，不宜太長，我只寫了稍為詳細的大綱，却並沒有發揮。今天，在宗教與文化的研究班，我便就這個問題，向大家作一次系統的講演。

宗教，就普通的意義說，是對於有超越性的神靈所具的信仰。這種意義只能說是宗教信仰，由信仰而發生敬禮，宗教便有敬神的儀典。因有儀典，便應該有舉行儀典的人，宗教乃有司祭。既有司祭，便應該有聯繫，有從屬，於是便有宗教組織。這種宗教稱為有組織的宗教。

我國古代的宗教，在漢末道佛兩教成立以前，沒有宗教的司祭，沒有宗教的組織，只有宗教信仰，也有宗教儀典。沒有信仰，當然沒有宗教；有了信仰，必定表之於外，便有祈禱和祭禮。祈禱可以私人舉行，祭祀則是公開儀典，應有人主禮。禮記說：

「天子祭天地，諸侯祭社稷，大夫祭五祀。天子祭天下名山大川，五嶽視

三公，四瀆視諸侯。諸侯祭名山大川之在其地者。」（王制）

中國古代只有宗教信仰和信仰的表現儀典，儀典的主禮人，卽是負責管治民衆的官員。

皇天后土爲全民族所敬拜的神靈，敬禮由一國之主的皇帝主禮，其他神靈的敬禮由地方官主

禮，家族祖先的祭祀由族長和家長主禮，這一點表現中國古人以信仰生活爲人生的一部份，

宗教敬神的敬禮爲社會活動，由社會主管人負責。

中國最初的宗教信仰，現在可以考據的，是甲骨文的卜辭。甲骨文中有「帝」，帝卽書

經中的上帝。書經和詩經的年代有的較比甲骨文還早。這兩冊古書中充滿了「帝」和「天」

的信仰。「帝」多用在商代，及商代以前，「天」則多用於周代。帝或上帝或皇天上帝，天

或上天，都指着同一的尊神。在現代的商周銅器中，有毛公鼎和宗周鐘的銘文，銘文中刻有

「皇天」，「唯皇上帝」。足以證明中國最初的尊神信仰。

當對人在信仰尊神以外，還信仰別的神靈。從書經裏我們可以看到有上下神祇的信仰，

上天的神靈爲日月星辰風雨雷電的神明，地下的靈祇，爲山川湖海和家屋的五祀。

在書經詩經的時代，上帝的信仰很虔誠，人君的政治都奉天命爲依歸。到了春秋戰國，周室皇位的權威日形衰弱，終至於被霸主所淹沒；於是上天的信仰也漸式微，鬼神的崇拜越來越廣，以至人事的吉凶，幾乎都決於鬼神，詢神問卜的風很盛，孔子乃說：「敬鬼神而遠之。」（論語 雍也）左傳關於鬼怪的紀錄很多，屈原九歌更顯出有物類的精靈。戰國末年的齊國的術士，更信神仙，倡言長生不死之術。五行的思想產生了五帝的說法，幾乎亂了上天尊神的信仰。民間的鬼神信仰及在漢末產生了道教，道教與起的同時，佛教由印度傳入中國。道教和佛教有信仰，有祈禱和祭祀，有司祭的道士和僧尼，便成爲有組織的宗教。因此，普通講中國的宗教，常講道教和佛教，對於中國古代的宗教，雖有人稱爲儒教，然其實只能說是中國古代的宗教信仰。

對於宗教信仰的意義，在書經和詩經的時代，人都認爲上天信仰乃是政治的基礎，也是人行善行惡的監督。到了孔孟時代，孔孟都相信天命，作爲自己一生的規範。在後代的中國人心理上，上天的信仰和命運相連，人到了窮困時則呼天。

2. 中國古代宗教與哲學

宗教和哲學的關係，在中西的哲學裏互不相同。西方的宗教信仰，從羅瑪帝國以後，只

有天主教（基督教）的信仰。天主教的信仰對於人的生活，在平面和縱面上都包括一切，有如中國的孝道，把兒子的一生所有的行動都涵蓋在內，兒子的一切善行為孝，一切惡行為不孝。天主教的信仰支配整體的人生，指示人生的來源，啟示人生的歸宿，以倫理的誠律，規範人的一切行動。因此一切學術都以信仰為準繩，學術不會反對信仰。哲學既為研究事物的最高理由，更不能違背信仰的啟示。而且信仰還須要理智去解釋，哲學便視為信仰的解釋者。

方東美先生說這是從宗教的途徑去研究哲學。

中國古人對於宗教信仰，則視為人對於神靈的關係，這種關係的實現是人對於神靈的敬禮，敬禮的意義為求福免禍。求福免禍的行動，不是研究事理的理由，故不進入哲學以內。中國古代哲學所研究的對象，以人的生命為中心，由生命在人心的表現，而和宇宙萬物相連，進而研究宇宙萬物的生命，然後歸到至誠以贊天地化育的至善。方東美先生稱為從人文的途徑去研究哲學。至於現代的西方學者，多以科學包括規範一切學術，哲學也以科學為原則，則是從科學的途徑去研究哲學。

（方東美　中國哲學的智慧　中國文化月刊　民六八年十一月號，頁六五）

不過，透過宗教研究哲學，並不否認哲學的獨立性，也不是以現世的宇宙和人生為虛妄，而只追想形上的世界。例如聖多瑪斯的哲學為實在論哲學，深深地研究事物的本體。同

樣，透過人文研究哲學，並不否認宗教的信仰，更不是以人作宇宙的絕對主人翁。只有抱守

狹見的學者，以科學爲萬能，除科學實證外沒有學術，則透過科學研究哲學，哲學便排斥宗

教信仰，同時，哲學本身也失去了意義。

甲、中國古代形上思想與宗教

中國儒家形上學以易經爲根本，易經講宇宙的變化，講生命的來源。宇宙變易來自太

極，太極自身有內在的變易，太極變易乃生陰陽，陰陽互相結合而有四象和八卦。

「易有太極，是生兩儀，兩儀生四象，四象生八卦。」（繫辭上 第十一章）

陰陽的變易，繼續不斷，乃化生萬物。

「一陰一陽之謂道，繼之者善也，成之者性也。」（繫辭上 第五章）

陰陽繼續變易，萬物乃得化生。易經以這種變易而化生萬物，爲天地好生之德，所以

說：

「天地之大德曰生。」（繫辭下 第一章）

天地有德，而且有心有情。易經在解釋卦辭時，許多次說到天地之心和天地之情，例如：

「象曰：復見其天地之心乎。」（復卦）

「象曰：觀其所感，而天地萬物之情可見矣。」（咸卦）

「象曰：觀其所恒，而天地萬物之情可見矣。」（恒卦）

天地而有德，有心，有情，這不能是象徵式的說法，而是代表古代儒家思想，以天地代表造物主上天。易經在形上的宇宙變易論裏，沒有包括宗教尊神的信仰；但是在生命的哲學裏則含有宗教信仰。例如：

「象曰：大有上吉，自天祐也。」（大有卦）

「象曰：先王以樂崇德，殷薦之上帝，以配祖考。」（豫卦）

「象曰：天命不祐，行矣哉。」（無妄卦）

「六二，王用享於帝，吉。」（益卦）

「象曰：利有攸德，順天命也。」（萃卦）

這些卦的象或彖，說到上帝和天，乃是表示易經對於生命，相信有上天的照顧。道家的形上學爲道德經，道德經以道爲萬有的根由。道自動自化，由道之無而生有，由有而生陰陽。

「道生一，一生二，二生三，三生萬物。萬物負陰而抱陽，冲氣以爲和。」

（道德經 第四十二章）

道爲無，有爲氣，氣分陰陽，陰陽調和而有和氣，乃化生萬物。在這種化生過程中，沒有宗教信仰。老子只相信盲目的自然，以天地爲不仁，萬物自生自滅，受自然的支配，否認有天地好生之德。莊子却承認有造物者，在「大宗師篇」和「應帝王篇」就明明說出「偉哉

· 315 ·

造物者！」「彼方且與造物者為人（偶）。」「予方將與造物者為人（偶）。」而且在「齊物論篇」

還說：「若有眞宰，而特不得其朕。」郭象注說「萬物萬情趣舍不同，若有眞宰使之然也。」

莊子是否相信上天尊神，很難根據上面的文據而予以確定。然而他既承認有造物者，則有點

似乎易經，在生命方面相信有神。

　　漢朝的儒者，有經學家和易學家，兩者都受當時社會篤信鬼神的影響，而有天人感應的

思想。天人感應以上帝和人民所行的善惡，在天地的自然現象裏引起感應。行善有祥瑞的感

應，行惡有災異的感應。感應是種預兆，也是種警告，表示上天將予賞罰。呂氏春秋、淮南

子、春秋繁露等書都有這種思想。他們的理由，在於宇宙萬有，無論物體或人事，都由陰陽

之氣而成。人事之氣，可以引起宇宙間同類之氣的感應。呂氏春秋說：

　　　「類因相合，氣同則合，聲比則應。」（應同篇）

　　易學家更以陰陽五行，配合六十四卦，再以六十四卦配合一年的四季，十二月，二十四

節氣，七十二氣候，三百六十五日；又以干支配合日時，五行又能配合到天上的星辰和神

明；整個宇宙萬事萬物，都受五行的支配，神和人之間沒有距離。

宋朝理學家擯棄了漢朝人的思想，直追易經和中庸大學的根源。周敦頤作太極圖說：

「無極而太極，太極動而生陽，動極而靜，靜而生陰，靜極復動。一動一靜，互為其根。……陽變陰合，而生水火木金土。……無極之真，二五之精，妙合而凝，乾道成男，坤道成女，二氣交感化生萬物。萬物生生而變化無窮焉。……」

這幅萬物生生圖，不含有宗教信仰，只綜合易經的太極兩儀和漢朝的五行，繪畫了萬物化生的過程。朱熹集理學的大成，主張物體由理氣而成，理成物性，氣成物形。人的心和性，即是天理。天理為天道，人心為天地之心。在宋朝理學的形上思想裏，只有「天地之心」可以上溯到造物者上天之心，但其宗教信仰則不明顯。

中國的形上學，不像西方的形上學。西方形上學研究萬有的本性，追溯萬有的最高根由，乃歸到宗教信仰的上帝天主。萬有按照本性既不能自有，必定須有一自有而能使萬有可以有的尊神造物主。中國形上學講『道』——萬有的來由，一切由變而化生，變易由兩元素而成，兩元素來自最高之一；這個最高之一，為太極，為道，然不稱為尊神。因此中國形上學

和宗教信仰相分離，而只由理性去講求事理；然而並又排擠宗教，更不反對宗教信仰。

乙、 中國古代倫理思想與宗教

在西方的倫理學裏，倫理的規律和標準，歸之於上天尊神，倫理的賞罰也歸之於尊神。

倫理和宗教信仰不能分離，宗教信仰乃是倫理的基礎。

中國古代倫理的規律和標準，在開始時是由上天而來，到了後來則歸到人性天理。

書經和詩經以天意爲倫理標準和規律，祟、紂因不奉行天意，暴虐人民，罪惡滔天。天爲上天的意旨。不僅皇帝的選擇，來自天意，善惡的規律也來自上天。易經以倫理標準爲天道地道，人的生活之道取法於天地之道，天地之道即天地運行之道，爲自然界的規律。這種道地道，易經只講天地之道當然若何，不講天地之道的所以然之來源。孔子重禮，禮則作於聖王，聖王按照天道而作禮，孔子說：

「非禮勿視，非禮勿聽，非禮勿言，非禮勿動。」 (論語 顏淵)

中庸則倡言遵從人性。中庸第一章開端就說：

「天命之謂性，率性之謂道，修道之為教。」

性為人的本性，人的本性即是人的善惡標準和規律。人性來自天命，天命本是上天的命，然宋明理學家則解釋為人所天生的，所以稱為天性。

孟子乃倡性善，性由心而顯，人心有仁義禮智的良能，存心養性，人就成為善人君子。性的善惡問題，由孟子開始，而後有荀子的性惡，有漢唐的性三品或五品說，到了宋朝朱熹乃以理氣說分性為天地之性和氣質之性，天地之性本無善惡，氣質之性則有善惡。明朝王陽明則倡良知說，以良知為善惡標準。良知即是人性的具體表現，致良知便是大學的明明德和中庸的誠。

中國倫理的標準和規律，在書經和詩經為天道，天道和宗教信仰相連。到了易經的天地之道，以及後代的人性，則都是一種自然之天理，而不和尊神上天的信仰相連了。天理在外界為自然律，在人內為人性良知。因此中國古人講倫理少有提到皇天上帝；雖然在倫理的根源，大家都假定有上天的信仰。這種信仰在倫理規律和標準上，不大明顯，但是在倫理的賞罰上，則很明顯了。中國人沒有人不信上天對於善惡的賞罰的。孔孟相信負有上天的使命，他們認為遇或不遇，乃是上天的旨意。現在春節時，人家門上還貼着「行善之家，必有餘

慶。」中國人的孝道，連繫父子的生命爲一體，父親行善行惡，兒孫可以受天命的賞罰。

倫理沒有賞罰，則不能完成任務。所謂行善而不存受賞之心的人，可以自唱高調。實際上行善而良心得安，已經是一種賞。行惡而得良心的指責，也是一種懲罰。但是良心的賞罰對於社會上一般的人，缺乏督促的動力。倫理須有超越人世的造物者予以賞罰，纔可以實現。書經說：

書經說：

「乃訓于王曰：惟天監下民，典厥義。」（高宗肜日）

詩經「周頌」說：

「敬之敬之！天維顯思。……陟降厥士，日監在玆。」（敬之章）

上天監視全國上下，善者賞，惡者罰。

中國古代的哲學和宗教信仰，不直接相連繫，哲學研究人生，在理性的範圍內作研究。超乎理智的信仰，只在祈福免禍，和悲嘆一生的命運時，乃表現明白。

3. 中國當代哲學與宗教

中國當代哲學思想，指着中華民國時代的哲學思想，在清朝末年，社會上已經掀起改革的呼聲，這種呼聲到了民國初年，隨着五四運動的政治革命，擴張到思想的革新，和社會生活的改革，當時中國人因受歐美列強的欺侮。自覺不如人，願意採取歐美的社會生活方式和制度。歐洲當時盛行科學萬能的思想，貶抑形上的哲學思想。中國當時在自覺不如歐美的自卑感中，尤其覺得在科學上不如人；因此當時中國社會的傾向，傾向科學，輕視哲學，更輕視宗教，以宗教爲迷信，這種傾向在哲學上的代表爲胡適。胡適向中國青年介紹實驗主義，

他說：「我敢說實驗主義是十九世紀科學發達的結果⋯⋯上面我說了兩大段的話，現在我把它結束起來，就是㈠一切眞理都是人定的，人定眞理不可徒說空話，該當考察實際的效果。㈡生活是活動的，是變化的，是對付外界的，是適應環境的。」（實驗主義介紹 胡適選集 演說，頁八一─一○，傳記文學社印）。一切眞理都要由實驗去證明，宗教信仰也要實驗的證明，人類的思想都是假設，假設有了試驗，才成爲信仰，「然而信仰並不是一定不易的，須得試驗試驗才好。」（同上，頁一二）胡適並不反對宗教，但是他不信宗教，因爲宗教信仰不能有實驗的證明，他所說的實驗，乃是科學的實驗。

胡適的實驗主義是由美國杜威到中國來演講而發起的，後來英國羅素到中國來講學，邏輯實證論在中國也漸漸傳揚，這一派的代表，是殷海光，殷海光以「科學經驗論者對於證實原理倚若長城。但是，這道長城在經驗論底範圍以內基礎是否穩固實在大成問題。」（殷海光，科學經驗論底徵性及其批評 殷海光先生文集㈠，頁六二），他主張以經驗與邏輯作為正確思想的評準，那麼「宗教的教條，傳統的說法，祖宗的遺訓，……這些東西充滿了特殊的色調，沒有普遍的效率。我們把他叫做『有顏色的思想』，古往今來這些東西常常侵犯了知識的疆界，常常被人拿來代替知識，於是乎毛病卽產生。」（殷海光，正確思想的評準。殷海光先生文集㈡，頁七二三）。

在這種西化程度過高的呼聲中，引起了一些學者的反感。研究歷史的錢穆先生，堅決肯定中國儒家以人心為倫理標準，用不着像西洋的宗教信仰。「我們所謂的中國道德精神與西方宗教精神不盡同，也與他們的團體精神與個人自由精神不盡合。我們常覺得自己既沒有宗教，而在團體組織與個人自由兩方面，其表現的精神力量也都不如人，只是忘記了自己所特有的一套，而把別人的尺量來衡量自己。自然要感到自己的一無是處的了。中國的歷史文化民族，既是以一種道德精神來奠定了最先的基礎，今天此一精神墮落，自將顯得一切無辦法，存在都發生了困難。如果我們能再把為自己歷史文化民族作基礎的這一種道德精神，重新喚醒，我想當前的許多問題，也都可以迎刃而解。」（錢穆 中國歷史上的道德精神

真正代表中國當代哲學思想的兩位哲人，一位是方東美，一位是唐君毅。方東美對於人

中國歷史精神，頁二一四。東大圖書公司）

生，特別注意精神生活的超越性，以聖人的人格，超越人生的一切部份，而能統攝全世界，

為有這種精神，宗教信仰可以予以助力。「如此，他不僅僅是一個自然人，也不僅僅是一個

藝術家，不僅僅是一個道德人格，而且在他的生命裏面，各方面的成就都閱歷過了，都提昇

他的精神成就到達一個極高尚的地位。……他整個的生命可以包容全世界，可以統攝全世

界，也可以左右支配全世界，那一種人我們可以叫做『全人』，而那個全人的生命能力叫做

全能，那個全能，從世界許多文化上面看，我們拿藝術名詞，讚美他不夠，道德名詞讚美他

不夠，世界上許多宗教等宗教的神聖價值讚美他的生命，才庶幾乎近之。除掉在口頭上談談

之外，事實上在近代世界上面很少人在他的生命裏面真正把他的精神提昇到一種盡善盡美的

神聖境界。像這樣一種全人，我們可以叫做宗教的，這種宗教的人在宗教上就可以說是全

人」。（中國哲學對未來世界的影響，方東美先生演講集，頁二二　黎明書局）

唐君毅在生命存在與心靈境界書裏，討論了宗教信仰在生活中的地位。「吾人今之說，

則不以此諸信仰為滿足情感上之要求，可容人自由信仰者，而承認此諸信仰，為人依其道德

生活之求相續，其生活之求理性化之要求，其思想所必然產生之不容已的信仰。」（唐君毅，

生命存在與心靈境界 下册，頁九七六，學生書局）。

核心，乃是人當下的道德心靈，道德心靈，即是自覺心靈，能夠在生活上和所處的境和事相感通，能包括這種種超越的信仰，在自覺心靈中，各種宗教信仰將溶化在一極單純的信仰中，即「一切止於至善的信仰」。「而人誠能默存此一信仰之心，亦可涵攝此一切超越的信仰而無遺也。」（同上，頁九七八）。

4. 結　語

我若要作一結論，講一講在當前的中國哲學思想裏，可不可以有宗教信仰，我的結論應該是肯定的。

當今中國的社會處在道德崩潰的時代，大家都感覺到應該恢復民族的道德遺產，提高人民的精神生活。在工業發達的社會裏，人民追求物質的享受，但是在有了物質的享受時，心頭却覺空虛，進而自覺生活的痛苦。這種現象乃是目前全世界人類所感到的現象。但是素以精神生活高尚，生活滿足的中華民族在自由國家裏，有了物質壓迫，精神失常的感覺，則應深加檢討。

中國人的精神生活，素來以君子和聖人為目標。君子重義不重利，即是看精神價值在物

質價值以上，以道德為重；聖人則是和天地相通，以天地好生的仁心而愛人。這種目標在工商社會，日日以取利為目標的人看來，已經不合時代，然而為求中國社會的安定和繁榮，為求能統一大陸，復興中華文化，就必定要把傳統的生活目標：君子和聖人，重新標舉起來，吸引全體同胞，實踐這種生活，君子重義，義由禮去規定，因此孔子說仁道就是「非禮勿視，非禮勿聽，非禮勿言，非禮勿動。」（論語 顏淵）。禮不是以法律為根基，法律則是以禮為基礎，禮的根基是天理，天理為造物主的天命。雖然現代歐美哲學家和法學家，有些人不主張有天命，不主張有自然律和性律，而主張一切規律都由人按時地環境所造，但是他們所主張而發生的結果，就是現在歐美社會的墮落和紊亂，我們中國既然有我們的傳統，就應該不蹈他的覆轍，我們應該繼承古人的道德思想，以『天命』為倫理、道德、禮法的根基和來源。而且聖人以天地之心為心，天地之心代表『上天』的愛心。以『上天』的愛心，參天地的化育，能以天地萬物為一體，懷抱張載所說『民吾同胞，物吾與也。』（西銘）的大同精神。

我們要把徇於物慾的人心，提昇到一種精神化的境界裏，不僅有「仁民而愛物」的仁心，而且有「富貴於我如浮雲」（論語 述而）的心理，而後有「富貴不能淫，貧賤不能移，威武不能屈。」（孟子 滕文公下）的大丈夫志氣。這種高尚的精神界不是科學所發明的物質宇宙，更不是金錢所造成的酒肉世界，而是宗教信仰所啟示和實現的超越境地，拒絕幾千萬的賄

略，以保自身的清白，這需要超越物質的精神力；不怕插在身上的白刃，寧死不屈，以保全自身的貞潔，這更需要超越物質的精神力。這種精神力不是科學可以給的，也不是哲學可以產生的，而是由信仰而來。

當今的自由中國，需要這種精神力量；今日的哲學思想便要結合宗教的信仰，以答覆現在民族和國家的需要。

中國的倫理道德需要宗教信仰作根基，中國的形上學也需要宗教信仰作根基，今天的形上學需要宗教，這並不是反背時代的趨勢，現在中國社會的趨勢，在於科學，科學的精神在於事事求有理由，形上學對於萬有的源起，不能不予以交待，或者以宇宙萬有為自有，如馬克斯的唯物辯證論，如各種進化論，如各種各式的泛神論，或者以宇宙為尊神所造，從哲學立場去看，受造論較比自有論，更合於理，也就合於科學的要求。

中國儒家形上學，主張太極為最先的實有，由太極而生變化，由變化而生萬物。儒家不以太極為自有，同時主張太極的哲學家，如周敦頤、朱熹等人，都信書經和詩經所信的上天。今天我們講中國哲學接受易經所講的宇宙繼續變化，天地為一『道』的生命洪流。生命的起點為沒有生命的頑石，生命的最高峯，為人的精神生活；頑石的來源不是來自自己本體，而是來自超越萬物的絕對實體，一個最高神靈，生命的最高峯，不是停在人的自心，也

不停止萬物，而是直向超越萬有的絕對實體。人心無限，超過宇宙萬物而有餘，也可以包括宇宙萬有而有餘；人心的幸福快樂，在止於至善，體驗到絕對完滿的眞、美、善。科學所發明的宇宙，只能刺激人心再向前追求智識；哲學所講的思想系統，只能激勵人的理智向深處瞭解，藝術所創造的美，只能令人感嘆美的形式多不勝計。人心唯有達到絕對的實體時，纔能覺到如魚在海中，自由游泳。

歐美來源最遠、流傳最久的士林哲學，接受亞里斯多德的形上思想和倫理思想，以造物主的信仰作爲形上學和倫理學的根基。這種信仰可以貫通全部哲學思想，並不和科學思想相衝突。因爲若是科學家可以相信宗教，哲學家爲什麼不可以相信宗教呢？若是科學家不以宗教信仰和科學智識相衝突，爲什麼哲學家就要以宗教信仰和哲學相衝突呢？

士林哲學有的絕對實體，稱爲天主或稱爲上帝，也就是中國詩經書經所信的皇天上帝。

這樣，今天我們講中國哲學，當然可以有宗教的信仰，而以信仰作爲基礎。

（曾載於輔仁大學第一屆國際哲學會論文集）

關於天主教哲學在中國的我見

1. 天的解釋

近年公開攻擊中國天主教哲學的，已經有三次：第一次在前年漢學會議時一位學人所提的論文，攻擊中國天主教哲學人企圖使中國哲學接受基督洗禮。第二次在去年，一位委員在立法院攻擊郤昆如敎授以天主教教義解釋三民主義。第三次，一位投稿者在鵝湖雜誌攻擊天主教學人把中國的天和命解釋爲天主的命令。除這些公開在報章雜誌所見的攻擊外，還有一次在去年中國哲學會舉行全體大會時，有一會員發言，攻擊基督敎文化侵略。這些攻擊是公開的，私地的攻擊一定更多，但都生於誤會，又都因爲不了解天主教哲學的意義。在社會排擠哲學於建國大業之外時，哲學界人士理應團結，共同提高哲學對於人生的價值。

現在在中國還沒有所謂中國天主教哲學；就是在西方各國也沒有天主教哲學。天主教的性質是趨於理性的，不受一種哲學的限制，也不能由一種哲學去代表；代表天主教思想的，

是它的教義。但是從聖奧斯定以來，神學家常以哲學解釋教義而成神學，天主教的哲學家又以教義為自己思想的標準，不使哲學違背教義，因而不違反教義又能解釋教義的哲學，便被視為天主教哲學，這種哲學就是士林哲學。在我們中國士林哲學尚在開始發展的時期，還沒有成立一個學派。

在中國的思想界，可以稱為天主教的哲學思想，祇是在對於中國古書的『天』字的解釋。利瑪竇進入中國以後，圖謀在中國宣傳福音，想從中國的文化裏找一點根據，讀到中國經書的天和上帝，便認為天主教信仰和中國人信仰有一共同點，中國經書的天和上帝，就是天主教的天主。利瑪竇寫了一本天主實義。清康熙年間，中國天主教會發生了禮儀問題，對祭天祭祖的意義，爭辯不休。現存有漳州嚴保祿的天帝考小冊，抄錄書經、詩經、四書有關天和上帝的文句，加以注解，說明天和上帝就是天主教所信天主。但是羅瑪教宗下令禁止祭祖祭禮，並禁止用『天』字或上帝代表天主。『天』字的解釋遂停止了，及到民初馬相伯先生和雷鳴遠神父重新提出這個問題。民國二十八年教廷取消祭祖祭禮的禁令，于斌樞機恢復利瑪竇的思想，解釋古書的『天』為天主，後來有別的神父，把太極、誠、道，解釋為天主。至於在倫理和修身學方面，這種思想可以說是現在中國天主教在哲學方面較為重要的表現。至於在倫理和修身學方面，有許天主教已有書籍作比較研究，說明天主教倫理和修身之道，跟儒家的倫理和修身之道，有許

多相同點。

這種比較研究，關於「天」，關於倫理修身，不是以天主教哲學思想解釋中國哲學，而是以中國哲學術語解釋天主教教義。因此，外面人攻擊天主教學人企圖把中國哲學加以基督洗禮，實在是一種誤解。而且以中國哲學的天、仁、正心誠意等術語解釋天主教教義，在中國哲學思想中是有根據的。至於說中國哲學思想裏的天、命、天心、天意，究竟怎樣解釋，各家意見頗多，不可把自己的意見去打擊另一家的意見，應看所有的解釋合不合於中國哲學的傳統。

我在中國哲學思想史七册書裏，常以客觀態度解釋各家的學說。在研究生命哲學，儒家的仁，太極，誠等術語的內容，常用分析的方法，很嚴肅地予以分析，從來不敢把中國哲學的觀念牽强到天主教的教義。中國宗教信仰的天和天主教信仰的天，必然相同。道、太極、誠三個觀念，都和天主的觀念不相等，各有分別。因此，外人指責我爲首，要把中國哲學予以基督洗禮，實是一種錯誤。

2. 中國天主教哲學

中國天主教哲學是將來的事，也就是我們的目標。這種目標，不是把中國哲學予以基督

· 331 ·

洗禮，而是建立一種新哲學系統。這種新哲學系統可以有兩種：一種是新士林哲學，一種是中國新哲學。

士林哲學在歐美的哲學界，傳統地代表天主教哲學。近世紀因著歐洲哲學的變遷，士林哲學也有了新的觀念和新的方法，構成了新的士林哲學。

在中國介紹士林哲學的工作，在利瑪竇時代已經開始，有傅汎際（P. F. Futardo）所譯的名理探，講解理則學。有畢方濟（B. F. Sambiasi）和徐光啓合譯的靈言蠡測，講解心靈。有艾儒略（Julio Aleni）著萬物眞原和性學論述。另外有利類思（Ludovicus Buglio）翻譯聖多瑪斯的神學大全（Summa Theologica）。利氏翻譯神學大全三十卷，安文思（Galriel de Magalhaens）另譯四卷，共三十四卷，僅只神學大全的一小部份。三十四卷中有二十八卷當時刻印，書名超性學要。其他各卷祇有手抄本。可惜在康熙朝禮儀問題發生後，這種工作隨即停止。

民國五十年主徒會張金壽神父翻譯神學大全，刊行一冊，書名神學集成，僅祇譯完神學大全第一卷的二十七題，主徒會的另一會士呂穆廸神父又重新翻譯神學大全，譯有論天主一冊、論萬物上下册、論奧理一册、論眞原一册，宇宙間靈智實體問題一册，都由臺灣商務印書館出版。這些譯書都祇是神學大全的部份翻譯。目前臺南碧岳神學院周克勤神父糾合同

志，已將神學大全全書譯完，正進行修訂，不久可以出版。

為介紹士林哲學，歷年來已經有多種書籍，最早的有陳哲敏神父的實在論哲學上冊，民國三十九年出版，討論認識論。民國四十九年由香港眞理學會出版羅光神父的實踐哲學上下冊，民國五十一年眞理學會又出版羅光神父的理論哲學上中下三冊，介紹全部士林哲學，這兩部書在臺灣已重印三次（現由學生書局重印）。以後介紹士林哲學各部的，有李震神父的基本哲學的研討（哲學的宇宙觀），有周克勤神父的道德論要義上中下三冊，有袁廷棟神父的普通倫理學和陳百希神父的倫理學，有陳百希神父的宗教學和曾仰如神父的宗教哲學，有葛慕蘭神父的形上學和曾仰如神父的形上學，另有葛慕蘭神父的西洋中世紀哲學史綱，最近有張振東神父的士林哲學的基本概念三冊。這些書都是就我家中所收藏的予以陳述，可能還有別的介紹士林哲學的書。

為建立中國的天主教哲學，我們須要對士林哲學的基本觀念和新士林哲學的方法，深入研究，有系統地予以講解，有系統地寫書說明，而且要注入中國哲學的觀念。在這方面，輔仁大學的哲學系和哲學研究所應擔任一分重大的責任。

第二種中國天主教哲學，在於建立一種中國的新哲學。據我的想法，中國的新哲學，要以儒家哲學思想和士林哲學作根基。

哲學是人的最高心靈活動，代表人的精神生命。哲學不僅是理智的分析研究，同時也是人心情感的深深體驗，包括整個的人的活動。

人的生命活動，首先是體驗，體驗自己的存在，然後體驗外界人物的存在，進而予以分析研究。這種體驗和分析研究為人的認識活動。認識活動不能是唯物的，也不能是唯心的，而是心物相合的活動。認識當然是我對客體的認識，認識行動為我心靈深處的活動，然能達到客體，又能和他人有共同的結果。我認識客體，客體和我的生命有關係，生命的關係，則要由我心靈去體驗。因此哲學的認識不是冰冷的抽象分析，而是和我生命相關的活潑關係。

整個宇宙萬有的存在，都連接在這種生命的活潑關係裏。上面有生命的根源，乃是真美善的絕對存在，我的生命從絕對生命中取得生命的理由，也取得生命的滿足。在傍面則有週圍一切的萬有，萬有都是動的，不是呆板靜止的萬有在動中具有和諧的規律。

萬有的動由陰陽兩元素而成，陰陽兩元素按照動靜之『理』，互相反，又互相成。宇宙萬有的『有』，乃是一種『成』，都是由『能』而到『成』。『成』是『行』（actus），絕對的『有』，是『純粹』的『行』（actus purus）。宇宙萬有則是雜有從『能』的行，為從『能』而到『行』，需要『絕對的行』的動力。『絕對的行』給與萬有從『能』到『行』的力，這種力週遊宇宙，使萬有繼續而有，使萬有不停的動。宇宙萬有的動互相連繫，互相調协，宇

宙間乃有自然的中和。

宇宙萬有的動，形成萬有的『生生』。『生生』的動由物質而到精神，人的心靈生命代表『生生』的最高點，也就是最高的生命。

萬有的動具有自然的規律而有和諧，人的心靈也生來具有生命的規律以得和諧。萬有的動自然而誠於規律，人的生命須要人自己勉力誠於自心的規律。萬有的動所有的自然規律，在於發展自己的生命，稱爲『生』；人心的規律，在於發展心靈的生命，稱爲仁。

宇宙萬有在發展生命時，表現出和諧的美，靜默地顯映造物主的美善。人的心靈生命，發展到完全點時，同萬有的生命相合，升到絕對的眞美善的造物主，浸溶在絕對眞美善的欣享裏，反向宇宙人物顯映物主的美善，形成聖人的境界。

這種新哲學，以哲學爲心靈生命的活動，由生命去看宇宙萬有，在生命裏連接萬有。這種哲學具有儒家哲學的生命意識，又具有士林哲學的形上基本價值。我想在這個大綱上，可以發展成爲一種中國天主教的哲學。

中華民國第一屆國際哲學會議

去年十二月廿八日到今年正月一日，輔仁大學為紀念創校五十週年，召開了中華民國第一屆國際哲學會議，邀請了外國哲學教授二十人、國內哲學教授三十人。討論的主題為「現代的哲學與宗教」。

所宣讀的論文共二十八篇，沒有宣讀的論文共七篇，共計三十五篇。

三十五篇論文中，除少數幾篇和主題沒有關係外，極大多數都直接地或間接地和主題有關。把有關主題的論文分別起來，可分為三組：①從認識論研究宗教問題；②從哲學研究宗教問題；③從人性和倫理研究宗教問題。

1. 認識論的問題

輔大德國籍教授孫志文的一篇論文，詳細討論「唯理的思考方式對現代人的衝擊」。唯理性思考從古希臘哲學到現代自然科學，一脈相承，德國唯心派哲學家康德以先天的理性範

· 337 ·

疇，調解偏激的理性主義和經驗主義，建立一種新的形上學基礎。費希特、謝林、黑格爾結成一種「超越哲學」系統。二十世紀時，科學進入了哲學，布朗克的量子論和愛因斯坦的相對論都含有重大的哲學意義。因此科學家進而研究科學的哲學基礎。哲學家和科學家着手研究形上學的認識基礎，大家發現科學的認識方法應用到哲學上愈來愈小，精神方面的問題，沒有辦法可以應用科技的實驗去研究。

輔仁大學德國籍教授柏殿宏提出了「科學與宗教」論文。柏殿宏是輔大的化學教授，他在論文裏指出一般人以為科學與宗教的認識途徑和世界觀，為兩種涇渭分明的不同邏輯領域，既不能整合為一，也不會有衝突。又有一些懷有偏激主張的人，以為科學與宗教為兩個不能併存的世界觀，一個人必須祇能接受兩個世界中的一個。但是這兩種意見都不能對於問題提出適當的答案，一個較為適當的答案可以在羅納剛的思想裏找到。透過人類認知的分析，發展出來認知行為基本操作型式的「先驗方法學」，結成一種「批判實在論」，實有體不僅是物質，精神也是實有體。實有體為一個單一的整體，這整體是可以被認知的。實有體的性質不相同，被認知的型式也相異。但是沒有一種認知是孤立的，科學的認知有相連性，科學的認知不足以滿足認知的要求，必須達到宗教的對象。

宗教經驗的認知也是有相連性。科學的認知和宗教觀念的起源，是和人類的理性緊密相連。任何人，如果靜心而

武長德教授認為神和宗教觀念的起源，是和人類的理性緊密相連。任何人，如果靜心而

客觀地對現代科學和技術作一番深省，他會容易地發現，二十世紀的科學和技術，不僅沒有相反神信任的任何因素，反而呈顯着深爲有利於此的不少層面。科學和技術進步越多，我們便越發看出機械界、生長界、感覺界，和理智界都具有奧妙的特色，然而並不能是無限永存的，而人類的本性則具有永恆的企望。

美國鮑納希教授在「有關神與創造之科學與哲學」的論文裏，提出兩個問題：①是不是可以在科學上建立一個宇宙論？沒有最高的實體，作爲宇宙的創造？②最近天文學與太空學的發明，是否對於宇宙的起源一點沒有關係，絕對沒有宇宙被創造的形跡？這兩個問題是相連繫的。雖然有些科學家聲明自己的宇宙不須有造物主，可是蘇聯的唯物論哲學承認人的理性不是物質，理性的動作不能用唯物辯證論去解釋，而最近天文學和太空學對於「力」的發現，都證明宇宙的力量日漸減少，因此物理學便要承認宇宙是有限的。哲學家便提出結論，有限的宇宙不能自有，須要有外在更高的原因。

有一篇由會外的巴思摩教授所提的論文「爲什麼有宗敎哲學」。科學的哲學，起因在於認識問題，有的主張一個沒有主體的認識論。有的主張不受實驗和數學錯誤的認識論，有的主張數理學和邏輯學的合作，有的主張傳統形上學的原則來自科學的發明，有的主張由達爾文進化論建立倫理原則，巴思摩述說了這些學說。結論爲科學與哲學各有自己的領域，不宜

相混，但是兩者在有些方面互相聯繫，互作研究，互有助益。

政大項教授的一篇論文，講「中國傳統思想中之目的論與機械論傾向」，爲一哲學思想的問題，自然界的運行，是否有目的？中國傳統哲學中，儒家主張有目的，道家主張盲目的自然，西洋的機械論和科學的哲學相連。卡納普想把一切人文科學最後歸約於化學定律，諾貝爾生物學獎金得主莫諾主張生命和思想都可用化理定律去解釋。

這一部份的論文，都在於說明當代哲學的趨勢，從認識論方面怎樣去看宗教信仰，舉出多方面的問題。

2. 宗教與哲學的問題

從宗教和哲學的關係，來講近代哲學的趨勢，會議中所有論文，可以分成三方面：一方面是中國哲學；一方面是西方哲學；一方面是印度哲學。

① 中國哲學與宗教：在中國傳統的哲學中，宗教的信仰和形上學以及倫理學都沒有顯著的聯繫。形上學的太極、道、天理、性等觀念結成一系統，往上溯到皇天上帝，然而也不否認有上天。倫理的善惡原則，先有天道和天理，後來轉爲禮，又進而爲人性和良知，也連成一系統，不明明歸結到皇天的神律，但是倫理的賞罰則歸之於上帝。鄔昆如教授指出在古代

哲學中，有憂患和救援的意識，進而體驗到人身的有限，而要求外面高超的救援力量。久幸玄川教授則指出在中國傳統哲學中有罪和恥的觀念，因此，在修身上力求愼獨，不欺暗室。

中國當代哲學與宗教，從民初以來，社會風氣傾向西化科學，學者所介紹的爲西方無神論的哲學思想，如康德、黑格爾和柏格森的唯心論，詹姆士、杜威、羅素的經驗論，馬克思的唯物論，介紹這些思想的人以先期的陳獨秀和胡適最具影響力，後期的殷海光的邏輯學也曾吸引了青年人。但在中國當代哲學中有所建樹的學者，則是方東美和唐君毅，他們兩人的思想雖不相同，然都承認宗教可以提昇人的精神，進入超越的境界；然而兩人都主張精神生活的最高境地，還是由中國的儒道的心靈哲學而登達至人至善。

②西方哲學與宗教：有九篇論文討論這個問題，可以說是這次會議的中心題材。論文的作者雖各人的觀點不同，然都深入了「宗教與哲學」這個問題的中心。

哲學對於宗教，可以有三種態度：無神論的態度、不討論的態度、有信仰的態度。態度的決定，在對於「神的存在」問題。哲學對於這個問題當然可以深入地討論，討論的態度應是中立的態度，使有信仰者和無信仰者都可以接受。

當前西方許多哲學者和神學者重新討論基督信仰和理性（形上學和科學）的關係，這般學者的中心態度是一切「人化」，而人文的中心思想，則是人的將來和理想，西方乃興起

「希望的神學」和「未來的神學」，因此對於基督信仰，予以「人化」。一切以人作中心，一切知識以理性作標準。基督的信仰不能使人性和時空內的生活相脫離，時空生活在歷史內完成，時空常向未來，基督的信仰祇能在人時空生活的未來希望表現意義。

在這種學術風氣所造成的社會生活裏，產生了兩種互相矛盾的反應：一種是西方流行的無神思想，一種是新起的神秘主義。無神思想的流行，原因非常複雜，其中最重要的原因是理性主義和唯物辯證論。由理性主義產生的思想，否認一切超乎人性的存在，基督的信仰應洗除不合理性的部份。唯物辯證論則進而以一切為物質，物質自有自動，沒有超乎物質的神。同時，人的觀念被神化了，一方面人代替了神，成為宇宙的主人，一方面人祇有物質性，整個地傾向於物質享受。

西方社會的人，不滿於這種唯理性和無神的物質生活，又對科學失去信心，乃轉而趨向東方印度的宗教神秘主義，同時基督信仰的天主教內也興起了新的神秘主義。兩種神秘主義既都排斥唯物論，又都輕視理智的推理活動，以直接的靈感，體驗與絕對實體的融會境界。破除二元論，主體和客體直接的靈感不加分析，不用理論，而是直接趨向整個的絕對實體。印度神秘主義為自然主義，一切由相融。印度神秘主義和基督神秘主義又有不同之重要點：印度神秘主義以人身為重，在達到頂點時，與絕對實體融合為一，失去我與絕對實體的二元。基

督信仰神秘主義，爲超乎人性的神秘主義，由心靈超昇與絕對實體——天主相融，然不失人和天主的二元存在。新的神秘主義不是抽象或孤獨的靜觀生活，而是由神秘的與絕對實體的結合而回到日常的生活，成爲行動的神秘主義。西方人現在有許多人偏向靜默，失去政治的興趣，哲學者則以神秘主義爲不可思索、不可言喻的境界，作爲對理性主義，對唯科學主義和唯物主義的反抗。

③東方宗教與哲學：：在會議裏，發表對東方宗教與哲學的論文者，除中國的教授外，有菲律賓教授庫頭女士的「當代菲律賓的哲學與宗教問題」，有羅瑪的印度籍達瓦墨教授：「吠陀的宗教哲學」。菲律賓的哲學與西方的哲學相彷彿，受西方哲學的影響，又受印度哲學的影響，很少和中國哲學有所聯繫。印度哲學則自成體系，而印度宗教在印度學術史上佔有重要地位，和中國宗教在哲學上的地位不同，而且印度的宗教和哲學在目前西方的學術界，代表東方的思想。

吠陀的宗教哲學，爲奧義書的宗教哲學，所信仰的對象爲梵，所有著名學者有羅摩路闍和商卡拉（商羯羅）。

印度哲學的基礎在於神的啟示，啟示中的眞理不爲理性和感覺所知，祇能以信服權威的信仰而接受。奧義書的神爲至高的梵，乃是絕對的實體，爲宇宙的根源。認識絕對的實體即

是人的得救，凡認識梵者卽是梵，梵卽是我。

吠嗹多派，字義是「最後的吠陀」，以奧義書爲吠陀思想的極峯，梵爲宇宙的光也是人心的光，人在自己心內可以見到梵的光明，直接體驗到梵。商卡拉提出一元論。宗教的本質在於靜默，靜默乃是人心和神的融會。靜默可以使心和梵的部分相融，或和整個的梵相融。由各色的靜默產生解救的智慧，人心除去一切束縛不再有分析或推論，而是整體的梵，完成眞正的自我。

羅摩路闍則反對商卡拉的一元論，主張心物二元論，受造物有心與物，兩者爲宇宙一切變易的原由。神則爲宇宙的創始者，爲永久的實體。人的靈魂也是永久的，爲從時空的束縛中得有解脫，可以用對於神的智慧和愛慕而得救。人心常和梵相結合，結合卽是靜觀，靜觀一方面由人舉心向主，一方面神因愛而指引人。人由靜觀而與神相結合，結合爲神的恩惠。人和神的結合有似部份與全體的結合，人和神同爲一，又不同爲一。

這種靜默和靜觀的思想和佛教的禪觀，現在風靡歐美的青年，造成新的神秘主義。

3. 人性與倫理

韓之一教授說明當代西方哲學不注意形上的問題，所注意的乃是在求語意的正確和邏輯

的嚴密，哲學的方法因此更加精明了，但是哲學的範圍則縮小了。在當前哲學的範圍內，人生哲學仍佔有重要性。美國從皮爾和杜威以來，興起一種境遇人生哲學。什麼是「境遇論」？境遇論是一種變易哲學，是自然利益主義，一切的變易都不是孤獨的，必定在一種互相銜接的境遇裏，而且每種變易都要從互相銜接的境遇，纔可以懂得它的意義。因此人的活動，為繼續的變易，人活動的意義和價值，都要從周圍的環境去解釋。周圍的環境在時間和空間裏，非常的複雜，人的生活經驗也是多元性的；因為倫理的原則和價值，必定要在這種多元的複雜相銜接的境遇裏去追求。

生活的倫理道德不能是一元的，也不能是不變的，這種追求稱為「批判的研究」。

這種人生哲學為杜威思想的人生哲學。美國費多瑪教授則認為可以真正有一種基督信仰的倫理。倫理雖是哲學，哲學的研究途徑雖為理性推論，然而倫理乃是生活的規律，人在生活裏很可能有宗教信仰，信仰範圍包括生活；生活的倫理便可以和信仰相聯繫，而以信仰作為原則。

羅瑪鮑黎樂教授指出人的自我，在於人的精神位格，也就是人的人格。人的精神由理智以求真，由意志去求善，理智和意志傾向於無限的絕對目標，絕對的實體——天主，成了人的自我之基礎。

加拿大康尼克教授，概論當前哲學對於人性所加各種的解釋，大都認爲人性不是一成不變的單元，在一切變動的宇宙中，人性也成了難以捉摸的對象。然而人應有自己的自我，自我就是一致，一致的自我便建立在人性上，人性的表現則表現於變易之中，表現也有變易。

從中國哲學去講倫理，蔡仁厚教授肯定儒家的道德宗教精神，具體地表現在中國的禮教之中。禮教的形式雖已衰微，但內涵的思想精神，仍然活躍在文化心靈之中。

黃公偉教授舉出莊子的道德修養論和莊子的心性修養論。莊子善用『同』而捨『異』，以成物我統一之宇宙大全。由主觀的大覺大悟，以實現統一，主客一致。

4. 結　論

在以上所介紹的論文以外，還有幾篇和會議主題沒有聯繫的論文，也各有各的價值。

這次會議的論文和討論，表現出當前的哲學趨勢。十八、十九世紀的科學獨尊以及唯理性主義，已經在歐美失去了地位，雖然仍舊還有一些走在這種趨勢的哲學者，然而所引起的反抗，已造成歐美哲學的新趨勢。一種是傾向東方哲學的新神秘主義，一種是以自我爲中心而「人化」一切的思想。這兩種趨勢雖然不純正地標明宗教信仰，然都從相反的地位各有各的宗教追求。新神秘主義所追求的是爲消失自我於絕對精神的點觀宗教，自我思想所追求的是

神而「人化」以滿足自我的宇宙宗教。

在我們中國，目前社會處在道德崩潰時代，人心也常對未來生活產生徬徨的心情，我們需要有信仰的精神，來支持，來振作國民的心靈。

目前我們為整理和創作中國哲學，要使傳統形上學有一最高的根基，太極和上天可以相連結；要使倫理學有一超越宇宙的至善，使天人合一的境界，能成為一種滿全人心要求的至善。因此，我們講士林哲學的學人，努力使宗教和哲學相聯繫，人生沒有孤獨的現象，生命的活動由理智意志的有限目標而升入無限。

（曾載於中央日報　民國六十九年三月十三、十四日）

從宗教信仰看民生史觀

1. 宗教信仰與歷史哲學

宗教信仰表示人對於一種精神體的崇拜。所崇拜的精神體可以是多種的：可以是純粹的無形的精神體，可以是人，可以是禽獸，可以是草木石頭，若是所崇拜是人獸植礦等物時，這些物祇是一種外面形式，實際上這些物都精神化，成了所信仰的精神體。

講社會史的學人，常以宗教信仰起於原始人對於自然界所有不能抵抗的現象，發生恐懼，乃與起精靈的觀念，發出崇拜的行動。因此有圖騰崇拜、精靈崇拜、天神地祇崇拜、一元的尊神崇拜。

五大洲各民旅的演進史並不完全相同，所有經歷的階段也都有各自的特點，一洲的原始民族所有的某種信仰，例如圖騰崇拜，在別一洲的原始民族信仰中，不一定有，絕對不能強詞。如以北美和非洲有圖騰崇拜，而中國古代也應有圖騰崇拜，則不免牽強。（註一）

但在各民族的文化演進史有一共同的歷史綱要，即是法國社會學家孔德所說：神權時期、君權時期、民主時期，又說：神學時期、哲學時期、科學時期。當然這種演進大綱還是按照歐洲文化的進化史而定的，在中國並不適用，無論若何，各原始民族的社會組織和思想，都是先有宗教信仰，而後發展出有其他的社會組織和思想。

原始民族的宗教信仰，按理說不能僅由對自然界不可抵抗的現象而引起精靈的崇拜。原始人民的智識，有如一個小孩，他對於雷電的現象心中一定很害怕，也會認爲雷電是個活的東西，因爲他看見人和禽獸。但是若沒有人給他講鬼怪精靈，他斷決不會有精靈的觀念，也不會知道什麼是崇拜。奧國一位有名的人類學者斯密特（Wiilliam Schmidt）主張原始民族的最原始信仰爲一神教，所信仰的對象爲一位最高的尊神（註二）。神的觀念應來自神的啟示，這種原始的啟示，後來漸漸誤傳，愈傳愈遠，越錯越多，乃有各種的信仰崇拜，及到最後尊神再有啟示，加上人類理智的進步，人類又回到一神教的信仰。

宗教信仰在人類的歷史裏，爲一樁普遍的現象。從人類歷史去看，沒有一個不信宗教的民族。越是往上溯，各民族的宗教信仰越熱烈。埃及人的歷史，巴比倫人的歷史，希臘人的歷史，羅馬帝國各蠻族的歷史，都充滿了宗教信仰。非洲各原始民族，北美和澳洲的原始民族，都是宗教信仰很濃厚的民族。印度的文化史，中華民族的文化史，在開始的階段都是以

宗教信仰爲主。

中國現在所有最古的文字爲甲骨文，甲骨文的用途在於占卜，占卜的來源，來自宗教信仰。中國現在所存最久遠的古器爲銅器，因爲石器時代的石器祇是一些不完整的碎片；銅器中的最古的爲禮器，禮器多用於祭祀，祭祀則是宗教信仰的活動。中國最早的一册哲學書爲易經，易經本爲卜筮之書。因此可見中國現存古代歷史遺跡，多爲宗教信仰的產物。

從這些古代歷史遺跡去研究，當時的中華民族早已脫離了原始民族的生活，已經進入了文明生活的階段。傳說中所說燧人氏教民取火，有巢氏教民結巢，神農氏教民稼穡，似乎是反映原始民族演進的過程，到了黃帝時代，黃帝已建造宮室，后妃教民養蠶，開始了文明生活的時期。宗教生活在原始生活中，已經存在，古代的神話，如盤古開天地，女媧氏造人，雖是後代人所記錄；但神話的傳統，可能起於中國漢族的原始生活時代。

宗教信仰在各民族的歷史裏，都是首先記載的史蹟。從歷史哲學方面去解釋，這種現象乃是人類生性的一種基本要求。我們不能像黑格爾以宗教信仰爲精神哲學的高峯，要求人類從理則學和自然哲學及社會哲學以後，上升到精神哲學，以宗教信仰、哲學、藝術使人回到最高的絕對精神，完成絕對精神的正反合辯證過程。我們認爲宗教信仰爲人類生性的要求，在人類進化的各階層生活中都存在，且爲人類生活的最深基層生活。因爲從歷史哲學去看，

人類生活的發展，常常追求生活的舒適和生活保障。在各階層的生活裏，人類都感覺自己的生活沒有保障，不必說家庭生活和社會生活，常有危險的遭遇；就是每個個人的生活，也有疾病和死亡的威脅，這種威脅，不是人自己的力量，就連現代科學的力量也不能抵抗。人類便可超於人類和宇宙自然界的神靈，祈求保祐。這種祈福免禍的心理，在科學不發達的時代，和社會不安寧的時代，更形強烈。我們中國在戰國時代，求神問卜的活動，成了社會生活的主要部份。孔子乃主張『敬鬼神而遠之。』（論語　雍也）以破除民眾的迷信心理。漢朝人繼承了戰國和秦朝的迷信心理，且越變越深，王充乃主張沒有鬼神，以矯正社會民心。

當人類進化到使用理智構成各種哲學思想的時期，宗教信仰必要經過一種過濾。中國宋朝理學興盛，學者都以理智的思想去解釋人生，對於超乎自然界的神靈避而不談，宋朝人的宗教信仰便不像漢朝那麼複雜。

但是中國的文化，並沒有經過神學時期而後進入哲學時期。在古代的中國文化裏，沒有神學；而且在中國古代也沒有宗教信仰統治國家的時期。書經所表現的社會，是一個禮義之邦。雖然在禮義之邦裏君權和禮義都來自皇天上帝，然而上帝並不直接干預人間的事。從各國歷史去看，當民族進入理智思考的時期，宗教的信仰並不消失；祇是原始粗陋而簡單的宗教信仰，必加入許多理智的成份，而變成一種以哲學為基礎的神學。印度的古代哲

・352・

學，便和神學相連；歐洲中古的神學，乃是理智哲學最高深的學術。

在中國的學術裏沒有以哲學爲基礎的神學，也沒有和神學相近的哲學。這種學術現象來自中國人對宗敎信仰的看法和實踐。中國人常以宗敎信仰爲神學的關係，這種關係以崇拜神靈而實踐。在這種觀念之中，宗敎信仰的範圍很狹，祇限於神靈崇拜的禮儀，其他各方面的生活，都可以和宗敎信仰沒有關係。神靈崇拜的禮儀是感情的活動，理智不必去解釋，因此中國沒有以哲學爲基礎的神學。至於哲學則以理智爲主，完全和神靈崇拜的禮儀不相關，中國的哲學所以和神學沒有關係。但是中國人無論學者或普通人，都信宗敎。孔子信天信鬼神，王充信天信鬼，朱熹信天信神。中國人以宗敎信仰在理智以外，況且中國人運用理智研究哲學，不用歐洲的分析思考方法，而是運用直接的體驗。在人生的體驗裏，宗敎信仰爲一種很重要的體驗。在中國的詩歌和繪畫彫刻的藝術裏，宗敎信仰也較濃厚。

人類歷史進展到科學時期，宗敎信仰又要經過一次過濾；因爲人類的感情的感覺也受了科學技術的影響，幻想和冥想的機會很少，一切都注重實際。但是人的心靈爲精神體，本性就要求脫離物質。在因著科學而物質生活發展很盛的時代，人類的心靈感覺到被桎梏了，被乾涸了，被掏空了。人類的生活在機械化的冷酷裏，自覺是行屍走肉。因此，宗敎信仰的要求，油然而興。美國現在除已有的基督敎、天主敎、猶太敎的信仰外，產生出各種奇形怪狀的宗

教。即是在物質的重重壓迫下，想要衝破物質的鐵箱，飛昇到超乎自然界的精神界。

歷史哲學家湯恩比說人類的將來，需要一種極普遍大同的宗教，以平衡物質的發展，安

定人類的心理，使人類不因着科學的發明而自殺（註三）。

在人類文明的生長衰亡中，宗教信仰處於主要的地位。歐洲的文明，在古希臘和古羅

馬的遺跡上，由基督信仰的天主教重新建設，當基督信仰在歐洲分裂而成基督教的許多派別

時，羅馬帝國的一統政治制度也逐漸瓦解，接着興起歐洲的各種民族的獨立國家。科學技

術發展到高峯後，物質的享受沖淡了宗教的信仰生活，結果德國斯賓格勒寫了西方的沒落一

書，敲響了西方文明的喪鐘。

在我們中華民族的文明史上，宗教信仰的影響力常是隱而不顯；但是在中華民族的文明

史之深處，蘊藏着宗教信仰，宗教信仰的潛動力，支配了中華民族的文明。中華民族的文明

所有的因素，爲儒家哲學、道家哲學和宗教——佛教信仰。儒家哲學思想蘊藏宗教的信仰，

書經的上天信仰，常常活在中國人的心中，孝經的孝道，以父母配天爲基礎，每家的人都供

奉『天地君親師』的牌位，而中國的皇帝都相信自己是『奉天承運』，相信自己的王權來自

上天。中華民族五千年的倫理道德，以天命天意爲規範；理學家雖以天命天意爲生來所有的

性理，然而理性終究要歸到「天生蒸民，有物有則。」（詩經 蒸民）的皇天上帝。中華民族的

精神生活，以達到『天人合一』爲至善的目標；所謂的『天人合一』卽爲中庸的『贊天地之化育』（中庸 第廿二章），在宋朝理學家則爲人得『天地之心』爲自己之心，這種合一卽是在『天地好生之德』上，人和天相合爲一。而所謂『天地好生之德』，不能僅僅指着無靈的自然，而是代表有位格的皇天上帝。因而中華民族的文明，是以宗教信仰爲基礎的文明。若是我們祇留在荀卿和朱熹的天理和人性上，則沒有進入中華民族文明的骨髓裏。

現代深受自然科學陶冶的人，對於事件都求拿出證據，便以爲宗教信仰不合於現代人的心理。這就是現代宗教信仰所受的打擊和考驗。然而在愛好自然科學的現代人心中，自己就體驗到自然科學的限界非常狹窄，人類的生活較比自然科學要廣濶得多，人的生活不能單單由自然科學去支配，人應該『役物』，而不『役於物』，精神超乎自然物質之上，而歸到永恒的絕對精神。

人類的未來命運，靠這種超乎物質的精神以求各民族的大同，以求各種科學的新發明之運用，以求物質享受不枯乾人的心靈。對於人類未來的命運，宗教信仰仍舊握有幸福的門鑰。

2. 宗教信仰與民生史觀

民生史觀爲一種歷史哲學，指出了歷史的主體，說明了歷史的進展。國父說：

「人類求生存才是社會進化的定律，才是歷史的重心。人類求生存是什麼問題呢？就是民生問題，所以民生問題才可以說是社會進化的原動力。」

又說：

「民生就是政治的中心，就是經濟的重心，和種種歷史活動的中心，好像天空以內的重心一樣。從前的社會主義，錯認物質是歷史中心，所以有了種種紛亂。」

國父所批評的社會主義，是指馬克思的唯物辯證史觀。馬克思以物質爲宇宙的一切存有，物質常動，動的規律則是物質性的正反合。人類的進化也以正反合爲規律，規律的實現乃是對立矛盾的鬥爭，「在初民社會裏，人和野獸以及自然環境鬥爭，乃有石器時代，由單

人進於民族社會。民族社會的矛盾爲奴隸制度，強大的家族奴役弱小的家族，用爲自己的奴

隸，發展遊牧生活的畜產，進而發展大地的農產。大地的生產工具已由石器進爲銅器再進爲

鐵器，據土地爲私有，以家族治理別的家族變成帝王的制度，於是出現封建制度。不料科學

漸興，發明機器，工業制度逐漸成立。工商業的人鬥爭封建的貴族，造成資本主義的社會。

資本集中在少數工業家的手中，一般工人都祇有工資而沒有產業，工人和資本家互相對立矛

盾，互起鬥爭，乃有無產階級專政的共產社會。歷史爲一部對立矛盾的鬥爭史，推動鬥爭的

動因爲生產工具。」（註四）

國父反對辯證唯物論；第一，歷史的重心不是物質，而是人；推動歷史演進的動力，不

是生產工具，而是人的求生存的慾望。第二，歷史的演進，不是依賴矛盾的鬥爭，而是靠着

人類的互助合作。他說：

　「人類初出之時，亦與禽獸無異，再經幾許萬年之進化，而始長成人性，

而人類之進化於是乎起源。此期之進化原則，則與物種之進化原則不同，

物種以競爭爲原則，人類則以互助爲原則。社會國家者，互助之體也；仁

義道德者，互助之用也。」

國父的這兩項主張，由我們的宗教信仰去看，和聖經的教訓相合。聖經明白說出，天主（上帝）創造了宇宙萬物，以人為中心，一切的物件都是為人的利益。人既是萬物之靈，相似造物主，具有靈性能够統馭萬物，又能够懂得宇宙萬物的存在意義。聖經上記載：

「天主於是照自己的肖像造了人，就是照天主的肖像造了人，造了一男一女。天主祝福他們說：『你們要生育繁殖，充滿大地，治理大地，管理海中的魚，天空的飛鳥，各種在地上爬行的生物。』天主又說：『看，全地面結種子的各種蔬菜，在果內含有種子的各種果樹，我都給你們作食物；至於地上的各種野獸，天空中的各種飛鳥，在地上爬行有生魂的各種動物，我把一片青草給牠們作食物。』事就這樣成了。」（舊約 創世紀 第一章第廿七節——卅一節）

聖經的這一段話，說明宇宙的重心是人，宇宙萬物是為人而設。人和物不同在一個水平線上，人超越萬物以上。人有理性，知道管理萬物。中國儒家也常以人為萬物之靈，得天地的秀氣，而有靈明的心。

歷史是人的歷史，也祇有人纔有歷史。禽獸的活動，是機械化的活動，是沒有新事故的活動，歷史要有新的事故，有新的事故，歷史纔有演進，纔有進化。人具有理智，乃有新的創造和發明；同時，人具有自由，所以社會的人事沒有兩樁同樣的。歷史的主體便是人，而不是物。

人的存在，是活的存在；人若不活，便不存在。人為保持自己的存在，又為發展自己的存在，人乃有求生慾，又有享受慾。這兩種慾望催使人使用理智，尋求各種的方法，以求滿足，聖經說：「你們要生育繁殖，充滿天地。」老子所說的反歸太古的渾樸生活，絕聖棄智，那是反背人性的生活。國父乃說：「人類求生存才是社會進化的定律。」馬克思反賓奪主，以生產工具為主體，乃造成以人民為犬馬的共產政權，使人失去了人性，剝奪了人的基本人權。但是在另一方面，人雖然是宇宙的重心，一切萬物雖然都是為人所利用；然而人並不是宇宙的絕對主人，也並不是造物者造物的目標。新約上說：

「所以，誰也不可拿人來誇口，因為一切都是你們的：無論是保祿，或是阿頗羅，或是剌法，或是世界，或是生命，或是死亡，或是現在，或是將來，一切都是你們的；你們却是基督的，而基督是天主的。」（保祿致格林

多前書　第三章第廿一節──廿三節）

人雖然用自己的理智，可以創造許多新的發明，可以統治宇宙；但是人究竟不是宇宙的主人翁，宇宙的主人翁則是造物主天主，人向造物主要低頭，要獻上崇拜的敬禮。當前人類生活的進步是累積性的，決不能是摧毀前代所有的，重新打基礎來建設。人類社會的紛亂、空虛和徬徨，就是因為人自認是宇宙的絕對主人，不承認有造物主，人以為自己提高了自己，結果人卻墮入了物質的深淵，幾乎不能自拔。歷史哲學家湯恩比說：「它們（各高級宗教）都相信，人在宇宙之間不是至高的精神體。這個信念，的確值得人去為它奮鬥。如果我們失掉這個信念，我們便要走向滅亡。」（註六）

國父是一位基督教徒，他信仰創造宇宙的上帝（天主），以宗教信仰為構成民族的力量。（民族主義　第一講）先總統　蔣公更說：「人生不能無宗教之信仰。」（民國二十六年三月二十六日耶穌受難節時美以美會東亞聯合會特別大會致詞）

因着基督的信仰，國父極力主張人類社會的進化，以互助為原則。這種原則和馬克思的社會主張，針鋒相對。馬克思主張矛盾鬥爭為社會進化原則，國父主張社會進化的原則為互助。互助即是愛，而且是仁。儒家的倫理以仁為基礎，仁即是生命，生命的發揚在於互

助聯繫，互相協助。「禮」祀的「禮運」篇主張大同，張載的「西銘」以『民吾同胞，物吾與

也。』為最高，王陽明的大學問則說明『一體之仁』。

基督的教義總括在一個『愛』字。基督在最後晚餐，吩咐弟子們說：

「這是我的命令，你們該彼此相愛，如同我愛了你們一樣。」（若望福音

第十五章第十二節）

聖保祿宗徒說：

「除了彼此相愛外，你們不可再欠人什麼！因為誰愛別人，就滿全了法

律。其實『不可奸淫，不可殺人，不可偷盜，不可貪戀！』以及其他任何

誡命，都包含在這句話裏：就是『愛你近人如你自己』。愛不加害於人；

所以愛就是法律的滿全。」（保祿致羅馬人書 第十三章第八節～第十節）

有愛，才有和平；有和平，才有建設；有建設，才有進步。馬克思認為要有矛盾

的鬥爭，才能有新的出現，這種原則是錯誤的；因爲人類所有的新發明，都是利用前代所有的智識，繼續向前。電燈對於油燈，沒有經過矛盾的鬥爭；輪船對於帆船，沒有經過矛盾的鬥爭；無線電對於郵差，沒有經過矛盾的鬥爭。一切新發明，對於前代，智識和方法，祇是和平式的前進和替代。馬克思接受達爾文的物競天擇學說，以弱肉強食爲生存的原則；究其實達爾文的原則，在生物界裏並不正確。古代生物的化石，證明當時有非常強大的動物，較現代的動物要強大得多，那時的動物到現今卻滅了種，豈不是強死弱存嗎？宇宙間的秘密非常多，非常深遠，豈是達爾文一個人所想出的幾句話就能包括一切！

現在共產黨實行馬克思主義，提倡恨，提倡鬥爭，他們所造成的生活，誰敢說是幸福！

誰敢說是進化！

先總統　蔣公曾說：

「我們中華民族有四千年悠久的歷史，崇高的倫理和以仁愛爲中心的文化，尊重人類自由，依據社會服務的精神，以助人發展更良好，更豐富生活的方式爲天職，與許多西方基督教先進國家立國的主旨，並無二致。今天朱毛共匪在大陸，極惡窮兇，傷天害理，已經揭開他僞裝民主的烟幕，

暴露他猙獰面目於世人之前。並且以全力推行其恐怖政策，摧殘我們崇高的文化，覆滅我們民族優美的倫理，顛覆社會，出賣民族，這種喪心病狂，倒行逆施的罪行，已經完全畢露，無可掩飾了。不但在中國大陸如此，卽在世界各地亦正在散佈這種毀滅人性的毒素，導演人類相殘的慘劇。

同道們，我們是耶穌基督的信徒，也就是耶穌基督的精兵，我們有維護眞理的責任，我們有保障自由的義務，我們不能喪失『信仰與行動合一』的信念。」（民國四十一年四月十一日耶穌受難節證道詞）

有宗教信仰的民生史觀，從仁愛去建立民生，從互助去促進自由。歐美的民主政治由這項原則去推進社會進化，中國的儒家王道也由這項原則去求『治國，平天下。』

乙、創造與生元

國父講人類的進化，由低級生物而來。生物的由來，則來自「生元」。

國父把物體分成兩類：無生物、生物。無生物由元素而構成，元素來自太極。

「太極動而生電子，電子凝而成元素，元素合而成物質，物質聚而成地球。」（孫文學說）

「生元者，何物也？曰：『其爲物也，精矣，微矣，神矣，妙矣，不可思議者矣。』按今日科學所能窺者，則生元之爲物也，乃有動作思爲者也，乃有主義計劃者也。人身結構之精妙神奇者，生元爲之也；人性之聰明知覺者，生元發之也；動植物狀態之奇奇怪怪不可思議者，生元之構造物也。」（孫文學說）

這種思想，導源於宋朝的理學，理學家周敦頤的太極圖說以太極動而生陽，靜而生陰，陰陽相結合而有五行，五行結合有男女，男女相結合而有物。

國父的這種思想也遷就達爾文的進化論，以宇宙進化由無生物進到生物，生物由低級進到高級。生物和無生物的不同則在於『生元』，『生元』爲生物的生命根元。

生命為一個整體，不能分析，不由元素構成。即是在最低級的生物裏，一個生物的生命是整體的，雖然在各部份所表現的生命不同，然而整體的生命祇是一個。這種生命整體性，在最高的生物——人的身上，表現得最明顯。『生元』在人的身上，乃是『心』。宋朝理學家以『心』為神為靈，為神妙不可測。所謂『心』，不是肉質的心，而是生元的心。在動植物裏有種生魂，為生命的基本，也就是生元。『生元』所以是生命的根元，為生命的中心，有高低程度的不同。

德國生物學家兼哲學家特里西（Hans Driesch 1867-1941），經過多年的生物實驗研究，認為生命的活動是由一生命的中心動力而發動，一切活動都是集中於一定向。生命中心和無生物的物質完全不同，不能由物質變化而來。因此生命中心應由『上帝』（天主）所造。

國父沒有說明『生元』是否來自無生物的物質，或由上帝所造。但是國父有宗教信仰，相信聖經，聖經則主張『創造論』。

在達爾文發明進化論以後，有許多人以為『創造論』就被推翻了。達爾文的進化論為科學的發明，創造論為宗教的信仰，兩者互不相容。

但是我們從宗教信仰看民生史觀，對於這個問題，我們看不到宗教信仰和民生史觀的衝突。因為，第一，國父沒有明白講述『生元』由物質而來，不來自『造物主』。第二，

· 365 ·

國父主張『生元』，明明把生物和無生物分開，兩者不相同。第三，『創造論』和『生元』並不是互相衝突而不相容。

在信仰基督的科學家和哲學家裏，有許多人相信進化論，同時又相信『創造論』。例如民國初年曾在中國考古的生物學家兼哲學家的法國籍德日進（Pierre Teilhard de Chardin 1881-1955），在所著的人的現象一書中，主張在無生物的物質內，由造物主天主賦予「先生命」（La Prévie）和稀釋的意識微粒（Grains de Conscience），這種意識微粒隨着物質的進化而發展爲生命。再進爲人的心靈（註七）

德日進的學說，雖還不是天主教友所共同接受的思想，但是和宗教信仰在基本上並沒有衝突。舊約聖經「創世紀」所記述的創造史，不是文字所表現的歷史事蹟，而是文字所表現的事實本身，天主創造宇宙人物爲一椿歷史性的事實，事實的經過在紀述方面則是一種陪襯。所謂立天創造，可以解釋爲宇宙進化的一種暗示。

丙、精神與物質

國父在宇宙的進化中，認定有一『生元』，『生元』爲「精矣，微矣，神矣，妙矣，不可思議者矣。」生元便是精神。

馬克思的辯證唯物論，承認人有心靈，心靈爲非物質體，但不是精神體。「人的心靈爲頭部機官所構成，爲物質的一項特性，結構特殊，因此稱爲非物質性的。」（註六）心靈是怎樣來的呢？人的祖先猿猴，經過長時期的抵抗自然環境，漸漸進而成爲眞正的原人，再經過長時期適應生活要求的工作，反映系統漸漸提高，腦神經的機構也漸漸成全，於是便有了心靈。這種心靈雖是非物質性的，也不過是物質的一種特性，因此，馬克思的歷史觀，乃是唯物辯證史觀。國父反對馬克思的思想，堅決主張宇宙內有精神有物質，兩者相輔爲用。所以也反對黑格爾的歷史哲學思想，黑氏以歷史乃是絕對精神的正反合辯證過程。

國父在「軍人精神敎育中」說：

「精神雖爲物質之對，然實相輔爲用。……故全無物質亦不能表現精神，但專恃物質則不可也。」

「物質文明與心性文明，亦相待而後能進步。中國近代物質文明不進步，因之心性文明之進步，亦爲之稽遲。」

宇宙內有精神，精神的代表爲人的心靈；歷史的重心旣是人，歷史的重心便應該是精

神。精神當然要有物質以作表現，然若獨有物質而沒有精神，則就沒有發明，沒有進步，也

就沒有歷史。

沒有精神，更沒有宗教，因為宗教信仰的對象為神，神為超物質的精神體。即使初民所

信仰者為圖騰，為禽獸樹木，信仰的對象仍舊為圖騰後面的精靈，仍舊為精神體。

民生史觀的宇宙一定有精神，國父說物質文明和心性文明，互相合成民生的進步。孟

子曾說人有小體有大體，小體為感覺之官，大體為心思之官。「從其大體為大人，從其小體

為小人。」（孟子 告子上）大體為精神，人體為物質，人則同且有精神和物質。先總統 蔣公

說：「精神與物質，原屬一體之二面，同物之異象，相因而生，相需而成。」（蔣總統集 哲學

與教育對于青年的關係。）又說：「民生哲學最主要之點，是絕不同意古今哲學把精神與物質劃分

為二，致使二者的關係，發生爭訟不決的難題。反之，民生哲學承認精神與物質均為本體中

的一部份，既不是對立的，也不是分離的。……宇宙的本體應是心物合一的，宇宙與人生都

必須從心物合一論上，才能得到正確的解釋。」（蔣總統集 反共抗俄基本論）所謂心物合一即是

心物合成一個人，心靈和物質在一個整體的人生中，不能偏廢偏重。人須有物質生活，又須

有精神生活，這兩方面的生活結合成一個整體的生活。然而按照人性的要求，精神生活應更

受人的注意培養。中國儒家歷代所講的修身養性，就是為培養人的精神生活。 大家現在都說

中國的文明爲重視精神的文明，西洋的文明爲重視物質的文明，這種評語雖不完全正確，然中國人重視精神修養，則是一貫的傳統。

國父說：

「惟恃有精神，即能制勝。……若無精神，子彈雖多，適以資敵。……故兩國交戰，能撲滅敵國之戰鬥力者，即在撲滅敵人之精神，而使失其戰鬥能力。兵法有云：『攻心爲上，攻城次之。』攻心者，務必打破敵人之精神、取得城地，猶其後也。……此足見物質之不可恃。所謂『固國不以山谿之險，威天下不以兵軍之利』者，其道何在？精神爲之也。」（軍人精神教育）

「我感覺近年以來，科學愈發達，物質文明愈進步，而道德愈低落，精神生活亦愈貧乏，於是人們都感覺內心空虛，覺得人生渺茫和恐怖而無所歸宿，……這就是物質文明愈進步，精神生活愈貧乏的一個事實。」（民國四十七年耶穌受難節證道詞）

・369・

又說：

「因之，科學物質都是看得見的東西，而道德精神却是看不見的創造力和推動力。大家須知，今日共產匪徒所最懼怕的，亦是其最仇恨的，乃不是看得見的科學物質，而是看不見的道德精神。它們的科學物質現在雖然還趕不上自由世界，但是它們還是可有，還是能趕的，只是道德精神力量，特別是宗教精神力量方面，可以說它們一無所有，而且它們永遠亦不會有這樣不可見而又無可限量的精神力量。」（民國四十九年耶穌受難節證道詞）

民生史觀着重精神，以精神為民生的創造力和推動力。儒家所講治國平天下之道，由易經、論語、大學、孟子到後代唐宋的明君賢相，都以正心誠意為基本，以仁民愛物為途徑，儒家的政治哲學稱為統治，卽是看重精神。歐洲一千多年的政治理想，常以道德為基礎，歐洲中古時代更提倡禁慾。近數百年來，因着科學的發達，物質的享受提高，歐洲社會民生乃形成偏重物質的傾向。然而教會所呼籲的，仍是注重精神生活。

以天主教信仰發揚民生，所重的也在精神。

注重精神生活，社會才有道德，人生才有目的，先總統　蔣公說：

「生活的目的，在增進人類全體之生活；生命的意義，在創造宇宙繼起的生命。」（自述研究革命哲學經過的階段）

蔣公又肯定說：

「人的生活，除了物質以外，還有更重要更高尚的精神生活，這精神生活的本質，就是生命。」（解決共產主義的思想與方法的根本問題）

民生若沒有精神，祇有物質，那將是一羣形同禽獸的生活；這種生活的外形，靠著科學的產品可以超過禽獸生活千萬倍，然而在骨子裏，這種燦爛的物質生活也不過和禽獸生活一樣滿足生來的衝動，而且要造成滅斷人類的慘劇。現在一些思想家所警惕人類的，就是這種生活。

3. 結　語

民生史觀為一種歷史哲學，繼承中國文化的傳統，接受歐洲的思想。人類的歷史以民生為中心，民生包括精神和物質兩方面的生活。人類的由來，為由低級動物進化而來，進化的要素為『生元』，『生元』為神妙的精神。進化的途徑為互助，互助為仁為博愛。進化的推動力為心思，心思乃為人類的特徵。

民生樂觀和我們的宗教信仰，互相融洽。『生元』的來因，為『天生蒸民』（詩經 蒸民）的創造主，『生元』可以因着環境的變遷，在物體中進化，到了人類則整個地發展出來。中國儒家的思想也以『生生』為中心，『生生』的理卽是天理，理學家朱熹以物得天理之偏，人得天理之全。也就是這種思想。

基督的福音以愛為中心，創物者天主愛人，以萬物供人使用，人與人則相愛而求生活的幸福。政府的責任在提高人民生活的享受，政府的政治以人民為主體，政府的努力為求人民的福利。民生史觀以民生為歷史重心，三民主義也以民生為目標。民族主義為鞏固民生，民權為保障民生。政府一切措施，都在謀求民生的幸福。

民生史觀的歷史哲學，由宗教信仰去看，含有高度的智慧，攝取了歷史的精義。歷史是

人的歷史，歷史的終極目的則在於反歸創造者的根源。這種歷史觀為一有宗教信仰性質的歷史觀。馬克思的歷史哲學為有神的唯心史觀。國父的民生史觀為有宗教信仰的心物合一史觀。

國父在一八八五年，年二十歲，在香港基督教綱紀慎教會禮拜堂受洗。二十九歲，在檀香山創立興中會，會員必須宣誓，誓詞中說：「倘有二心，神明鑒察。」神明二字，表示具有宗教信仰。一八九六年在倫敦蒙難時，自述「惟有一意祈禱，即以自慰，當時之所以未有犯疾者，賴有此耳。」「及星期五（十月十六日）上午祈禱完畢，起立後，覺心神一舒，若所禱者已上達天聽，因決計再盡人力。」（倫敦蒙難史 第四章）

先總統 蔣公於民國十七年信基督教，久而彌篤，以宗教信仰為自己精神的基石，以聖經為精神修養的源泉。民生史觀的創始者和發揚者，都是具有宗教信仰的偉人，兩位偉人的宗教信仰也蘊會在民生史觀中，使民生史觀能成為中庸而又高明的歷史哲學。

<h1>附　註</h1>

（註一）李宗侗 中國古代社會史（一）（現代國民知識叢書）

民六七年九月十日 天母牧盧

(註一) Guglislms Schmidta Manuale di Storia comparata delle religioni 1943. morceliana.

(註三) Amofd Toynbee. A Study of History, vol VII. universal chuaches.

(註四) 羅光 評判辯證唯物論。哲學與文化月刊。民國六十七年三月號第八頁。

(註五) 羅光 理論哲學。頁三六五，頁三七七．先知出版社民國六十五年第三版。

(註六) 湯恩比 現代世界與宗教，項退結譯，先知出版社．頁六。

(註七) Pierre Teilhard de chardin. The Phenomeuon of Mans. 中文有鄭聖冲神父的編輯本，由先知出版社發行。

評判辯證唯物論

1. 辯證唯物論

共產主義的哲學理論基礎爲辯證唯物論。

馬克思曾批評歷代哲學上的唯物論爲『庸俗唯物論』，稱呼他自己的唯物論爲『辯證唯物論』，乃唯一的純正唯物思想。馬克思批評庸俗唯物論思想不徹底，不能攻破唯心論的根基；因爲庸俗唯物論以物質不能自動，不能有本質的變易，這樣在根基上要承認有發動物質的精神，有造化宇宙的造物主，豈不是回到唯心論的懷抱嗎！馬克思乃創造一種新的唯物論，列寧和史達林繼承了他的思想。

馬克思和繼承他的思想的共產主義，在哲學上祇承認有兩派思想：一派爲唯心論；一派爲唯物論。他們以唯心論爲資產階級的哲學，唯物論爲無產階級的哲學。唯心論這個名詞在他們的思想裏包括三種主要的哲學思想：一種是存在論；一種是實徵論；一種是新士林哲

· 375 ·

學。存在論以自我的存有為存有，存有由心靈的焦慮而體驗，屬於主觀的唯心論。實徵論以感覺的認識為唯一的知識，理性知識的對象屬於不可知，因此不能成立形上學；然而實徵論並不完全否認形上的知識，應該視為主觀的唯心論。新士林哲學承認外界的世物為客觀的實際存有，不由主觀認識所造，但士林哲學主張有心靈，又主張有造物主的天主，便是一種客觀的唯心論。辯證唯物論則主張宇宙一切都是物質，一切自然現象或人事現象乃是物質的變動形式。物質宇宙不是絕對精神的化身，也不是宇宙精神或任何精神體的產物，物質是唯一的實有體，自有而自己存在，不需要任何的精神體。

甲、物質的意義

辯證唯物論主張一切都是物質，物質這種名詞有什麼意義呢？馬克思和黑格爾曾以物質為由不可分、不可變、不可入的原子所構成。當代的物理學則已前進，證明原子不是最後的因子，原子可以分，分而成電子，電子也可以分，而且物理學也講物質的非物質化，化而成能量，物質的本質幾乎不能存在了。列寧乃修改馬克思的物質觀念，以物質為一種哲學的範疇，這種範疇所指的為感覺的客觀對象，對象的實在性可以用感官予以證明。列寧喜歡這種定義，能夠適應物理學的新發明。但是這種定義乃是認識論方面的解釋，而沒有說明物質的

本性。普通哲學以物質爲量性的結合體，現在物理學家則認爲物質沒有量，也不是結合體，而是變化成了『能』。辯證唯物論答覆物理學家的難題，說明物質在變成『能』時，有一部分並沒有變，沒有變的部份爲靜的部份，變的部份爲動的部份，兩部份都仍舊有『量』。

辯證唯物論不詳細解說物質的本性，卻詳細解說物質的特性。

(1)物質的第一項特性爲『動』。整個自然界都常在動，物質體的原子變動不停，原子內部的電子也繼續脫離外殼。辯證唯物論的主要點，就在於物質的動，沒有物質不動，沒有動不是物質，『動』乃是物質存有常久形式。物質常動而且自動，由單純而到複雜，由低級而到高級，常向上進，常是革新。

動的意義不僅指位置的變動，也不僅指量的變動，包括物理方面的變動，生理方面的變動，也包括社會方面的變動，上級的變動指導下級的變動，彼此結成一體。

(2)物質的本體是無限的。所謂無限從三方面去看：從時間方面去看；從空間方面去看；從深度方面去看。在時間上，物質和『動』結成一體，永久常存。每種個別的變動有時間性，時起時滅；但在整體上說物質和動繼續常存。物理學上有物質不滅和能不消耗的定律，物質在動時變成熱量，熱量再不重新變成物質。假使物質宇宙是永存的，則宇宙早已都變成熱量。證明這種物質特性。當然，物理學上也有另外一項定律相反物質永存的定律，物質在動時變[黑格爾

答覆這種難題，以物質不滅定律，包括量和質的變，物質變成熱量，乃是量和質的變，物體則仍存在。

物質宇宙為一無限的空間，雖然現在物理學的相對論和星際光學都表現物質宇宙不是無限的空間，但是辯證唯物論者則以為物理學所解說的現象，為物質宇宙的某一部份的現象，不代表物質宇宙的全體。

物質的深度無限，按照列寧的主張是物質的元素，可以分到無限，由原子到電子，由電子到其他再分的元素，但總不能達到一種元素，說是物質的最後元素，而不能再分。

乙、物質宇宙結成一體

辯證唯物論堅持主張物質宇宙結成一體，在我們主體的認識以外，為一個實際的存有。

這個物質宇宙的實體，自己存在，而且是唯一的，不需要另一個精神宇宙。所有的一切都在物質宇宙以內，一切的變動都是物質的變動。

物質的變動由物質本身而發動，以往『庸俗的唯物論』主張物質不能自動，需有外力來發動，整個物質宇宙的動要從物質宇宙以外的精神而來，因此便應該有造物主。然而物質宇宙的動由本體以內而自動，因而這種自動便能使物質由量的變化而有質的變化，由一種形態

的物質而變成另一種形態的物質。物質宇宙乃能變化無窮，而且日新月異。

丙、物質與心靈

傳統的『庸俗唯物論』，以宇宙一切都是物質變動，所謂物質變動祇是物理性的變動，人生所有的心理活動則是化學性的變動。辯證唯物論卻主張人有心靈的生活，而人的心靈乃是非物質性的。

人的心靈為頭部器官所構成，為物質的一項特性，結構特殊，因此稱為非物質性的。然而心靈不是精神，因為心靈的活動，都屬於腦神經的動作，腦神經越健全，心靈生活也越健全，腦神經有缺點有阻礙，心靈生活也就有缺點有阻礙，心靈便是腦神經的產物，也是腦神經的活動；雖然心靈的性質特殊，但是辯證唯物論也不接受庸俗唯物論所說心靈為腦神經的產物，如同一切生理活動一樣，又不接受有些生理學者所說腦神經分成許多部份，每一部份管制一部份心靈作用。辯證唯物論主張腦神經的活動為一種合一的活動。

心靈既然是腦神經的產物，而又是物質的一項特性，怎麼又可以說心靈是非物質的呢？辯證唯物論者認為心靈活動的腦神經是物質的，又認為腦神經的活動也是物質的，但是腦神經活動的結果則不是物質的，這些結果是感覺，是觀念，是思想，這一切都不能是物質的。

在一九五八年以前，蘇聯的唯物論者多不相信這種論調，多以為心靈純粹是物質的。一九五八年出版的《列寧唯物論綱要》書中，則明明地申述心靈是非物質。因為列寧對於物質所下的定義，以物質為感覺的外在客體，心靈則是在主體以內，心靈當然不是物質。不過，這種分析，祇是在認識論裏面可以成立，在本體論裏面，心靈則是物質的一項特性。

這種特性的意義在於反映一件實際的存在，一面鏡子可以反映一切放在面前的實際存在物，一塊磁石可以吸引一塊鐵，陽電陰電可以相追逐。同樣，感覺是一種對於一些實際存在物的反映，反映也是一種物質活動。反映的種類當然有高下的程度。動物有感覺的反映，人則有語言和觀念的反映，這種反映不由聲色而生，而是由語言和觀念的涵意而生，然而語言和觀念的涵意，和產生語言和觀念的感覺相聯繫，都屬於符號的反映。

心靈為一種反映系統，然較比別的物體的反映性都更高；因為心靈的反映為抽象性的，為普遍共通性，而且能够使所反映的受主體的管制，這就是人的思想。

心靈究竟是怎樣形成的呢？這便是人的來源問題。辯證唯物論認為心靈的來源在於工作。人的祖先猿猴，在相當的自然環境裏，為謀生活，為抵抗野獸和自然現象的襲擊，漸漸尋找方法。到了身體能够直立，前面兩肢體可以用為工作，漸漸便創製粗糙的工具。經過長時期適應生活要求的工作，人的反映漸漸提高，腦神經的機構也漸漸成全。於是便有了心靈。

丁、認識論

在認識論裏分有兩部份：一爲邏輯學——理則學；一爲認識論。

邏輯學的基礎建在兩條定律上：同一律和矛盾律。辯證唯物論的基礎則是辯證律，兩件互相矛盾的事物，可以同時存在；而且矛盾的存在，纔發動向前的革命運動。通常邏輯學的規律常久不變，嚴格實行；辯證唯物論則以事物繼續在變。因此辯證唯物論者常厭惡邏輯學，予以輕蔑，但在第二次大戰以後，蘇聯卻接受邏輯學，正式在學校敎授；然在形式理則學上，加上辯證法，按照辯證而成邏輯的推理形式。因爲邏輯學究竟是訓練思維的方法，使推理能有正當的途徑。但是形式邏輯的推論法祇用之於單純和暫時不變的事物，對於高一層的思考，則應按照辯證論方式而進行。

邏輯學的目的在於求眞理，使觀念能和實際存在相合。但眞理的問題不能在邏輯學裏求答案，而要在認識論裏去求。人的認識是否合於實際的存在客體？

認識的成立常經過三段歷程：第一段是感覺，第二段是抽象化，第三段是實踐。

辯證唯物論以人的一切認識都來自感覺，感覺是外面客體的實在反映，不祇是符號或象徵。從所有感覺而有抽象的觀念，觀念有普遍性，能反映事物的內性。抽象觀念的成立，則

是由於感覺和心靈理性的合作。

抽象觀念究竟是否正確地反映事物的內性呢？？人怎樣可以分辨正確或不正確，分辨眞和假呢？？辯證唯物論主張唯一的眞假標準在於實踐、由抽象觀念的思想走到實行，乃是認識的必要過程，行爲知的一部份，行使知得以成全，然而知和行的關係不僅是知行合一，而是按照黑格爾的主張，知和實際存在爲一，實際存在的昇華而成心靈的反映，遂有認識。馬克思不完全接受黑格爾的主張，實際的問題並不因成爲觀念而能有解決，抽象的觀念也並不是精神本體對自己的自覺。抽象觀念所成的思想要在實際的實踐上纔能辨別眞僞。思想能够成爲實際的經驗，經驗和思想能够合一，思想纔是眞的。實際經驗不僅是眞假的標準，而且是認識的一部份，經驗還在觀念以上。

辯證唯物論以眞理是認識和實際客體的合一；然而人的認識是有限的，有限的認識在各種認識中都是不完全的，也不是純粹眞的。不過在各種不完全認識中可以有不變的眞理。不變的眞理就是一切都是物質，生命來自物質，人由物質進化而來，進化的定律爲辯證律，無產階級專政乃是辯證律的必然結果。

戊、辯　證　律

辯證唯物論以宇宙萬物都是物質，合成一個整體，整體永常在變動，變動的規律爲辯證律。

這三項辯證律爲共產主義普遍所信認；但是史達林則在一九三四年出版他的唯物史論另

黑格爾曾經擬定三項辯證律：

一、由量變到質變，由質變到量變。

二、矛盾互相溝通。

三、否定的否定。

外擬了四項辯證論：

一、一切現象互相聯繫。

二、自然界與社會中的變進，互相依存。

三、革命爲量的變易成爲質的變易之動因。

四、革命爲對立矛盾的鬥爭。

史達林的四項規律，雖在形式上和黑格爾的三項規律不同，實際上則並不出乎黑格爾的思想以外。黑格爾的三項規律多含有哲學的成份，史太林的四項規律則多含政治的成份。在哲學方面，辯證唯物論爲一宇宙論，講宇宙的變易，變易的程序是辯證式。

宇宙由物質的變易而成，變易的辯證程序裏有沒有因果關係？辯證唯物論承認有因果關

係。因果關係爲兩個現象互相聯繫的簡單形態，一個現象由另一個現象而發生，這種關連性

就是因果關係。辯證唯物論反對休謨、洛克和康德，他主張因果關係爲客觀的實有關係，在

自然界有因有果，在社會人事間也有因有果；然而應分別原因和條件以及機會。條件常爲一

種事物的產生所必需的，但並不產生這件事物。機會則使一種事物發生，然沒有絲毫的內

在影響。

因果關係應該是必然的關係，但不是普遍的必然關係；有果必有因，有因不一定有果。

必然性的關係在自然界成爲自然律，在社會人事間便是法律，不過自然界一切現象的相互關

係不全是因果關係，自然律的必然性關係也不常是因果關係。社會的法律關係也是一樣。

宇宙物質變動既有規律，規律具有必然性，一切的變動便都預定在先。人類社會的變動

也有規律，社會的變動便遵循一定的途徑。共產主義便主張無產階級專政爲一種歷史的必然

現象。這豈不是定命論嗎？

然而在人類社會間偶然的事卻非常多，且在自然界也多有偶然的現象，辯證唯物論承認

有偶然的現象，偶然現象的發生，是有兩種或多種因果系統互相結合，而這種結合沒有外在

規律和內在本性的管制，因此，所生效果便不能是必然一定性的，而祇是一種偶然性的。因

此，辯證唯物論反對機械性的定命論，而主張辯證定命論。

物質宇宙變動的規律爲辯證律，辯證律以矛盾爲基礎。在自然界和人類社會的事物裏常有對立的矛盾，因爲矛盾乃有變動，變動本身就是矛盾。有了對立的矛盾，便起鬥爭，鬥爭出自矛盾的自身，鬥爭便是運動。矛盾經過了鬥爭乃有統一，統一爲一新事物。新的事物不一定僅是量的變化，也是質的變化，變化向前大躍進，新的種類乃能產生。

己、辯證唯物史觀

辯證唯物論者把辯證唯物律應用於歷史，造成一種辯證唯物史觀。從辯證唯物的觀點看歷史，歷史便爲辯證律的反映，人類社會和自然界相貫通，共產社會乃是歷史的必然趨向。

歷史的演進爲對立矛盾的鬥爭，在初民社會裏，人和野獸以及自然環境鬥爭，乃有石器時代，由單人進於氏族社會。氏族社會的矛盾爲奴隸制度，強大的家族奴役弱小的家族，用爲自己的奴隸，發展游牧生活的畜產，進而發展大地主的農產。大地主的生產工具已由石器進爲銅器再進爲鐵器，據土地爲私有，以家族治理別的家族變成帝王的制度，於是出現封建制度。不料科學漸興，發明機器，工業制度逐漸成立。工商業的人鬥爭封建的貴族，造成資本主義的社會。資本集中在少數工業家手中，一般工人都祇有工資而沒有產業，工人和資本

家互有對立矛盾、互起鬥爭，乃有無產階級專政的共產社會。歷史為一部對立矛盾的鬥爭史，推動鬥爭的動因為生產工具。辯證唯物史觀分歷史為五個階段：初民社會、奴隸社會、封建社會、資本主義社會、共產社會。

歷史演進的動因為生產工具。人由高級動物演變而成，工作引起身體器官的演變，工作也啟發理性的思考，工作便是人生的基本。工作一改善，生活就改善；生活一改善，社會的歷史就改變。然而工作的改善，靠着工作的工具，工具改良了，工作便也改善，生產便也加高；因此，生產的工具為歷史演變的主因和基礎。

生產的改良當然不完全靠工具的改良，自然的環境也有相當的重要性。自然環境可以加速或減低生產的速度，也可以指示一種特別生產的工作。

生產既為歷史演變的動因，當生產工具改良而發明一種新的工具時，生產界遂起改變。

生產界既起改變，社會的高層制度還保留原有形態，於是社會制度和生產界形成對立的矛盾，生產界遂起革命。

所謂社會基層組織為生產界，所謂社會上層組織為政府和社會各項組織。在基層組織中以生產工具和生產勞力的關係為最重要，上層組織則有政治學理和社會經濟文化的學說。當基層組織的生產工具和生產方式發生矛盾時，社會的上層組織馬上起反映，且發生對立的矛

盾，演成鬥爭，推動歷史的演變。

生產方式決定社會的結構，生產方式由生產工具和勞力而形成。在一個社會裏所能發展的生產力量還沒有發展以前，生產力不會消滅。生產力若還沒有脫開舊的社會環境，新的生產關係不會產生。生產力和生產關係合成一體，生產力居第一。

以生產方式爲社會歷史的基礎，以矛盾鬥爭爲歷史演進的動力，這就是辯證唯物史觀。

庚、無神論

辯證唯物論不僅主張宇宙的一切都是物質，而且主張揹除物質對於精神的一切要求。物質爲自立的客體，不是絕對精神或主觀理智的反映；物質爲自有體，不需要一位造物主；物質是自動體，不需要外在的最高動因；物質宇宙按照辯證律繼續演變，不需要亨毐宇宙的神明。因此，辯證唯物論攻擊一切的宗教信仰。

物質宇宙爲一個整體，物質有唯一性、有一統性，若在物質以外有精神、有神靈，就像黑格爾所說上帝爲宇宙的自覺心靈，就破壞物質的一統性。

馬克思以宗教從三方面去看，都不能成立；宗教爲一種學說，宗教爲一種思想，宗教爲一種現象。從學說一方面說，宗教信仰以物質外有精神，在哲理上不正確，哲理所證明的爲

物質一元論。從思想方面去看，宗教信仰爲人所造，而把人束縛在自己所造的觀念以內，把心靈放在物質以上，完全不符合眞理。從現象方面去看，宗教信仰又是社會環境的產物，被強權的人用爲分化社會，使社會成爲壓迫者和被壓迫者的二元現象，幾時人類用自己的努力將社會分化爲二元的制度打破，而建立社會一統時，宗教就歸於消滅。

宗教信仰爲人的一種失常心理所產，加重社會的壓迫勢力，作爲無產階級的敵人。在民眾的心理上，乃是一種像鴉片的毒物，麻醉民眾的感受。馬克思認爲宗教信仰爲一種不成全對性。辯證唯物論的倫理道德不建立在心靈良心上，而是建立在社會辯證變動的要求上。雖的心理，爲一種自卑感。他的辯證唯物論提高人的價值，從否定神的存在，人和自然乃有絕然仁義道德的名字和傳統的倫理道德相同，但是仁義道德的意義則都是無產階級的利益。責任義務的必要性，不同於康德所主張的先天要求，乃是辯證方式的要求。道德律不假定有天命的良心，而祇假定對於宇宙變動規律的自覺。自己知道按照辯證律事件應該怎樣進行而自願照着去做，這就是自由，就是責任義務的基礎；在這基礎上建立共產社會的倫理道德，以無產階級的利益爲前提。

辛、政治原則

共產黨根據辯證唯物論建立黨的政治原則。 共產黨的政治原則，第一在於辯證式的階級鬥爭，第二在於辯證唯物史觀的無產階級專政，第三在於以無產階級的利益為前提而取消私產。

辯證唯物論主張社會的階級為私產制度下的生產關係所有的必然結果。 階級分基本的階級和附和的階級。 基本階級由生產關係而生，在奴隸社會裏有主人和奴隸，在封建社會裏有地主和農奴，在資本主義社會裏有資本家和工人。 附加的階級在直接由生產關係而生，但依附生產關係而產出，如同在資本主義社會裏，有小商人階級，有智識階級等。 階級的標準在於生產關係，每個人在生產過程中所處的位置，分別把每人放在一個階級裏。

階級的上下不同，在上的階級常剝奪在下的階級，奴役他們的勞力，壓迫他們的權利。 然而國家的政權應當歸於在生產關係中為主的人，生產關係的主人是勞力，勞力代表工人。 在基本階級的利益互相衝突的時候，便發生對立矛盾的鬥爭。 這種階級鬥爭造成革命，革命為政治的必然現象。 歷史的演變都是這種階級鬥爭，鬥爭的主要原因常是私有產業。 按照辯證律歷史演變到共產主義的社會，消滅私有財產，人類進入了歷史的幸福時代。

辯謂唯物論宣傳共產主義的社會為歷史的幸福時代；然而依照辯證律共產社會也應當有

內在的對立矛盾，也要有鬥爭而將產生新的社會。共產主義乃說共產社會有自己的矛盾，然而不是對立相反的矛盾，因着矛盾也有鬥爭，然而鬥爭的結果不是另一種新的社會，而是共產社會的革新，毛澤東所以主張發動不斷的黨內鬥爭，黨內的鬥爭一旦停止，黨則將受黨外的鬥爭。

在國際上，共產主義相信資本主義的崩潰，共產主義將成爲世界的一個歷史階段，爲促成這種階段，共產主義利用武力作爲援助。

在國內只有黨和階級，共產黨代表無產階級，無產階級的利益高於一切。私人的意識應是對於黨的意識。

2. 心物並存論

共產主義的哲學理論基礎，爲辯證唯物論。辯證唯物論的基本哲學思想是：第一、以宇宙一切爲物質，第二、以物質遵照辯證律變動，第三、人和物質宇宙結合成一整體，物質宇宙的辯證律也應用於人類社會，第四、人類社會的辯證律乃是階級鬥爭。

辯證唯物論的這種哲學思想在基本上就錯了。

甲、精神的存在

中西哲學的開端是研究宇宙的奧妙，希臘古代哲學研究宇宙萬物構成的原素，中國古代哲學的易經和道德經研究宇宙演變的因素，印度古代哲學也研究宇宙的成因。中西哲學的古代宇宙論都以宇宙成素爲物質，但是在物質以外，也承認有精神的存在。柏拉圖主張有觀念的精神世界，亞里斯多德主張心靈爲精神體，易經主張宇宙變易神妙莫測『神無方而易無體』（繫辭上 第四章）。印度奧義書也主張心靈不是物質，而且東西的古代哲學，常主張有創造宇宙的神靈。唯物論的思想雖在希臘古代哲學中已經開端，歷代西洋哲學中也有這種主張；但是他們都保全物質的意義，物質爲有量的物體，常在空間和時間以內，沒有自動的能力。然而在宇宙裏一切物體雖都有形色，都是物質物，宇宙卻有些現象，沒有形跡，超出物質以上。「繫辭」說：「易，無思也，無爲也，寂然不動，感而遂通天下之故，非天下之至神，其孰能與於此？」（繫辭上 第十章）整個宇宙的變化爲化生萬物。萬物的生滅繼續發揚，外面無形無跡，內面的活力則充沛而發於外，有條有理，不相混亂。整個宇宙像一道生命的洪流，貫通萬化。

這種神妙的化工，不能由物質而自然流露。神妙而有秩序的化生工程，超出物質自身的

能力以上。

易經乃說天地有愛生之心，又說天地有好生之德，而在書經和詩經裏更說是天造神物，天為上帝。

若是宇宙沒有造物主，造物主若不是超於物質的最高神明，宇宙萬物便都是物質；而且應當是自具生動力的物質。這種物質已經不是純粹的物質，而是兼具精神特性的物質，就是辯證唯物論所講的物質。假使物質是按傳統的物質意義，則必須有創造物質的至高精神體。

辯證唯物論的物質在哲學上不能存在；因為物質是有形色的，乃能作感覺的客體。形色的物體有量而且有限，有量而有限的物體從本體不能是自有的。有量的物體由分子構成，各分子不能自動結合，必須由一外在動力使牠們結合，結合了以後纔為有量的物體，這有量的物體便不是自有的。物質的構成素也不能是自有的，因為這種構成素也是結合體，如同辯證唯物論所說物質特性在深度方面是無限的。有限的物體也不能自有，即使是精神體也不能自有。因為有限的物是多的，多的同類物怎麼能夠都是自有的呢？辯證唯物論以物質宇宙的起源為一物質，假使這個物質為宇宙萬物的起源，當然是自有的。中國老子以道為自有，儒家中也有學者以太極為自有，以誠為自生自成。但是若以物質之源是自有的，這種源起物便應該是絕對精神體，否則不能自有。老子以道為無，周敦頤以太極為無極，都是勉強把道和太極脫離物質的性質。老子所以說有生於無，無是不是物質，而後能生有；有不能生有，即是

既有形色，不能為有的起源。然而道家和儒家都沒有以道或太極為精神體的尊神。莊子因此

講造物者，儒家都信皇天上帝。這不是一個宗教信仰問題，乃是一個哲學的基本要求。或是

按哲學的理論承認物質不能自有，應該有創造萬物的精神體，或是承認物質具有精神體的特

性。然而物質本身不能具有精神體的特性，若有這種特性，必定由外面的動因而有。結果還

是歸到創造萬物的精神體。

宇宙萬物的變動，不能常是辯證式的變動。中國哲學講宇宙變易以循環為規律。循環並

不是不能有新事件，而是使變易能夠繼續不斷。假使宇宙萬物的變動成直線形向上進，則或

者原素耗盡不能繼續，或者祇有新的事物，原有的事物，逐漸消滅。辯證式雖然可以說是一

種循環式，但是既互相矛盾，則矛盾的統一，應是新事物，而不是原有事物的繼續。宇宙間

的事物卻都是相遞換，由原有而漸改為新事，不能是否定原有的一切而化生新事物。

生物的演變沒有依循辯證律而變，達爾文所有的進化原則，在於自然環境的適合，適合

者則生存，不適合者則滅亡。古生物學上有許多生物的種類，早已絕跡了。但是新的種類怎

樣出生呢？在最初時，地球上沒有生物，最初的生命由何而來？後來的生物是否由最初的生

命演變而來呢？生物學到現在還沒有定論，哲學上更不能憑空去幻想。按照哲學的理論說，

物質內不能有生命力，最初的生命者來自無生物的物質，這種生命力不能來自物質的本身，

必定來自外在的生命，就是該由創造宇宙的精神體所賜。賜與生命力的方式，則不是哲學所可推論而得的。

物質本身也不能是永久的，又不能是無限的。若是物質能是永久而無限的，這種能力不來自物質本身，而又是由外在的永久無限的創造者所賜。

因此，我們不能接受辯證唯物論的永久自生自動的物質，也就不能接受祇有物質而沒有精神體的主張。

乙、人為心物一體

中國哲學從古到今，常保全了一個傳統的觀念，以人為萬物之靈。而人之靈在於人的心。荀子已經說人心虛明能知，宋朝理學家也主張人心為神，神即是精神。雖然中國哲學所說的精神為清氣所成，然已明白地和物質有分別，而不是物質。

西洋哲學家除少數的唯物論者以外，都主張心是精神。辯證唯物論因着人心的動作結果，超於物質以上，承認心為非物質體。但是所謂非物質體，意義很不清楚，而且祇就觀念和思想去看，不就心的本體去看。按照哲學的理論上，若是工作的結果是超於物質的，執行工作的本體便應該是精神體。

在哲學界常有唯物唯心兩派；唯物派以萬物都是物質，人心也是物質；唯心派以萬物的本體爲精神，物質形色祇是外象。但是實際上這兩派都是偏而不正，人是兼有物質和精神，而且是心物合一體。心是精神體，心的存在則是和肉體相合的。

聖多瑪斯曾在問題集內討論了這個問題，證明靈智（理智），實體卽是心靈，爲理智和物質的組合。他所舉出的證明很多，我們可提出幾點最重要的：

靈智的實體，「是知識、道德和天賦神恩……等等的主體，可見不純是性理（抽象的非物質體），但也不純是物質。單純物質，對於生存，只是有虧虛性的潛能，沒有現實，也不有任何動作；既不純是性理，又不純是物質，所以是物質與性理的組合。……大哲（亞里斯多德）曾說：『物體有變化而不含物質，是不堪設想的。』宇宙間，靈智實體都有變化，只有天主的本性本體，不會受變化。天本是造物者，不屬於千變萬化的宇宙以內……故此，宇宙間，凡實體，都含有物質。靈智實體也不例外。……大哲（亞氏）形上學說：『無物質的實體，自己是自己生存和獨立的原因，自己以外，沒有別的原因。』宇宙間，凡是實體，它的生存和獨立，都是在自身以外，另有原因；因此，都不是沒有物質。靈智實體也不例外。所以，它也是物質與性理組合而成的。」（註二）

人是一個實體，實體是一；心的精神和肉體的物質，合成一個實體，共有一個存在，也

• 395 •

是一個存有。所以人心的活動要運用腦神經，而其結果乃能超出物質。

先總統 蔣公曾說：「歷來關於哲學上的辯證很多，最大的爭點就是唯心與唯物兩派，這

兩派各有所偏，都不是哲學的正宗。我們 總理民生哲學思想，乃是不偏於唯心，亦不偏於唯

物，而以民生為歷史進化的重心，可說是綜合心與物二者的最高理想。」（註三） 蔣總統且

進而主張心物合一。「古今中外講哲學的書籍，每每不是偏於唯心，便是偏於唯物。其實精

神與物質原屬於一體之兩面，同物之異象，相因而生，相需而成，在本質上既不可分離，在

學理上自不容偏重。尤其是我們的一切學問是為人生而學，如果偏於唯心，必至鑿空蹈虛，

復無歸宿。偏於唯物，必至毀情滅性，由冷酷流於枯槁，都是違反人生的真諦。」（註四）

當然，現代西洋哲學對於『心』的解釋，意見很多，懷德黑主張心物合一，而以『事

點』為宇宙本體，『事點』為非心非物，亦心亦物的複雜體。他所說的『心』，仍舊免不了

是物質，而『事點』猶如易經的『易』，是用，是結果，而不是本體。

我們主張主體人心是精神體，不是物質，也不是非物質，然而心和肉體結合成一個人的實

體。

心既是精神體，心的知識藉身體的器官而完成；則智識不能僅是感覺的智識，而智識正

確的標準不能是『實踐』。 毛澤東在一九三七年七月曾寫過一篇「實踐論」，抄襲馬克思的思

想，以認識的過程有三步，第一步由感官接觸外物，取得感覺。第二步由理性綜合感覺的材料，作成概念而有思想。第三步，運用思想到實踐，由實踐取得真的認識。認識由實踐開始，達到理論，又須回到實踐。

這種主張是不對的。雖然墨子在三段論證中也有這種在實踐上有利人民的一條論證，美國實用主義也有適合實用的論證；然而都不是以實踐為真理的唯一標準。我們主張真理為概念或思想和客觀對象相合，即是名實相合。分辨真假的難處，不在於名實相合一點，因為這一點很簡單；難處在於辨別一種思想正確不正確，是真或是假。思想的客觀對象，常不是一件具體事物，而是一些抽象的理論。思想是理論，對象也是理論，便不容易看到兩者相合不相合，哲學家便想出許多辨別的條件或方法。唯物辯證論主張理論者能夠實現成為有利的事實，便是真的；而所謂有利的事實當然是合於共產主義的事實。

我們主張真理的標準在於客觀的對象。思想的對象若是抽象的理論，這種理論必有所根據的原理，原理則有客觀的對象。例如說人人都應有自由，這種思想是對的，因為所依據的原理是人人都有意志，意志有選擇的本性。因此有選擇便有自由。所依據的原理有客觀的對象。

人心既是精神體，人既是心物合一體，人的本性和禽獸有別，人的生活也和禽獸不同。

自然界的規律或法則，便不能一切都適用於人類。人的生活以自由爲主，自由以團體生活爲規範，以良心的規律爲標準。宋明理學家以人心有天理。中庸以『率性之謂道』，中庸以喜怒哀樂『發而皆中節，謂之和』。我們主張人心有造物主所給的規律。人類的倫理道德以天理或天生規律即性律爲根基。

丙、人類社會

人類社會的演變是否有普遍的原則，爲歷史哲學上的一問題，辯證唯物論主張有原則，原則就是辯證律。我們也主張有原則，但原則不是辯證律。

人類歷史的演進，由人心的自由爲主因，自由爲人精神的活動。精神活動的首要基礎是人心的自然要求，即是人性的要求。每個人的本性都要求成全自己，都要求有更多的享受，因此人類對於智識永遠追求長進，對於科學與工業的產物，常求日新月異。這種成全自己和追求享受的天性，乃是人類歷史演變的動力，然而人的生活以精神爲主，物質爲次。孟子以人性生來有仁義禮智的要求，所以他主張養心存性。雖然食色也是人心的自然要求，這種要求須合於仁義禮智，順從並放縱物質性的要求，便是人類的罪惡。人心自由的次要基礎爲周圍環境的要求，人心應與之適合。在這種適合裏不能祇用辯證法則。孫總理特別指出人類

的進化，不能使用強食弱、大併小的進化法則，人類的進化，須應用合作共存的法則。階級鬥爭雖爲一樁歷史的事實，然而絕對不是普遍的歷史事實，更不是歷史進化的唯一動因。把黑格爾的辯證法用之於中國歷史是一種錯誤，把馬克思的辯證唯物史觀用之於中國歷史更是天大的荒唐。中國歷史上沒有所謂奴隸社會，沒有所謂資本主義社會，連正式的封建社會也祇有片段的歷史。圖騰社會和母系社會在中國歷史上也沒有痕跡，祇是一些社會學者強把非洲澳洲土人的歷史，套到中華民族的歷史上。中華民族的文明，在和平共存中得有發揚，在武力鬥爭時受到摧殘。

若要社會的革命，以生產工具和方式爲基礎，乃是以人爲物質的自然結論。但是人心是靈明的精神，人的活動以靈明的心爲根基。電力固然改變人類社會，但電力是愛迪生所發明，發明是用新的工具乃是人心靈明的發明。生產工具固然在人類社會裏爲革新的動力，然而人心。生產以勞力爲主，然而機器工具也佔同樣地位，爲供給勞力和機器工具需要資金，資產對於生產也佔同樣的地位。三者缺少，生產的工業便不能成立或不能存在。

人心的基本自然要求，在於有自己的財產，可以自由支配，而不作別人的奴隸，向人討錢；也不作團體、階級或國家的奴隸，向團體或國家討錢。私產制根之於人的本性，當然人天性在團體內生活，私財制度應該在消極方面不妨害公共利益，在積極方面有助於公共利

益。

國家政府的責任，在於使國民都能有適當的利益，而不是剝奪私人的財產權。

人心的本來要求是愛，失去了愛然後有恨。人類的社會便應建築在愛心上面，絕對不能建立在仇恨上面。人心有愛便有喜樂，便有滿足；人心有恨便有憤怒，便有憂懼。若使一國的人或全世界的人，互相仇視，互相鬥爭，人類的生活便比禽獸生活還更苦，更無意義。以階級鬥爭，以種類鬥爭，以響應鬥爭作一種政治運動的口號，能夠爲合理合情的事，但以鬥爭爲永久的原則，爲人類歷史演進的必要途徑，那必造成人類的慘劇。

人心是精神體，要求精神的滿足，人愛自然美景、愛詩歌、愛藝術、愛哲學，都是出自人心的自然要求。黑格爾以藝術和哲學爲最高的精神學術。但是他認爲人心的最高精神要求乃是宗教信仰。人心在宗教信仰中，使自心的無限要求，能有一超出有限宇宙的對象，而取得滿足。

湯恩比的歷史觀，看到人類歷史的未來，要由宗教信仰去彫塑。宗教信仰的要求，最實際的表現人心是精神而不是物質，根本和辯證唯物論的基本思想相反。有宗教信仰便不能相信辯證唯物論，有辯證唯物論便不能有宗教信仰。宗教信仰和辯證唯物論根本相衝突。

因此辯證唯物論是強烈的無神論。

人和禽獸的分別就在於有精神生活。中華民族傳統的文化常以精神生活爲重，而人生的至善就在於達到精神生活的頂點。這種頂點，在儒家是至誠的仁人，參天地的化育；在道家

是眞人，和道相融會；在佛家是成佛，入涅槃眞如同化。設若中國社會有社會階級，階級則是精神的階級，就是君子和小人。宇宙若祇有物質，不論將物質若何美化，加以各種高尚的特性，物質總歸是物質；人生便只有物質生活；若祇有物質生活，怎麼能够不鬪爭以取利、殺人以利己呢？人類社會祇有走共產的社會制度。然而人有精神的心靈，宇宙萬物供人心靈的驅使，則人類的社會便不能是永久鬪爭的社會，人類文化的進步，人類幸福的追求，便應該是愛與正義和平的社會。

註：

註一 參考 gustave A. Wetter. Lidéologie soviétique contemporaine.
Tome I. matérialisme dialectique et matérialisme historique.
Payot. Paris.
Le Marxisme-Léninisme. La cité catholique. Paris

註二 St. Thomas. Quaestiones cisputatae. 選譯。宇宙間的靈智實體問題。頁一呂穆迪譯。臺灣商務印書館
張君勱——辯證唯物主義駁論。友聯出版社
袁廷棟——馬克思哲學簡介與評價。光啓出版社

註三 蔣總統集，演講，總理知難行易學說與陽明知行合一哲學之綜合研究。

註四 蔣總統集，第二册，哲學與教育對於青年的關係。

民國六七年二月十六日　天母

中國哲學思想史後記

一

民國五十九年元旦，臺北的神父修女在靜修女中禮堂，舉行聚餐會，祝賀我的五九望六的生日，于斌樞機也在座。我在答謝時說，今後十年裏，我將努力寫一冊《中國哲學思想史》。

寫中國哲學思想史的意願，早些年已經就有了。在羅瑪教中國思想史時，曾寫了一部中國哲學大綱，一共兩冊，由香港眞理學會出版，後來在臺北由臺灣商務印書館再版。這部書不是哲學史，而是中國儒道佛三家哲學的大綱，以系統方法，說明三家的哲學思想。我當時已經有意寫中國哲學史，因爲讀了胡適的中國哲學史上冊和馮友蘭的中國哲學史上下冊，覺得過於簡單，對於胡適研究中國哲學的方法，則很讚成。但是我那時手頭所有的參考書過少，羅瑪又沒有中國圖書館，所以寫中國哲學史的意願，只是存在心裏。

民國五十年，我到臺南任主教，臺南係一新設立的主教區，一切建設都應從頭開始，又

值教宗召開全球天主教大公會議，每年我須往羅瑪開會。在臺南五年，除了到臺北剛復校的輔仁大學哲學研究所授課外，我不能作別的學術工作。民國五十五年我調任臺北總主教，在輔大和文化學院哲學研究所授課，家中所購的中西哲學書漸多；然而當時我在修改教廷和中國的使節史、徐光啓傳、利瑪竇傳，又寫歷史哲學一書，沒有把心裏所有寫中國哲學史的意願，作成一個決定。到了五九望六的生日，我便作了這種決定。然併沒有馬上動筆，却收集以往所寫的文章，編成「牧廬文集」一共六冊，由先知出版社於民國六十一年出版。民國六十二年七月，動筆寫中國哲學思想史。

我當初的計劃，把全書分成四冊：先秦篇一冊，兩漢南北朝篇一冊，宋朝篇一冊，元明清篇一冊。

先秦篇，從民國六十二年七月動筆，到民國六十四年三月完結，十二月由先知出版社出版。寫了先秦篇，繼續寫宋代篇，因爲我素來研究宋朝理學，對於程朱的思想頗爲熟識。用了十二個月，寫完了這一部宋朝理學，民國六十五年十二月，先知出版社出版了這部書，名爲中國哲學思想史⑵。宋代篇既寫完，便馬上寫兩漢南北朝篇。這時遇到了一個難題，乃是漢易的問題。易經我是研究過，漢易則沒有。寫兩漢的哲學思想而不寫漢易，則缺一個大漏洞。可是漢易的卦氣、卦變、易緯，魏伯陽的納甲，眞正不是容易可以清理出一個脈絡。我費

了六個多月的工夫，纔寫了漢易一章，其他各章則在十個月裏寫完，全書於民國六十六年十

二月十五日脫稿，共六百八十三頁，交由臺灣學生書局於民國六十七年十一月出版。兩漢魏

晉南北朝篇看來很少有哲學的價值，因為在那一段時間裏，社會的思想都濃厚地帶有迷信的

色彩，漢易也顯出這種特徵。可是漢易的五行和卦氣說對於中國的學術和民間生活，影響非

常大。

佛教就是在這時期輸入中國，漸次成長，蔚然成為中華民族所信仰的宗教。佛教各宗的

思想先是隨着譯經，傳播在中國佛教法師中間，隋唐時，中國佛教法師自己作經論，創立新

宗派，成立華嚴、天台、禪各宗，佛教的哲學思想便進入中國的士大夫裏，影響了中國哲

學，使宋明能有理學出現。因此，便不能不寫南北朝和隋唐的佛學。

面對佛經，我真有「望洋興嘆」的感觸。雖然，曾經研究一點佛學，若說要寫中國佛教

哲學思想，我怎麼敢動筆呢？先閱讀佛經半年，還是沒有頭緒。直到民國六十八年暑假，看

到日本高楠順治郎所著，藍吉富所譯的佛教哲學要義，突然想到了我要寫的這冊書的大綱，

以緣起論和本體論分述佛教各大宗的思想。有了大綱，我便動筆，進行很順利，到六十九年

正月底，書已完結，共一千零三頁，分上下兩冊，由學生書局在這一年的九月出書。

元明一篇，在民國六十九年寫完。學生書局趕於民國七十年元旦出版，為賀我的六九望

七生日。清朝一篇於民國六十九年十月動筆，當時我在羅瑪參加全球主教代表會議，在羅瑪寓所，我仍舊寫稿。民國七十年寒假，我趕寫王夫之的哲學思想，夫之的著作又多，又不容易讀，思想且又深又贅，三十天裏寫了一百六十多頁，纔算寫完，可是我也弄病了，血壓驟然增高。以後便慢慢寫，到了今年六月十八日，全書完稿。我特舉行謝恩彌撒聖祭，感謝天主大恩。

二

八年來的寫作，使我深深地浸沈在中國的哲學思想裏，體驗了中國哲學的精神，也理出了中國哲學的脈絡。幾千年的思想，似乎都是一些私人的感觸，隨便地寫在那裏。哲學和文學分不開，思想都有憧憧迷幻的色彩。八年的光陰，將歷代哲學思想家的著作，自己親自閱讀，親手選擇，抉剔，從滿紙琳瑯的文句裏，清理出哲學的觀念，結成思想的系統。我受過西洋士林哲學的陶冶，對於觀念和系統，要弄到意義明顯，段落分明。對於歷代許許多多的哲學家，當然有所評估，各人的份量不相同。在先秦篇，孔子和弟子們的哲學思想，居中心的地位；在兩漢南北朝篇，漢易佔主要的篇幅；在佛敎的思想篇，

禪宗佔篇幅較多；在宋代篇，朱熹當然有集大成的身份；在元明篇，王陽明最爲特出；在清代篇，王夫之儼然稱王。每一篇有每一篇的中心和代表人物，從這些人物的思想裏可以看到中國哲學的精神和脈絡。

書經和詩經流傳了中國人對於人生的最初體驗。「相鼠有皮，人而無儀；人而無儀，不死何爲！相鼠有齒，人而無止；人而無止，不死何俟！相鼠有禮，人而無禮；人而無禮，胡不遄死！」（相鼠）這是一般平民的生活體驗。「堯曰：咨爾舜，天之曆數在爾躬，允執其中，四海困窮，天祿永終。舜亦以命禹。」（論語‧堯曰）這是一位君王的生活體驗。人生以天命爲依歸，以禮儀爲規範。易經則由生活的體驗，進而探索人生的根由，先以卦象作象徵，次以爻辭作解釋，再則有文言繫辭作說明。宇宙爲一整體，由陽行運陰而成。陰陽運行不息，化生萬物。陽稱乾，萬物資始；陰稱坤，萬物資生。乾坤並立，天地得位。天地得位而相交，乃三陽開泰，化生萬物。故天地的大德曰生，生生便是易。「一陰一陽之謂道，繼之者善也，成之者性也。」（繫辭上，第五章）

八卦三爻而成卦，重卦重三爻而兩卦。三爻的上爲天，下爲地，中爲人，八卦象徵天地人，代表整個宇宙。易經探索宇宙的變易，變易以太極爲起點，以陰陽兩氣爲成素，以生生爲目的。

陰陽的變易，繼續循環，沒有一刻的停息。在循環之中，陰陽有自己的位，有自己的

時。按照時位而行，宇宙形成一大協調，像似一曲天籟的音樂，和樂決決。

孔子從易卦裏，欣賞宇宙的奧義，自己嘆息說：「天何言哉！四時行焉，百物生焉，天

何言哉？」（論語 陽貨）宇宙變化，化生萬物，孔子由生而到仁，發揚易傳所說：「天地之大

德曰生，聖人之大寶曰位。何以守位？曰仁。」（繫辭下，第一章）在天曰生，在人曰仁；仁代

表全德。中庸乃說：「天命之謂性，率性之謂道。」（第一章）大學乃說：「大學之道，在明

明德。」（第一章）孟子說：「仁者，人也。」又說：「仁，人心也。」（告子上）人若盡人的性，

便能發揮仁心，中庸以至誠的人，贊天地的化育。易經乾卦文言以大人的心，和天地合其

德，中庸稱聖人之道，「洋洋乎發育萬物，峻極于天。」（第二十七章）化育和發育，都是發揚

『天地好生之德』。

孔子從易經時位的思想，推到人的生活，應該有中庸，中庸就是在此時此地適當的行

動。為守中庸，乃有禮樂。禮以天道為本，使人的活動適當而不偏倚。樂以人情為則，使人

心相融洽。

道家的思想，老子偏於抽象理想，莊子則趨於生活的洋溢。「野馬也，塵埃也，生物之

以息相吹也。」（逍遙遊）至人神人入火不焚，入澤不沉，「乘雲氣，騎日月，而遊乎四海之

外。死生無變於己，而況利害之端乎！」（齊物論）易經的大人，和中庸的聖人，和莊子的至人神人，乃是生命發揚到最高境界的人。

漢朝易學家創卦氣的學說，雖含有迷信的色彩；但在哲學上則是繼承了易經生生的思想。宇宙的變易在於生生，變易的成就在於時間和空間以內，宇宙的時間爲一年，宇宙的空間爲四方。易經象徵宇宙變易，畫有六十四卦。漢朝卦氣說就是把象徵宇宙變易的六十四卦，配合到一年和四方裏。一年的變易，由春到夏，然後到秋到冬，春夏秋冬配合四方，東爲春，南爲夏，西爲秋，北爲冬。卦氣說以陰陽的變易稱爲消息，六十四卦無非是陰陽的變易。於是以震離兌坎四卦配東南西北和春夏秋冬，稱爲四正卦。以十二消息卦配十二月，再以四正卦的每一爻配一年的二十四節氣，以十二消息卦的每一爻配一年的七十二候。卦氣說又有納甲，把天干地支也配入卦裏，又把五行配合四季四方。這樣整個宇宙的一切，都和卦，和五行發生關係。

佛教的各宗，雖都講修行，然沒有深入人的生命中。華嚴宗和天台宗講『觀』，然是留在抽象的哲理上。惟獨禪宗主張明心見性，直接體驗生命的真諦。禪的生命體驗，不能言傳，乃不立文字。佛教自唐以降，各宗衰頹不振，竟至失傳，只有禪宗由宋到明，以及到清，還有傳人。

宋朝的理學由周敦頤開端，敦頤作太極圖，上追易經，下傳道教易圖。太極圖說大意爲：

太極而無極，太極動而生陽，靜而生陰，動靜繼續，互爲根源。陰陽生五行，五行生男女，男女生萬物。周敦頤說明易經生生的哲學。

張載改太極爲太和，太和爲氣的本體，氣分陰陽而生育萬物。在西銘裏，張載說：「乾稱父，坤稱母，民吾同胞，物吾與也。」宇宙萬物共成一體，因着生命而相連。

二程創理氣說，朱熹繼承二程之學，且集理學的大成。他主張宇宙只有一個生命之理，萬物又各有生命之理，所以說『理一而殊』。又說天地間只有一個太極，萬物又各有一太極。同一的理，乃是同一生命之理。在萬物中都同一；但是每物有理有氣，理相同，氣則有清濁，清氣使生命之理能完全顯露，濁氣使生命之理遭蔽塞。他說「人得理之全，物得理之偏。」生命之理卽是物性，人性有完全的生命之理，完全的生命乃是人心的生命，人心爲神爲靈，統攝人性人情。朱熹主張人爲萬物之靈，得天地之心爲心，天地以生物爲心，人心乃是仁。仁的第一個意義是生命；仁的第二個意義乃是好生，因爲天地有生之德，人心乃有仁，仁便是好生。朱熹乃說仁是『愛之理』。人愛自己的生命，便愛別人的生命，也愛物的生命。這就是孔子所說的『己立而立人，己達而達人』；孟子所說的『仁民而愛物』。

宋朝理學家也都註解易繫辭所說：「一陰一陽之謂道，繼之者善也，成之者性也。」爲

陰陽運行，化生萬物。

王陽明由陸象山的心學，走進良知的一路。陽明以人心為良知，良知為天理，良知又為明德。自己看自己的良知，對於自己的心和性，得有直接的體驗。良知的體驗來自禪宗的明心見性，然而不是直接體驗人生命的真諦，而是體驗人生命的本體。生命即是人的本體，在生命上萬物結成一體，他在「大學問」裏主張一體之仁。陽明的弟子，承認人的本體為善，本體自然流露，不僅在良知，而也在情慾。他們後來走到極端，便一面是空疏，一面又是狂妄。清初學者乃罵陽明學說為疏狂。

王夫之反對王陽明，而採納張載的氣說。宇宙為一氣，氣有陰陽，陰陽運行不息化生萬物。陰陽且在每一物中，雖在成物時成物的性，仍舊繼續運行；因此王夫之主張乾坤陰陽並建，每一物常是『命日降而性日生』。宇宙是生動，每一物也生動，天地沒有不動之物。

顏元、李塨反對理學為空疏，主張實學。戴震以訓詁方法而解釋孟子，統情慾為性，排擠抽象的性。萬物生生不息，有條有理，乃有仁義禮智。

清末譚嗣同著仁學，以仁為通，宇宙萬物相通，天地有『以太』，仁就是精神的以太，貫通萬物。

從詩、書開始中國生命的哲學，易經予以形上的哲學基礎，歷代儒者予以發揮，成為儒

家思想的脈絡，上下連貫，從古到今。道家佛家也在生命的哲學上和儒家相通，生命乃是｜中

國哲學的精神。

中國哲學將來的展望，便在生命之仁的哲學上往前走。

三

我寫這部中國哲學思想史，在方法上，我以哲學思想作範圍。有些哲學家乃是思想家，

有政治、經濟、教育或科學的思想，如孔子、孟子、王陽明、黃宗羲、顧炎武、王夫之、戴

震等等。我只選擇他們的哲學思想，作為研究的題材。若有人要問，甚麼是哲學？我則採西

洋哲學的範圍，有形上學、自然哲學、倫理學的三大類。

研究的方法，有的人可能會說過於西洋化。但是我覺得並沒有西洋化，更沒有士林哲學

化，還是依照中國哲學思想的順序。在這一點上，我讚成胡適寫中國哲學史上冊的方法。｜中

國古代哲學家沒有方法學，也並不系統地寫一冊書，所有的著作都是一篇一篇的文章。他們

所用的名詞也沒有一定的意義。例如體和用兩個名詞，從佛家開始到元明清的儒家，都各人

有各人所用的意義。我寫中國哲學思想史，對於每位哲學家所用的名詞，一定要界說清楚。

還有一個方法，有些人會不同意，其他研究西洋哲學史的人可能不會同意，卽是引用的文據太多。他們主張引用長的文據，要放在一章後的註釋，或論文，常是連篇的註釋。但是我所引的文據，不是作家的研究文，而是所講的那位哲學家的文據，以作證明。例如講孔子，引孔子的話；講朱熹引朱熹的話；講王夫之，引王夫之的話。中國歷代哲學家從來都不寫系統的著作，他們的思想散在文章和語錄裏。西洋哲學家常是有專著，系統地說明自己的思想；我們研究時，只要註出他著作的名字和卷數章數。而且為研究中國哲學史的人，他們不一定都有古人的著作在家裏；我能夠在《中國哲學思想史》裏為引古代哲學家的文據，就是幫助讀者去讀原書。這就是我多引原書的理由。方東美教授曾反對這種方法，所以不喜歡胡適和錢穆的學術史；但是我認為這種方法，為研究中國學術史，是必須用的方法。並不是教讀者偷懶，自己不去閱讀原著；乃是為使大家知道研究的方法，也就是考據的方法，說話要有根據。雖說我自己是不喜歡訓詁字音學。

他們所有關於這種思想的話引來，作為證據，作為說明，為的是我自己說我的話，講我的思想，而不是他們的思想。假使我說戴震主張情慾是性，別人要問戴震在那裏說了這種主張，我便要引戴震的話來證明我的話。

有些人懷疑我是不是以天主教的信仰或哲學去解釋中國哲學，把中國哲學予以洗禮，這

種懷疑乃是多餘的，而且沒有根據。我最不讚成有些天主教人士，牽強地把中國古書裏的觀念和天主教的教義拉上關係。中國哲學思想的解釋應在中國哲學的思想系統裏去解釋。所以我反對現在一些沒有宗教信仰或反宗教信仰的人，把中國古代詩書的思想和孔孟荀子的思想，一定要往無宗教信仰一方面去解釋。中國古人，無論士人，無論庸夫庸婦，都是信天的。天道和天命的觀念，便不能常常絕對地解釋爲自然。我在這七册書裏，可以說從來沒有提到天主教的信仰。我對古代哲學思想的解釋，都按照哲學家本人的思想去解釋。何況我是研究歷史哲學的人，很看重時代在歷史解釋的價值。

若有人要問我寫不寫中國當代的哲學思想史，我想我在最近幾年內不會寫。爲寫中國當代的哲學思想，我必須好好溫習，而且要好好研究西洋的當代哲學思想。中國當代的哲學人，大都是介紹西洋的哲學；卽使熊十力，方東美，唐君毅三位有自己的中國哲學思想，他們也或多或少受有西洋哲學的影響。

我想在兩三年內，先寫完已經和中華文化復興委員會訂約該寫的中外宗教哲學比較研究和中外歷史哲學比較研究；然後寫一部我自己的哲學思想。我既然看到中國哲學的展望，我就要在這條展望的路上，去作嘗試。

出版這部中國哲學思想史，辛苦了我的學生李匡郎君。他爲印刷事務跑學生書局，又三

校每本書的印樣，費了很多的精力和時間，他的熱忱非常可感。還有我辦公室的兩位秘書，汪惠娟小姐和吳克倫小姐，費心把我的手稿複印，又校正了先秦篇，以便刊行第二版。雖然我從來不寫這類感謝的話，我想還是應該感謝她們。

民國七十年六月廿一日　天母　牧廬

中國哲學未來的展望

1. 中國哲學與中華民族的歷史

哲學不是不着實際的思想，而是時代改革和文化改革的指導，在東西的歷史上，都可以看到這種實例，歐洲近代社會的組織和形態，起自文藝復興運動。文藝復興雖由文藝之趨勢而起，然其時也有笛卡爾等的哲學思想。歐洲當代的社會形態，則起自法國大革命。法國大革命雖爲一政治史蹟，然當時有盧梭等人的哲學思想。我們可以先看一看中國以往的哲學思想史。

春秋戰國的時代，是中國歷史上第一次大亂的時代，人心在久亂中思安，便產生了老、莊的清靜無爲論。五霸繼續爭強，兵戈連年，乃有墨子的兼愛論。合縱連橫，游說的政客各逞舌辯，於是有公孫龍等人的詭辯名學。堯、舜之道已絕，民族文化將斷，孔子、孟子乃起而繼承堯、舜、文、武之道，建立了儒家的思想系統。漢高祖統一天下，迎合思安厭動的民心，以道家無爲的思想，平治天下。到了漢武帝，天下已定，建立了一統的強國，便罷黜百家，一尊儒學。三國南北朝，天下鼎沸，朝代變換很快，沒有人能安於位；於是便有道

・417・

家的清談，和竹林七賢的疏狂。唐太宗勵精圖治，國富兵強，中華文化達到高峯，詩歌和繪

畫，大放異彩，佛教哲學建立了玄想高深的天臺、華嚴、禪各宗。唐末五代十國，消廢了儒

家的人格。宋朝學者乃採道佛兩家的長處，結合儒家易經中庸大學之道，創立了理學，爲宋

朝的讀書人建立了嚴肅的人生觀，提倡自律自重的人格。元朝蒙古人治理中國，士大夫盡力

保存儒學，使中華文化繼續不絕。明初學者以篤行爲重，律身嚴厲，王陽明乃反而提倡致良

知，他的弟子遂流於疏狂。明末學者謀救王學的流弊，趨向實學。清初學者痛惜王學疏狂，

使明朝滅亡，致使滿清人主中國，遂極力攻擊理學的空疏，主張回到六經和孔、孟之學，

以求致用。清朝皇帝很怕漢人的民族思想，大興文字之獄，鉗制了思想的發展，學者乃趨於

考據，使清朝三百年內沒有高明的哲學家。到了民國，因着反抗列強侵略的意識，力求「以

子之矛，攻子之盾。」列強的科學發達而有兵力和經濟力，中國的青年就一心傾向科學，

而且認爲清朝所有的傳統，乃是中國積弱的原因，於是養成反中國傳統的心理，胡適之講打

倒「禮教」，打倒「孔家店」，把中國的哲學思想盡量拋除；然而也沒有接受歐美的哲學思

想，以致形成社會生活的混亂，禮儀生活的脫節，哲學思想的眞空。這個現象遠的原因，

是清朝的鉗制思想政策；近的原因，是追求革新社會的迫切企圖。

目前，臺灣的社會已安定下來，經濟繁榮，又急於以中華文化號召大陸同胞，社會乃漸

復祖傳文化的趨向，青年人又漸漸重視中國固有的哲學思想。然而社會生活已經澈底改變，領導社會思想的三民主義應有一套完善的新中國哲學作後盾，所以我們很關心中國哲學未來的展望。

2. 中國哲學未來的展望

未來的中國哲學不能是懸空的玄想，而是要適合社會生活的領導思想。中國當前的社會是工商業的社會，是求進取的社會，和以往農業的安靜社會不同。中國當前的社會不是重視科學和科技的社會，而是求物質享受的社會，和以往重視人文思想和重視精神生活的社會不同。然而中國當前的社會又是民族意識很強的社會，大家追求國家在國際上的較高地位。我們研究這種社會的情況和需要，可以看到中國哲學未來的展望。

第一：中國哲學在未來的展望裏，一定是要從中國儒家哲學的基本觀念開展。中國歷代的哲學思想，雖有儒道釋三家，然而國民的生活和文化，都以儒家思想為規範。儒家思想的中心為生命哲學，講論人的生命，由天地生生之德，歸結到人的道德生命；因此儒家的哲學稱為人文主義的哲學。

宇宙為一整體，時時變化；變化的經歷為萬物的生和死滅，即是動靜不息。然而死滅乃

是化生的歷程，死滅中含着新的生命，宇宙看來是一個活動的整體，是一道生命的洪流。而人的生命爲萬物生命中最高貴的生命，由心思之官去發揚。心思之官的生命爲靈明的生命，即精神的生命。宇宙萬物的『存有』，由動的方面說，中國古人稱爲『生命』，生命有生命之理，爲生命的次序。人的生命之理爲最完全的，最高尚的倫理之理，卽仁義道統之理，儒家稱人爲『倫理人』，人的本體就是倫理的，就是善的。孔、孟講人性爲善。宇宙萬物的連繫，各有自己最高貴的，然而和宇宙萬物的存有互相連繫，成爲『一體之仁』。人的生命雖是己的位置，各有各自的時間，互相調節，結成一個和諧的整體。儒家哲學所以講中庸之道，講大同之道，講『仁民而愛物』，這一個系統的觀念，就是儒家哲學的基本觀念，從易經

一直到宋朝的朱熹、明朝的王陽明、清朝的王船山和戴震。未來的中國哲學也應保存這種思想，這種思想並不是一種陳舊不合時代的古董。當前的歐美哲學，趣向東方的生命哲學，接納印度哲學神秘生活的思想，因而歐美的社會在科學發展和物質享受到最高峯時，體驗到生活的枯燥，迷失了生命的意義，既抛棄了固有的宗教信仰，乃向印度的神秘主義尋找生命的玄妙。我們的社會正在由農業進入工商業，開始享受豐盛的物質生活，我們不能讓我們的社會步歐美的後塵，墮入枯燥的物質生活裏。我們傳統裏旣然有高尚的精神生命意義，便應加以保存，加以發揚，使物質生活和精神生活能有平衡，能有和諧。

第二，中國哲學中所缺的，我們應該加深。中國哲學最缺乏邏輯方法，而歐美當前的哲學，以數學邏輯和語言邏輯最時髦，同時也還保存亞里斯多德的理則學。我們便在邏輯學方面，取歐美哲學之長，以補中國哲學之短。中國傳統哲學並不是不推理，然而因為講宇宙之動，講人物的化生，講人心之靈明，習慣上使用直覺的體驗，少用客觀的推論。所有哲學著作，都是一篇一篇的文章，沒有連貫；所用名詞，意義多不確定；在推理上多不嚴密。在歐美邏輯學和認識論已經發達到很嚴密的程度時，我們應採取這種哲學的優點。歐美新邏輯的短處，是把邏輯學由方法論變成形上學，造成了語意邏輯和數學邏輯壟斷眞理。

近年臺灣研究哲學的人，已經有人研究歐美的新邏輯。然而我們要採納長處而捨棄短處，合於科學而被拋棄。

第三，現在是自然科學發達的時期，雖然不能說科學萬能，也不能說自然科學以外沒有學術，我們不能走歐美前兩世紀的錯路，拋棄形上學，但是我們講形上學則不能明明地違背自然科學。中國傳統哲學裏的陰陽五行，形成了漢朝的易經卦氣和卦數說，以及董仲舒的天人感應說，也滋長了宋朝朱熹的天地構成說，以天在外，地在內，地由天氣運行的渣滓所構成。這些思想已顯然不合於天文學和物理學，在西洋哲學裏，希臘哲學的宇宙構成論也早已因不合於科學而被拋棄。我們中國未來的哲學，也要刪除漢朝和宋朝人的天地構成論，要用新的

意義去解釋陰陽五行。張載曾說宇宙的變化以太極之一爲根源，以陰陽之二爲動力，這種思想是合於科學的思想。五行——金木水火土爲陰陽兩動力結合的基本形式，由五行而結成宇宙的物體。物體的質料爲氣，物體的物性爲理，理氣二元論，和西洋的士林哲學很相近。

第四，談到士林哲學，我們可以把它看作爲中國哲學未來展望的途徑。士林哲學雖然被人看作天主教的哲學，但是實際上它是代表歐洲的傳統哲學，由亞里斯多德，經過聖多瑪斯而傳到現代。在中古時代它代表歐洲的唯一哲學，到了近代，歐洲哲學分成了許多學派，或者採納士林哲學的基本哲學，或者反對士林哲學的思想，直接地或間接地都和士林哲學有關係。而且這些哲學派別經過或短或長的時期就過去了，士林哲學則仍存在。別的哲學派常是討論哲學上的一部份問題，士林哲學則有整部哲學的系統。對於形上學，對於自然哲學，對於實踐倫理學和藝術論，士林哲學是有一貫的系統思想；對於人的生命觀和生活原則，也有高深的理論。理論雖高，却不是脫離人生的玄想；這一點和中國儒學思想很接近。士林哲學的認識論、本體論、倫理道德論，爲中國哲學未來的發展，在方法上、在原則上、在系統上，都能供給許多可以採用的途徑。歐美的新士林哲學已經採用了歐美新哲學派別的一些觀念。如數學邏輯、現象學和存在論。中國哲學的未來發展，當然也要採用這些新哲學的優點。

3. 結 論

哲學是一種學術，然而又是一種生活的藝術。自然科學為客觀事實的研究，和人的生命可以不相關連；哲學則是人的思想，是我們人去看宇宙萬物。人生活在宇宙萬物之中，人的生命和宇宙萬物相連結，對宇宙萬物所有的觀念，造成人對自己生命的看法，形成人的人生觀，由人生觀而構成人的生活價值觀。

各位青年同學，你們是受高等教育的青年，教育是教育青年生活的智識、生活的技能、生活的意義和途徑。凡是人都有靈明的心，會思索，既有思索就在行動時常有目標。生活的目標由哲學去指點，哲學攀不到的地方，便借助於宗教信仰。青年大學生對於生命的意義和生活的目的，應該確定。然而常有不少的青年，對於自己的生活感到迷惘，不知道生活的意義。因此，我常主張在大學裏，並且在高中裏，應設有人生哲學和哲學概論，教導青年學生去思索、去追求、去體驗人生的意義。人是『倫理人』，人生命的本身就有倫理價值，人生活的本性就有道德規律，一切物體都要按照本性的規律，以求存在，一株花木，按照本性要有陽光，要有水。凡是人，按照本性，須要有倫理道德，否則不能發展人的生活。中國儒家的哲學講述了這種人生的基本思想。儒家哲學在未來的發展，就在於把這種基本思想更科

學化、更時代化、更哲理化，使合於新時代中國人的要求，以指導中國新文化的建立。

（民國七十年四月十三日 講於東吳大學）

載於益世雜誌 第九期 民國七十年三月

「儒家形上學」第二版 自序

在二十五年前，我在羅馬寫過一本儒家形上學，由中華文化出版事業委員會出版，雖再版一次，現在已經是絕版了。

近十五年來，在輔仁大學和中國文化學院常講儒家形上學的問題，在報章雜誌上寫了好幾篇有關於這種問題的文章，有幾篇文章已經收集在中國哲學的展望一書裏。

近年便常想把原有的儒家形上學一書，重新改寫一次，但因時間難於抽出，到現今還不能如願，每次聽到有人問我這本書時，心中便有些著急，因此，在今年春天，寫完了隋唐佛學篇，在寫完元明清哲學思想史以前把儒家形上學一書，整理清楚，交由輔仁出版社付印。

儒家形上學的改寫本，加了「儒家形上學」一章，說明儒家形上學的意義和內容，宇宙論全部改寫，後面各章稍有增添，改寫和增添的資料，採自近年我所寫的文章。

雖然歐美近世紀哲學界因著科學的影響反對形上學，認為不著實際，常屬空想，然而這

班反對形上學的哲學家，他們把自己的理論建爲一種形上學，因爲哲學沒有形上學就沒有基礎，沒有系統。形上學不是別的，只是研究最高理論的學術，讀哲學而沒有哲學的最高理論，哲學的思想怎樣建立呢？

批評或輕視儒家哲學的人，就是說儒家哲學沒有形上學，只是講人生的倫理學，假使眞是這樣，儒家的思想爲什麼可以延續幾千年的命運，而又能成爲道統的思想呢？我深入研究儒家的思想，體會到唐君毅和方東美兩位學者歷年對中國哲學的研究，已經指出了儒家形上學研究的途徑。

儒家的思想，以《易經》的『生生』爲中心，生生由動的方面去研究『有』，西方傳統形上學由靜的方面去研究『有』。易經的宇宙變化爲『生生』，物既由陰陽互相結合而生，物之理涵在每一物中，按照物所禀氣之清濁，表現於動。人之氣清，生命之理乃得完全表現於人的心。人心靈明，所表現的生命之理爲仁，仁是生，是愛，含有眾善。生命在天地之間，生生的動乃是生命，生命之理涵在每一物中，整個宇宙沒有靜止的物，整個宇宙也沒有靜止的一刻。生生的動乃是生命，生

因流於萬物，繼續於萬物，各物各有生命的規律，互相連接，互相調協，中國古人常以天地在自然的天籟旋律山水間都流露着生氣。人活在天地間和萬物成爲一體，融洽在萬物的旋律裏，且以自己的仁心，贊襄天地的化育，聖人乃以萬物皆備於我，以天下爲一人，仁民而愛

物。

易經乃說「夫大人者與天地合其德，與日月合其明。」

仁義禮智信的生活，便是人性的發揚，倫理道德的基礎，建立在天地之道和人性之上，道德的價值，也是本體的價值。因此儒家的性善性惡論，常由形上本體論去求解釋，朱熹便以人所禀的氣，作爲性善性惡的根由。

孔子最重禮。禮記以禮本於天理，天理爲天地之道，卽一陰一陽之道，禮的根本也向形上學的宇宙論去尋。

仁爲孔子倫理道統的中心，仁乃天地生之總，由天地生生不息而表現，中庸便以仁的最高點在於贊天地的化育。

儒家的標準人格爲聖人，聖人爲心無情慾的大人，大人和天地合德，和日月合明。

儒家的仁義禮智信配合乾坤的元亨利貞，配金木水火土五行，中庸乃是天地萬物的調協，國家和平卽是宇宙間的天籟。

或者有人可以問說：儒家的宇宙論是否在科學昌明的時代還可以存在？儒家宇宙的形下層面天地構成說，以及元氣周流萬物說，已不合科學的發明，形上層面的生生之理，則不但可以存在，而且還可以發揚。歐洲新的哲學不是趣向動嗎？形上學的對象已經不是『有』，而是『成』。易經和理學所講的對象，便是生生之成。

生命不僅是儒家哲學思想的中心脈絡，而且也是道家和佛敎哲學的中心，我們由生命去研究中國哲學思想，可以貫通，可以體會，可以欣賞。

朱 熹 會 議

1.

國際朱熹學會，今年七月六日到十五日，在夏威夷大學舉行。這次會議由東西學術中心及夏威夷大學、美國學術團體委員會聯合舉辦，經費由美國各方面人士捐助，邀請發表論文的學者三十八人。三十八人中錢穆和梁漱溟沒有到會，徐復觀則先數月去世。然而他們三位都有論文，在開幕儀式時由人代為宣讀。還邀請了不發表論文的青年學人三十二人，觀察者十三人，共計八十人開會。八十人裏，中國人佔三分之一，共廿七人。中華民國七人，大陸七人，香港兩人，澳洲兩人，加拿大一人，美國八人。

夏威夷大學的東西學術中心素來有召開中國哲學會議的傳統，曾經召開過四次會議，當時胡適、方東美、吳經熊、謝幼偉等中國學人都參加會議，近年因經費困難，僅在兩年前召開小型的新儒學討論會，祇邀請四位學人，我是其中一位。這一次則為最盛大的一次集會，所

邀請參加的人士，較比以往都更多。祇可惜幾位著名的中國哲學人，或老或死，都不能來與會，僅一年邁的馮友蘭氏尚能在視聽行走都不便的狀況下，來與會議，我在中國哲學人中已算年長的了。

這次會議所宣讀的論文，在內容方面很廣泛，討論太極和理氣的論文雖佔重要部分，然討論朱熹的文學、禮學、史學的論文也不少。因此，我參加這次會議的感想，第一是一種興奮的感受。在全國高唱科技的聲浪中，能有八天的工夫，聽到亞洲、美洲、澳洲、歐洲的各國學者，討論朱熹的思想，大家不是聲斥朱熹的迂闊，而是探討天理和人生的意義。大家承認朱熹集中國哲學思想的大成，從朱熹思想的研究中，可以看到中國哲學思想的線索，也可以看出中國哲學思想的特徵。

在形上學方面，從朱熹的形上結構論，我們可以知道從易經、漢易、佛教、周敦頤、程顥、程頤的形上思想系統，我們進而加以研究，便可以看到和西洋形上學的異同，也理會出中國的形上學並不是廢紙堆中的老古董，而是和西方現代哲學趨勢可以融合的思想。宇宙為一變動的整體，每一物體又是一繼續創新的存在體。朱熹稱讚天地以生物為心，人得天地之心為心，人心的生生稱為仁。

在認識論方面，朱熹講格物致知，對外面物體細心研究，爲客觀的學術研究法，同時他又主張明認自心天理，物理和內心天理相通，客體和主體合一，打破西洋認識論的主體客體相分相對的問題。他不能被認爲唯物也不能被視爲唯心論者。

同時朱熹主張「道問學」及「尊德性」，雖被視爲和陸象山、王陽明不相同。陸、王以「尊德性」爲先，「道問學」爲附。實際上朱熹的方法，爲中國歷代學以修身的傳統方法，論語講下學而上達，中庸講博學審問而後篤行。朱熹繼承孔孟的教訓，以求學不僅是求智識，而是成爲聖人。「道問學」和「尊德性」相連，學以修德。他也不贊成，順乎人性，不加努力，就可成君子或成聖人。在歐美自由橫行的社會裏，有年輕的學人研究朱熹的這種方法，不詆以古老不合時代，可以使我們國內近五十年來一心毀謗中國傳統的學人，自加反省。

我們自己認爲漢學和中國哲學的中心在臺北，世界研究漢學和中國哲學的人，應該到臺北來找研究的資料和指導。但是在這次會議中，國外的學人則很少注意臺灣的學人，卻很注意大陸的學人，找他們談天，向他們詢問研究的消息。國外的學者同我們談話時，常說自己到過大陸，參觀孔陵以及發掘的古物。從他們的態度看來，中國思想的研究資料是在大陸。因此我們在臺北若對於漢學和中國哲學思想沒有研究的機構，決不能吸引國外學者的注意。

2.

我參加會議的第二種感受，是慚愧。日本的學人，盡心研究朱熹哲學，可以不使我引以為怪；歐美的學人，而且許多年輕人，專門研究朱熹，則不能不令我驚異。還有大陸的學人，還能研究朱熹，雖然他們指責朱熹為客觀唯心論，又批評朱熹為儒教的集成者，但也承認朱熹對中國現代文化的影響。此次召集這麼多的學人，來研究朱熹的思想，由美國私人和基金會捐款，大家不視為一項新奇的現象，而視為一種重要的學術工作，這一點使我欽佩。

反觀我們國內，大家認為哲學為一種不合時代要求的思想，更看不起自己的學術傳統。前年中央研究院召開了國際漢學會議，列舉了哲學和思想一門，但是中央研究院則祇承認考據為漢學，不以研究中國哲學為學術。中國哲學的研究流行在國外，國外學人視中國哲學思想可以補西洋哲學的不足。許多研究中國哲學的青年，散在美國各大學任教，繼續自己的研究。大陸為馬克思主義統制一切的政權，竟能設立哲學研究所，研究中國哲學，又設立宗教研究所，研究中國所有宗教，他們設立的目的，雖不是為宣傳哲學和宗教，但是在國際上，卻令大家相信共黨已開始重視哲學和宗教的研究。

我們中華民國的政府和社會到目前還沒有這種表現。現在立法院修改了大學法，大學能

設宗教學院，以宗教爲學術研究的對象，但是哲學和宗教學者的培養不能僅靠大學的教育，

因爲在大學博士班畢業後，若不在學校教書，便不能繼續研究。爲培植研究中國哲學的學

人，須要有一種中國哲學研究中心，由政府撥款或由社會工商界的捐款，設立研究基金。

另一種慚愧的心情，是學問的無止境。我自己寫了七册中國哲學思想史，對中國哲學有

不少的認識。但是在八天的討論中，聽到或讀到朱熹思想各方面的研究，自己覺到所知道的

很有限。這幾十篇論文所討論的範圍很廣很大，但是卻很少有深入的研究，這種現象說明一

個問題，外國學者研究中國哲學若能閱讀原文，已經很難，再深入研究各項問題，則所需要

的年月，必定很長。然而他們研究的方法，則能作爲我們中國人研究的響導。我們中國人研

究中國哲學很少有人講究方法，有的人僅祇套用一些西洋哲學方法，例如大陸馬思克主義者

則硬用唯物辯證法。大家常說中國哲學沒有邏輯學，可是若一個人說話完全沒有邏輯則就爲

一陣胡說，何況一位哲學家呢？中國哲學家有自己的邏輯法，並不能說是反邏輯。例如朱熹

和陸氏兄弟來往的信札，討論「無極而太極」和「尊德性，道問學」的問題。我們現在研究

中國哲學，對於方法應加注意。

3.

我的第三個感想，是一種文學的評價。中國大陸的學者很惋惜文化大革命摧殘了中國大陸的人文價值，現在還沒有辦法可以重建。歐美的學術界人文價值，雖被科技所掩蔽，但是人文思想常為社會生活舖路。所以他們樂意花許多的錢，召開朱熹會議。這種會議看來跟美國的學術研究和社會生活，並沒有什麼關係。

我們國內近年的學術評價，所有觀點都集中在科技。科技為生產的方法，基本科學則是學術智識，一意在學術研究上，提倡科技，若祇因國家在求經濟發展上，需要高深科技，而經濟發展為國家生存的重要方法，因而看重科技；這一點是合理的，然而這種需要卻不能破壞學術研究的原則，也不能使人忘記人文價值的重要。另一方面，社會一般人的評價，也以科技為最重要。我們從青年選擇學校，可以看出這一點來。求學為就業，教育為國家建設，就業和建設相滙於科技教育。這就是目前社會一般人的評價。我們不說這種評價不對，但要說這種評價不完全。若用朱熹的話來說，這是看重用，而忘記了體。科技是生產和就業的一種方法；若是我們以生產方法作為社會改革的根基，那就是使用馬克思的評價。國家和社會是人所組成的團體，青年就業是人以職業為謀生活；所以這一切都以「人」為根基。國家和社會是人謀生活，為謀國家建設，首先應該認識「人」，應該知道「人的生活」。關於這方面的知識。人為謀生活，是人文知識，朱熹和陸王的爭論在於以『道問學』為先呢？或以『尊德性』為先呢？朱熹主

・434・

張先「道問學」，即以研究學術為先；然而朱熹並不主張求學問為求學問，而是求學問為修身進德，即是求學為做一個完好人。

人文價值若被科技價值所摧毀，人就會變成一架機器，失去人之所以為人的意義。陸象山當時攻擊朱熹，責備他流於瑣碎，找不到做人的大道，朱熹的主張，本來尚沒有這種危險，目前的科技評價，卻具有這種危險。

在目前科技評價很高的時期，人文的評價更要提高，才可以使看重科技的人，認識『人』的意義。

民七十一年七月十二日夏威夷大學

（曾載於中央日報民國七十一年七月二十七、二十八日）

國立中央圖書館出版品預行編目資料

儒家哲學的體系/ 羅光著 -- 修訂版 -- 臺北市：臺灣學
生，民79
　12,426 面：21 公分
　ISBN　957-15-0130-1（精裝）：新臺幣 330 元
--ISBN　957-15-0131-x（平裝）：新臺幣 280 元

1.儒家 - 中國　　2.哲學 - 中國

121.2　　　　　　　　　　　　　　　　　79000075

儒家哲學的體系　全一冊

著作者：羅　　　　　光
出版者：臺灣學生書局
發行人：丁　　　治
發行所：臺灣學生書局
臺北市和平東路一段一九八號
郵政劃撥帳號〇〇〇二四六六八號
電話：三六三四一五六・三六三一〇九七

記本書局登
證字號：行政院新聞局局版臺業字第一一〇〇號

印刷所：淵明印刷廠

香港總經銷：藝文圖書公司
地址：九龍偉業街九十九號連順大廈五字樓及七字樓
電話：七九五五九九五

中華民國七十二年六月初版
中華民國七十九年十一月修訂版一刷

定價　精裝新臺幣三三〇元
　　　平裝新臺幣二八〇元

12015　　　　究必印翻・有所權版

ISBN 957-15-0130-1（精裝）
ISBN 957-15-0131-X（平裝）